출애굽기 탐구
해설 20장과 구속사적 조명 14, 이미지 10

세계복음화문제연구소
(The World Evangelization Research Center)는
한국 교회가 세계 복음화를 위하여
한 모퉁이를 담당해야 한다는 사명으로 사역하고 있습니다.

이 도서에 실린 모든 내용은
세계복음화문제연구소의 **도서출판 세 복**이 출판권자이므로,
학문적 논문의 인용을 제외하고는
본 연구소의 동의 없이 복제할 수 없습니다.

출애굽기 탐구
해설 20장과 구속사적 조명 14, 이미지 10

지은이　홍성철
발행인　홍성철
초판 1쇄　2025년 9월 15일

발행처　**도서출판 세 복**
주　　소　경기도 파주시 문발로 123
전　　화　010-3289-2054
홈페이지　http://www.saebok.kr
E-mail　werchelper@daum.net
등록번호　제1-1800호 (1994년 10월 29일)

총판처　솔라피데출판유통
전　　화　031-992-8691
팩　　스　031-955-4433

ISBN 978-89-6334-041-8 03230
값 20,000원

ⓒ **도서출판 세 복** 2025

출애굽기 탐구
해설 20장과 구속사적 조명 14, 이미지 10

홍 성 철
John Sungchul Hong

Exploring Exodus
20 Chapters with 14 Excursuses & 10 Images

Exploring Exodus
20 Chapters with 14 Excursuses & 10 Images

John Sungchul Hong

Published in Korea
Copyright© 2025 Saebok Publishing House
All rights reserved.
Seoul, KOREA

홍성철(John Sungchul Hong) 목사의 저서

국어
- 『고난 중에도 기뻐하라』 (빌립보서 강해)
- 『눈물로 빚어 낸 기쁨』 (룻기 강해)
- 『복음을 전하세 복음전도의 성경적 근거』
- 『불타는 전도자 존 웨슬리』
- 『성령으로 난 사람』 (요한복음 3장 1-16절 강해)
- 『십자가의 도』
- 『우리에게 일용할 양식을 주소서』 (주기도문 강해)
- 『유대인의 절기와 예수 그리스도』
- 『이렇게 예수 그리스도의 제자가 되자』
- 『절하며 경배하세』
- 『주님의 지상명령 성경적 의미와 적용』
- 『하나님의 사람들』 (마태복음 1장 1절 강해)
- 『현대인을 위한 복음전도의 성경적 모델』
- 『성령의 시대로! 오순절★복음★교제』 (사도행전 2장 강해)
- 『전도학 개론』
- 『기독교의 8가지 핵심진리』
- 『진흙 속에서 피어난 백합화』 (룻기 강해)
- 『회개하라! 천국이 가까이 왔느니라』 (마태복음 3-4장 강해)
- 『다니엘의 역설적인 인생』
- 『더 북』
- 『기독교 신앙에 대한 질의응답 50』
- 『거룩한 삶, 사랑의 삶』 (요한일서 강해)
- 『로마서에서 제시된 구원과 성화』
- 『화목제물』
- 『어린 양과 신부』 (새롭게 접근한 요한계시록)
- 『신앙 난제에 답하다 110』
- 『나의 주님 나의 인생』
- 『예수 그리스도의 피』
- 『구원을 위한 성령의 역할』
- 『골로새서와 함께』
- 『출애굽기 탐구』

영어
- *Born of the Spirit* (Emeth Press)
- *John Wesley the Evangelist* (Emeth Press)
- *The Great Commission: Its Biblical Meaning and Application* (Evening Star Enterprise, Inc.)
- *The Genealogy of Jesus Christ: Evangelistic Sermon on the Covenant from Matthew 1:1* (Emeth Press)
- *The Jewish Festivals and Jesus Christ* (Emeth Press)
- *A Collection of Life Stories* (Story Worth)

포르투갈어
- *Verdades fundamentais di christianismo* (Editora Fôlego)

편저
- 『나는 어떻게 예수님을 만났는가?』
- 『회심 거듭남의 의미와 적용』
- 『복음주의 실천신학개론』
- 『전도학』
- 『선교세계』
- 『불교권의 선교신학과 방법』
- *How I Met Jesus*

번역서
- 『주님의 전도계획』 외 30권의 기독교 서적

차 례

추천사   9
서문   18
서론   21

1장 "보이지 않는 하나님"   33
2장 "보이는 하나님"   51
3장 출애굽의 목표   69
4장 10가지 재앙   85
5장 바로의 타협   97
6장 마지막 재앙   109
7장 최후의 장벽   127
8장 승리의 여정   141
9장 언약의 백성   159
10장 언약의 진수   175
11장 언약의 법규   187
12장 언약의 체결   203
13장 여호와의 성막   219
14장 지성소   231
15장 성소   243
16장 뜰   257
17장 제사장의 위임식   269
18장 제사장의 예복   283
19장 모세의 중보기도   295
20장 성막의 역사를 마치다!   313

구속사적 조명

1. 언약 — 46
2. 성만찬과 출애굽기 — 64
3. 두 번째 책 — 80
4. 어린 양 — 122
5. 기적의 책 — 136
6. 안식일 — 154
7. *호데쉬* — 170
8. *토라*와 출애굽기 — 198
9. "피 언약" — 214
10. 성막 — 252
11. 출애굽기와 로마서 — 264
12. 제사장 — 278
13. "아버지" — 308
14. *쉐키나* — 322

성경 이미지

1. 모세와 바로의 갈등 — 22
2. 애굽의 지도 (나일강을 중심으로) — 38
3. 출애굽의 노정 — 129
4. 완성된 성막의 모습 — 228
5. 언약궤와 그 안에 넣어둔 세 가지 기물 — 235
6. 성막(지성소와 성소)의 모양 — 238
7. 떡 상과 진설병 — 247
8. 등잔대 — 249
9. 번제단과 그물 — 260
10. 제사장의 예복 (출애굽기 28장) — 293

참고 도서 — 326

추천사

저자인 홍성철 교수님은 서울신학대학교와 미국 켄터키주에 있는 애즈베리신학교Asbury Theological Seminary에서 가르치며 목회자를 양성하기 위해 평생을 헌신하신 학자입니다. 전도학 교수이면서도 성경을 읽고 연구하는 것이 중요하다는 것을 신학생들에게 강조하였으며, 자신도 성서학자들 못지않게 성경을 연구해 왔습니다. 퇴임 이후에도 성경연구에 몰두하였으며, 이번에 누구든지 올바르게 이해할 수 있도록 귀한 『출애굽기 탐구』를 출판하였습니다.

이 책은 20개의 장으로 구성되어 있습니다. 출애굽기의 장과 절을 단락으로 구분하여 주석하는 일반 주석서와는 다르게, 사건을 중심으로 해설하면서 그 사건에서 가장 중요하다고 여겨지는 주제를 장의 제목으로 선정하므로 독자가 그 사건의 중요성을 쉽게 이해할 수 있도록 돕고 있습니다. 예를 들어, 출애굽기의 첫 부분을 다루고 있는 1-2장의 제목을 "보이지 않는 하나님"과 3-4장을 "보이는 하나님"으로 정하므로, 고난 속에서 하나님께 부르짖는 이스라엘 백성의 상황과, 모세의 출생에서부터 소명에 이르기까지 어떻게 하나님께서 개입하셔서 이스라엘의 구속사가 시작되었는지를 해설합니다.

또 출애굽기 본문을 잘 이해하도록 14개의 '구속사적 조명'을 제시합니다. 이 조명들은 크게 두 부류의 주제로 나누어지는데, 첫 번째는 출애굽기의 성격에 관한 것(토라와 출애굽기, 두 번째 책, 출애굽기와 로마서 등)이라면 두 번째는 출애굽기를 이해하기 위한 중요한 어휘나 주제에 관한 것(언약, *쉐키나*, 아버지 등)입니다. 독자가 이 '구속사적 조명'을 읽으면 출애굽기가 기본적으로 어떤 책이며 어떤 개념이 중요한지를 이해할 수 있을 뿐만 아니라, 출애굽기에 나오는 중요한 주제가 어떤 신학적 의미를 지녔는가를 알게 됩니다.

저자는 이 책을 저술하면서 다음 몇 가지의 방법을 사용합니다. 첫째는 출애굽기를 전체적으로 이해할 수 있도록 문학적 접근 방법을 사용합니다. 무엇보다도 문학구조를 통하여 출애굽기가 다양한 주제와 신학적 의미를 담고 있음을 보여줍니다. 이는 서론의 "출애굽기의 분해"에서 잘 나타나고 있는데, 학자들이 보여주는 다양한 문학구조 중에서 대표적인 일곱 가지를 소개하여, 출애굽기를 다양한 주제로 읽을 수 있을 뿐만 아니라 동시에 하나의 구속사적 역사라는 통일성을 갖고 있음을 강조합니다.

또 수사학적 접근 방법을 사용하는데 그중에서도 반복법을 즐겨 사용하여 출애굽기가 무엇을 중요하게 여기는지를 독자가 알게 합니다. 같은 단어가 어느 부분에서 반복되어 나타나고 있다든가, 어떤 주제나 사건이 출애굽기에서 반복된다는 것에 주목합니다. 출애굽기 7-11장에서 "보내다"라는 단어가 23번이나 반복되었고 그와 유사한 의미의 단어를 포함하면 30번이나 나타나기 때문에 그 부분의 주제는 "보내다"라고 이해하는 것 등입니다. 같은 어휘의 반복뿐만 아니라 서로 대조되는 개념에도 관심을 둡니다. "보내라"는 하나님의 명령에 "보내지 않는" 바로의 행위가 아주 대조적임을 설명합니다. 또한 "두 번째 책"이란 '구속사적 조명'에서 창세기와 출애굽기가 어떻게 대조되고 있는가를 설명하는 것은 아주 흥미롭습니다. 이런 수사학적 방법을 통해 출애굽기 읽기를 시도하는 것은 매우 중요한 방법이며, 꼭 필요한 것이라고 할 수 있습니다.

  둘째로 저자는 출애굽기 자체만으로 해석하지 않고 가깝게는 모세오경과 구약 전체에서, 멀리는 신약과의 관계에서 해석합니다. 창세기에 나오는 족장과의 언약인 15:13-16을 근거로 이스라엘 백성이 애굽에서 고난의 삶을 살았으며, 430년 후에 하나님의 인도하심으로 출애굽을 했다는 해석은 출애굽기가 성경에서 홀로 서 있는 책이 아니라는 점을 잘 이해하게 해줍니다. 특히 저자는 출애굽기와 신약과의 관계에서 기독론적 구속사라는 신학적 입장으로 읽고 있습니다.

  "나는 있다, 나는 존재한다"라는 의미의 "에흐예"(출 3:14)는 이스라엘을 구원하기 위해 오신 여호와가 인류를 구원하러 오신 예수를 의미한다고 해석합니다. 이렇게 단어 연구를 통해서 출애굽기를 기독론적으로 이해를 하기도 하지만 어떤 경우에는 모형론적으로 해석하기도 합니다. 속죄일에 드려지는 염소의 피와 예수 그리스도의 피를 연결하여 읽는다거나, 성막은 예수 그리스도의 모형이라고 하는 것은 중요한 예입니다. 단순히 구약과 신약을 알레고리적으로 이해하지 않고 모형론적으로 접근하는 것은 매우 중요한 학문적 방법론 중의 하나입니다.

  셋째로 저자는 본문을 이해하는 데 필요한 히브리어 단어 연구를 합니다. 단어 연구는 히브리적 사고에서 어떤 의미를 지니고 있는지를 살펴보고 그 의미를 지금 우리에게 어떻게 적용되어 이해되어야 하는지를 소개합니다. "테루마"(거제)와 "테누파"(요제)는 제물을 드리는 방법이지만, 올려 드리는 제물(거제)은 하나님과의 관계를, 흔들어 드리는 제물(요제)은 사람과의 관계를 상징하는 것으로 이해합니다. 따라서 제물을 드리는 두 단어는 위로는 하나님을 아래로는 이웃을 사랑하라는 신앙의 핵심을 나타내는 것이라고 제안합니다.

이처럼 히브리어는 그 문화와 사고를 담고 있습니다. 따라서 출애굽기가 기록된 시대의 의미를 이해하기 위해서는 히브리어 단어가 그 당시에 어떤 의미였는지를 먼저 확인하고 그 의미가 지금 우리에게 무엇을 의미하는지에 관한 연구는 성경 주석에 있어서 중요한 방법입니다. 저자는 이 부분을 놓치지 않고 중요한 히브리어 단어들을 연구하여 본문의 의미를 정확하게 찾으려고 노력합니다.

위에서 소개한 구약 주석의 기초적 방법들을 사용하는 것은 출애굽기를 올바르게 이해하려는 좋은 시도일뿐만 아니라 잘못된 해석으로 빠지지 않게 하는 안전장치입니다. 저자는 또한 독자가 출애굽기의 본문을 이해하도록 배려하고 있습니다. 특히 성막 건축에 관하여 본문을 자세하면서도 알기 쉽게 풀이합니다. 일반적으로 출애굽기 25-40장 사이에 나오는 성막 건축의 규례, 제사장 예복 및 성막 건축의 완성에 관한 본문은 잘 이해되지 않아 대강 읽고 지나가기 쉽습니다. 그렇지만 저자는 성막의 크기와 성전 기구의 용도 및 신학적 의미 등을 설명하므로 쉽게 성경 본문에 접근할 수 있도록 도와줍니다.

또 출애굽기 본문을 이해하기 위해서 중요하다고 여겨지는 단어나 용어를 '이탤릭체'로 표기하므로, 저자가 무엇을 중요하게 여기는지를 인식하게 합니다. 독자는 종종 저자가 중요하게 강조하고 있는 것을 놓칠 수 있습니다. *쉐키나*는 탈무드나 미드라쉬 등의 유대교 문헌에서 하나님의 임재나 현현을 나타내는 용어인데, 출애굽기에는 *쉐키나* 현상이 중요하게 나타나는 현상임을 강조하기 위해서 *쉐키나*를 이탤릭체로 표기하는 경우입니다. 따라서 독자는 이탤릭체로 표기된 용어나 단어를 보면서 저자가 무엇을 의도하고 있는지를 생각하게 만듭니다.

『출애굽기 탐구』를 이해하는 데 필요하다고 여겨지는 몇 가지 중요한 점을 소개하였습니다만, 이 외에도 저자는 다양하게 본문 속에 숨겨진 신앙적 의미를 찾으려는 방법을 사용합니다. 특히 유대인이 전통적으로 이해했던 의미나 유대인 학자의 견해를 통하여 본문의 의미를 더 깊이 있는 신앙적 관점에서 이해하도록 도와줍니다. 이미 앞에서 언급했지만, 무엇보다도 출애굽기를 기독론적 구속사 관점에서 이해하고, 우리의 구원의 사건과 연결하여 해석하는 것은 21세기를 사는 그리스도인에게 매우 유익한 해석임에 틀림이 없습니다. 신약 없이 구약을 읽는 것은 성경 전체를 한 권의 책으로 읽으려는 원칙에서 벗어나기 때문입니다.

이 책은 현대를 사는 그리스도인들이 출애굽기를 이해하는데 유익한 책이 될 것입니다. 출애굽부터 가나안 정복은 교회가 전통적으로 하나님의 구속사를 말하는 기본적인 사건입니다. 그리고 그 구속사는 우리가 죄악 된 세상에서 나와 하나님의 나라에 이르는 구속사의 모형이 됩니다. 이런 점에서 출애굽기를 이해하는 것은 매우 중요한 구속사의 시작을 아는 것이라고 할 수 있습니다. 홍성철 교수님이 쓴 이 책은 구약이 말하는 구속사의 시작이 무엇인지를 알게 하고, 또 예수 그리스도를 통한 구속사가 어떻게 이해될 수 있는지를 말해 줍니다. 출애굽기의 일반적인 주석서는 어떤 경우에 오히려 성경을 읽기보다도 더 어려워서 이해하기 힘들지만, 이 책은 하나님의 구속사救贖史를 쉽게 이해할 수 있도록 쓰여서 출애굽기를 이해하는 데 많은 도움을 줄 것입니다. 또 이 책에는 저자가 출애굽기를 어떻게 읽는지를 보여줌과 동시에 저자의 신앙과 신학이 담겨 있어서 독자가 쉽게 저자의 의도에 따라 출애굽기를 이해할 수 있게 됩니다.

노 세 영 박사
아마존성결신학교 교장 / 구약학

추천사

'나무는 보고 숲은 보지 못한다'는 격언을 들을 때가 종종 있다. 너무 세세한 것에 치중하다 전체적인 큰 그림과 맥락을 놓치는 아쉬움이 남을 때이다. 하지만 그와 정반대로 숲은 보이지만 무슨 나무가 있는지는 알 수 없는 답답한 상황을 겪기도 한다. 그러니 나무도 살피고 숲도 조망하는 두 가지 경험을 동시에 갖는다는 것은 대단한 행운이다. 두 발로 설악산에 올랐다가, 케이블카로 내려오는 느낌이라 생각된다.

이번에 출간된 홍성철 박사님의 『출애굽기 탐구』는 나무와 숲을 둘 다 보게 하는 신학 저서라고 할 수 있다. 출애굽을 둘러싼 영적인 흐름과 역사 문화적인 배경 그리고 구속사적인 의미라고 하는 큰 숲을 볼 수 있는가 하면 그 가운데 기록된 구체적인 출애굽의 여정과 사건들 그리고 성막 건축에 이르기까지의 사건들을 촘촘하게 살펴봄으로써, 출애굽기를 통해 계시하시고 역사하시는 하나님의 은혜와 능력과 섭리를, 마치 하나의 스테인드글라스를 보듯, 세세한 이야기와 함께 전체 이미지를 발견할 수 있게 해준다.

이런 책을 만나보기는 정말 쉽지 않은 일이다. 가장 큰 이유는 영적인 통찰과 지적인 학식을 동시에 겸비한 저술가를 만나기가 어렵기 때문이다. 그런 점에서 홍성철 박사님은 영성과 지성은 물론 전도에 대한 뜨거운 열정까지 지닌 탁월한 신학자이자 전도자라고 하겠다. 또 저자는 지금까지 수많은 교회와 회중을 대상으로 복음과 웃음을 함께 전하는 훌륭한 설교자로 섬겨왔다. 그렇기에 그의 책자에는 단순한 신학 지식만이 아니라 영혼을 깨우는 복음 전도자의 외침이 책장마다 담겨있어 독자들에게 영적인 각성과 감동을 선사하고 있다.

홍 박사님이 저술한 책들을 읽어보면 특별히 그의 섬세한 원어 분석에 놀라게 된다. '야훼 하나님'과 '엘로힘 하나님'의 차이라든가, 또는 '요제'와 '거제'의 원어적인 특징에 관심이 있는 사람은 매우 드물다. 하지만 저자는 원문에 기재된 히브리어와 헬라어를 찾고 번역본과 비교 분석하여 성경 본문이 제시하고자 하는 핵심 포인트를 입체적으로 알려주며 그에 따른 영적 분별력을 가질 수 있도록 가르친다. 단어 하나하나에 담긴 원뜻을 찾아주려는 저자의 진심 어린 의도를 느끼며 감사하게 된다.

『출애굽기 탐구』는 40장의 출애굽기 성경을 20장으로 압축하여 해설함으로써 출애굽에 대한 전반적인 흐름과 내용을 더 쉽고 선명하게 이해할 수 있게 구성되었다. 또 당대의 시대 배경과 역사 문화적인 시각을 곁들여 설명하고 있어서 출애굽 과정에 발생한 사건들을 이해함에 큰 도움을 준다. 예를 들면 애굽이 겪은 10가지 재앙의 본질은 당시 애굽 백성들이 섬기던 10가지 우상들에 대한 하나님의 심판이었다는 저자의 설명은 출애굽을 둘러싼 영적 대결에 대한 이해력을 높여 주고 있다.

또 저자는 이 책을 접하는 독자들의 이해를 돕기 위해 다양한 시각 자료를 제공하여 출애굽의 경로와 성막의 구조와 기구들에 대한 시각적인 이해를 높일 수 있도록 최선의 섬김을 다하고 있다. 그리고 구약 시대에 일어난 출애굽의 내용이 어떻게 신약 시대의 예수 그리스도의 사역과 연결되어 있는지 그 영적인 흐름과 구속사적 의의를 정리하여 독자들의 신학적 안목을 넓혀주고 있어 대단히 유용한 책이라 하겠다.

출애굽기에 대한 설교를 준비하는 목회자들과 출애굽기에 대한 심화된 해설서를 찾고 있는 신학생들과 평신도들에게 이 책을 추천해 드린다. 특별히 은퇴 후의 삶을 살고 계신 분들께도 이 책 『출애굽기 탐구』를 '강추'해 드린다. 팔순을 훌쩍 넘기신 가운데도 여전히 저술 작업과 강연에 열정을 쏟는 저자를 뵐 때마다 그리스도 안에서 웰에이징well-aging하는 신앙인이란 바로 이런 모습이 아닐까라고 생각하며 은퇴 생활에 대한 새로운 이미지를 갖게 된다. 일평생 복음 전도자로 살아오신 홍 박사님께 경의를 표하며 내년에도 새로운 책을 발간하시길 기원한다.

김 재 홍 목사
웰에이징미션 대표

서 문

모세는 80세에 이스라엘 백성의 출애굽을 이끌었고, 그 후 그의 경험담을 회고하면서 기록한 책이 출애굽기이다. 그는 그 책만 기록한 것이 아니라 광야를 40년 동안 지나면서 하나님께서 주신 많은 가르침도 기록했는데, 곧 토라라 불리는 모세오경이었다. 그 토라에는 그의 많은 경험이 들었는데, 적극적인 경험과 소극적인 경험이 아울러 포함되었다. 토라의 두 번째 책인 출애굽기는 이스라엘 백성이 애굽에서 구출되기 전과 그 이후를 골고루 포함했다.

필자는 구원을 경험한 후, 성경을 차례로 읽으면서 출애굽기에 이른 적이 있었다. 그중 성막을 다루는 25장부터는 몇 번씩 읽어도 이해가 되지 않았다. 너무나 답답해서 이렇게 기도했다; "주님, 이 말씀을 깨닫기 전에는 다음 장으로 넘어가지 않겠습니다." 그때부터 25장을 수없이 읽고 또 읽었다. 『할레이 성경핸드북』Halley's Bible Handbook을 의지해서 성소의 기물들을 그리기 시작했다. 그렇게 많은 땀을 흘리면서 조금씩 성막의 맛을 보기 시작했다.

잘 알지는 못했지만, 그 책에 매료된 필자는 1973년에 죠이선교회JOY Mission 동계 수련회에서 출애굽기를 강의했다. 12장의 유월절을 강의한 후에 구원 초청을 했는데, 13명의 청년이 응해서 예수 그리스도를 그들의 구주로 영접했다. 또 하루는 20장의 강의를 하면서 2절을 읽었다: "나는 너를 애굽 땅, 종 되었던 집에서 인도하여 낸 네 하나님 여호와니라." 그날 직장에서 수련회로 달려온 한 청년이 그 말씀을 듣고 헌신했는데, 마침내 훌륭한 목사가 되었다.

그 후 평택성결교회에서 부흥회를 인도하면서 출애굽기를 본문으로 풀어나갔다. 그곳에서만 아니라, 전민새생명장로교회의 부흥회에서도 출애굽기를 강의했는데, 이번에는 그 내용을 프린트로 제작하여 성도들에게 배포했다. 그렇게 활자화된 내용을 차례로 강의와 설교를 했는데, 성도들에게 큰 도움이 된 것 같다. 그뿐 아니라, 목회자들을 위해 세미나를 인도하면서 역시 출애굽기를 강해한 적이 있었다.

출애굽기는 필자에게 상당히 친근한 하나님의 말씀이었다. 50여 년 전에 시작한 출애굽기와의 씨름이 마침내 『출애굽기 탐구』라는 제목의 책으로 결실하게 되었다. 저술하면서 필자를 놀라게 한 깨달음도 수없이 많았다. 지금까지는 12장과 14장에 기록된 유월절과 홍해의 사건이 출애굽기의 핵심이라고 믿었는데, 실제로는 하나님과 이스라엘 백성 사이에 맺은 언약이 출애굽기의 중심이라는 사실을 깨닫는 엄청난 은혜도 있었다.

두말할 필요도 없이 '하나님의 은혜'였다. 그분의 독생자 예수 그리스도를 구주와 주님으로 받아들이게 하신 것도 하나님의 은혜였다. 성령의 조명으로 출애굽기를 그만큼이나마 깨닫게 하신 것도 역시 하나님의 은혜였다. 그렇게 깨달은 말씀을 활자화할 수 있도록 기이한 방법으로 여러 참고 자료들을 내 손에 넣게 하신 것도 역시 하나님의 은혜였다. 하나님의 은혜로 이스라엘 백성이 출애굽할 수 있었던 것처럼, 『출애굽기 탐구』도 하나님의 은혜로 '출애굽'할 수 있었다.

이 저서를 위해 노세영 박사가 추천서를 쓰셨는데, 서울신학대학교에서 교수로 함께 섬기면서 구약학을 가르치신 분이었다. 특히 레위기 연구의 대가이신 노 박사는 『출애굽기 탐구』를 처음부터 끝까지 꼼꼼하게 읽고 여러 가지를 제안해 주셨는데, 필자에게는 큰 도움이 되었다. 또 한 분은 김재홍 목사인데, 그분은 웰에이징미션 Well Aging Mission의 대표로서 장마다 읽으면서 문장의 표현을 많이 업그레이드해 주셨다. 두 분에게 진심으로 감사드린다.

서 론

1. 영적 갈등

출애굽기는 이스라엘 백성과 애굽 백성 사이의 갈등으로 시작되는데, 그들의 지도자는 모세와 바로였다. 그런데 그 갈등은 이미 오래전에 노아를 통해 예고된 바 있었다. 노아는 아들을 셋 두었는데, 셈과 함과 야벳이었다 (창 6:10). 함은 아들을 넷 두었는데, '구스와 미스라임과 붓과 가나안'이었다 (창 10:6). 미스라임은 히브리 원어로는 미츠라임(מִצְרַיִם)이다. 그 미츠라임이 다름 아닌 애굽이기에 새번역과 공동번역개정판 성경은 이집트라고 번역했다.

홍수 이후에 일련의 사건을 통해 노아는 함의 아들에게 이런 저주를 퍼부었다. "가나안은 저주를 받아…셈의 종이 되고" (창 9:25-26). 가나안이 저주를 받은 이유는 그 아버지 함의 잘못 때문이었다 (창 9:22). 그러니까 노아의 저주는 함과 그 아들들에게 내려진 것이었다. 그때부터 셈의 후손과 함의 후손 사이에 갈등이 시작되었는데, 그 절정은 애굽에서 발생했다. 셈의 후손인 이스라엘 백성과 함의 후손인 애굽 백성 사이에 일어난 갈등이 바로 그것이었다.

그 갈등의 전조前兆인 것처럼 아브라함도 애굽에서 봉변을 당한 적이 있었다. 그가 기근을 피해 애굽으로 내려갔는데, 그의 아내 사라를 애굽 왕 바로에게 빼앗겼었다. 하나님의 개입이 없었다면 사라는 바로의 것이 될뻔했는데, 그분의 개입으로 구출되었다 (창 12:10-20). 애굽에서 430년이나 살던 이스라엘 백성도 역시 하나님의 개입이 없었다면, 영원히 애굽의 종이 될뻔했다. 그러나, 그분의 개입으로 이스라엘은 구출되었고 애굽은 망할 지경이 되었다.

그렇게 오랫동안 애굽에서 종노릇하던 이스라엘 백성은 노아를 통해서 선포하신 예고대로 성취되지 않는 것을 보고 자포자기하면서 하나님도 잊을 수 있었을 것이다. 그러나 하나님은 그 예고를 잊지 않으시고 하나님의 뜻을 거부하는 어둠의 세력인 바로와 애굽 백성을 심판하시고, 당신의 백성인 이스라엘을 구원하셨다. 이로 보건대, 이스라엘과 애굽의 갈등은 단순한 민족 간의 갈등을 넘어, 하나님의 세력과 흑암의 세력 간의 영적 갈등임이 틀림없다.

"모세와 바로의 갈등"을 도해해보자:

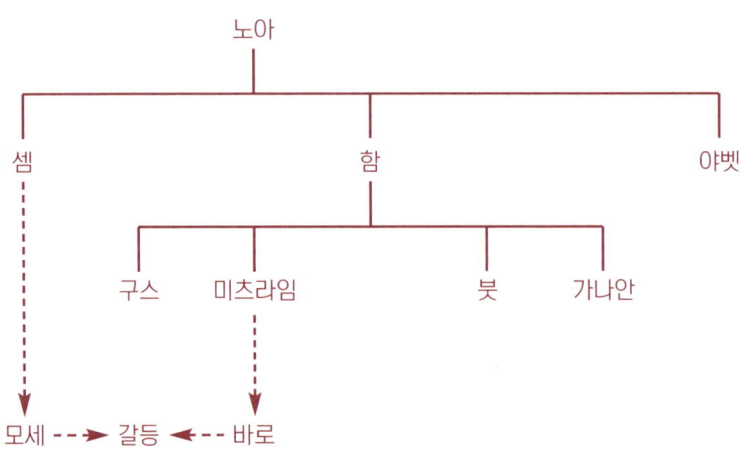

모세와 바로의 갈등

2. 영적 교훈

출애굽기는 중요한 영적 교훈을 수없이 주는 의미 있는 책이다. 출애굽기는 실제로 일어난 역사이며, 그 역사가 품고 있는 영적 교훈은 깊고도 넓다. 그 가운데 몇 가지만 추려보자. 우선, 이스라엘 백성에게 출애굽기는 매우 중요한데, 그 책을 통해 그 나라가 어떻게 시작되었는지 알 수 있기 때문이다. 물론 창세기에는 천지창조와 이스라엘의 시조인 아브라함의 이야기가 나오지만, 이스라엘의 형성에 관한 한 그것이 전부라고 해도 지나친 말은 아닐 것이다.

출애굽기를 통해 이스라엘 백성은 그들 가운데 임하신 여호와 하나님을 경험했을 뿐 아니라, 하나님의 백성이 되는 언약 관계로 들어갔다. 그 관계를 구체화하기 위해 하나님은 그들에게 성막을 짓게 하셨는데, 언약의 백성답게 성막 중심의 삶을 시작했다. 성막 중심의 삶이 되기 위해서는 제사장도 필요했고, 제물도 없어서는 안 되었다. 언약의 백성답게 살려면 당연히 여러 가지 법규와 규칙을 지켜야 했는데, 그 모든 것이 출애굽기에 들어있었다.

출애굽기의 내용이 이처럼 이스라엘 백성에게 삶의 방향과 방법을 결정짓는 중차대한 것이었다. 그런데 그 책은 신약성경으로 넘어와서 예수 그리스도를 따르는 교회에도 못지않게 중요한 영적 교훈을 주고 있다. 무엇보다도 중요한 교훈은 예수 그리스도를 통한 구원이 출애굽에서 역사적으로 일어난 이스라엘 백성의 구원이라는 모형의 성취라는 것이다. 이스라엘 백성이 출애굽이라는 구원을 경험하기 위해 하나님은 두 가지 큰 역사를 베푸셨다.

첫째는 유월절 어린 양의 죽음과 피였는데, 그 역사를 통해 그들은 출애굽이라는 구원을 경험하기 시작했다. 둘째, 홍해의 갈라짐은 이스라엘 백성이 애굽과 영원히 분리되어 구원을 이룬 역사였다. 그 두 가지는 죽음과 부활을 상징하는 크나큰 역사였는데 (요 1:29, 고전 10:2), 교회의 탄생을 위해 예수 그리스도가 십자가에서 죽으셨다가 다시 사셨다. 출애굽기에 묘사된 두 가지 역사를 통해 이스라엘이 탄생한 것처럼, 교회도 그분의 죽음과 부활로 탄생했다.

시내산에서 이스라엘 백성에게 주신 십계명과 법규는 그들의 신앙과 삶을 결정짓는 초석이 되었다 (출 20-23장). 그 말씀 때문에 그들은 차원 높은 도덕적인 삶을 영위했다. 마찬가지로, 십계명과 법규는 교회에 미친 영향도 지대했다. 그 법들 때문에 이스라엘 백성은 타민족과는 전혀 다른 차원 높은 도덕적인 삶을 영위할 수 있었던 것처럼, 교회도 그 법들 때문에 세상에서 불신자들과 전혀 다른 차원 높은 도덕적인 삶을 누리게 되었다.

이스라엘 백성은 출애굽기에 묘사된 성막과 제사장을 통해 하나님께 나아와서 예배를 드릴 수 있었다. 그들은 매일, 안식일마다, 그리고 절기마다, 성막에 나아와서 예배를 드려야 했다. 그런데 그런 현상은 교회에도 전달된 엄청난 모형이 되었는데, 그것은 두말할 필요도 없이 '예배'이다. 모든 교회는 적어도 일주일에 한 번씩 교회에 모여서 그들의 구원을 위해 역사하신 성부 하나님과 성자 하나님이신 예수 그리스도와 성령 하나님께 예배를 드려야 한다.

이스라엘 백성을 애굽에서 구원해내신 하나님께서 그들과 언약을 맺으셨는데, 그 결과 그들은 세계를 위한 제사장 나라가 되었다 (출 19:5-6). 마찬가지로, 하나님께서 구원해내신 교회, 곧 에클레시아는 세상에 있는 불신자들에게 예수 그리스도를 통한 하나님의 사랑과 능력을 전해야 한다. 이스라엘 백성처럼 교회도 '왕 같은 제사장'이 되어 복음을 전해서 하나님의 나라를 확장해야 한다 (벧전 2:9). 진정으로 출애굽기는 이스라엘과 교회에 많은 영적 교훈을 준다.

3. 구성

『출애굽기 탐구: 해설 20장과 구속사적 조명 14, 이미지 10』의 제목에서 제시된 것처럼, 본서는 본문을 해설하기 위해 20장을 할애했다. 출애굽기에 관하여 출판된 책은 부지기수로 많다. 어떤 책은 주석의 형태를 취하여 각 장을 설명하고 또 그 장들에 포함된 단어들의 뜻을 풀이한다. 그런 주석서들은 출애굽기를 해석함에 많은 도움을 준다. 그 중 복음적인 신학을 견지하는 저자들은 신약성경과 연결하면서 초점을 성취에 두려는 경향이 없잖아 있다.

본서는 출애굽기의 주석과 역사적 성취보다는 본문이 품고 있는 의미를 해설하려고 했다. 그렇게 하다 보니 자연스럽게 출애굽기의 여러 장을 한데 묶어서 한 장으로 해설했다. 예를 들면, "10가지 재앙"은 출애굽기에서는 다섯 장에 걸쳐서 기록하지만 (출 7-11장), 본서에서는 한 장으로 해설했다. 시내산에서 주신 여러 가지 법규도 석 장이나 되지만 (출 21-23장), 본서에서는 한 장으로 압축했다. 그렇게 하면서 40장의 출애굽기를 20장으로 해설하게 되었다.

본문을 압축해서 해설하다 보니 자연히 내용이 건조해질 수도 있었다. 그런 현상을 순화하기 위해 본서는 "이미지"image를 열 개나 삽입했다. 문자화된 해설이 가시적인 이미지를 통해 더 쉽게 이해할 수 있게 하기 위함이었다. 그뿐 아니라, 본문을 충실하게 해설하다 보니 그 내용이 다른 성경과 어떤 관계를 갖는지 또 어떻게 성취되었는지 설명할 수 없었다. 그 문제를 해결하기 위하여 "구속사적 조명 14"를 첨가했다.

"구속사적 조명 14"가 시사하는 것처럼, 출애굽기에 포함된 중요한 단어나 내용을 14개 선택해서, 그것들이 다른 성경과 어떤 관계에 있는지, 그리고 신약성경에서 어떻게 성취되었는지를 추가로 설명했다. 그러나 그것들은 본문 해설이 아니기에 별도로 다루었다. 물론 그것들을 "본문 해설 20장" 이후에 넣을 수도 있으나, 독자가 본문과 연결함으로 본문도 더 이해하기 쉽고 또 그 의미도 알리기 위하여 본문의 내용과 내용이 연결되는 곳에 삽입하였다.

4. 목적

본서는 이미 언급한 대로, 본문의 의미 전달에 충실하기 위해 노력했다. 그렇다고 본문의 뜻을 일일이 설명하려고 하지도 않았다. 오히려 그 본문이 전달하고자 하는 의미를 전달하려고 노력했다. 한 실례를 들어보면, 출애굽기 21-23장에 이스라엘 백성에게 여러 가지 법규를 주셨는데, 그 법규를 모두 열거하면서 설명하려 하지 않았다. 오히려 그 법규들이 담고 있는 속뜻을 제시하려고 노력했다.

또 다른 예를 들면, 출애굽기 1-2장과 3-4장의 의미를 전달하면서 "보이지 않는 하나님"Invisible God과 "보이는 하나님"Visible God의 제목으로 접근했다. 그렇게 접근하면서 이스라엘 백성에게 일어난 모든 불행도 결국 "보이지 않는 하나님"의 손길이었다는 사실을 제시하려 했다. 그렇게 오랫동안 "보이지 않는 하나님"이 당신의 때가 되자, "보이는 하나님"으로 임하셔서 모세를 부르시고 이스라엘 백성을 구원하셨다는 놀라운 사실을 전개하려고 했다.

특히 본문을 해설하면서 일반적으로 목사들과 설교자들이 접근하지 않는 방식을 하나 첨가했는데, 그것은 유대인 학자들의 해석이다. 물론 그들은 어떤 출애굽기의 사건도 신약성경과 연결하지 않는다. 그러나 그들은 그들만의 방식대로 출애굽기를 상당히 깊게 해석했다. 그들의 저서를 여러 권 참고하면서 과거에 알지 못했던 많은 사실을 깨닫게 된 크나큰 은혜가 있었다. 그 은혜를 본서에서 기회가 되는대로 적용하면서 보충적으로 설명하려고 노력했다.

독자는 본서를 통해 출애굽기 전체에 도도히 흐르는 내용을 알게 될 것이다. 물론 세세한 것은 다른 많은 책을 참고할 수 있을 터인데, 본서는 그렇게 세세하게 해설하지 않기 때문이다. 그렇지만 출애굽기의 전체 흐름을 이해한다면, 그런 세세한 내용에 대해서도 쉽게 접근할 수 있을 것이다. 본서에 포함된 "구속사적 조명 14"는 독자에게 출애굽기가 다른 성경과 어떤 관계를 갖는지도 심도 있게 알려줄 것이다.

5. 분해

출애굽기는 다양한 관점에서 분해할 수 있는 특별한 책이다. 첫 번째 분해는 40장이나 되는 출애굽기를 크게 둘로 나누는 방법인데, 그 방법을 선호하는 사람도 적지 않다. 하나는 "구원과 시내산"이고(출 1-19장), 둘은 "언약의 백성"이다 (출 20-40장). 언약의 백성답게 살아가는 방식도 제법 상세히 묘사되었고, 언약의 백성에게만 주어지는 특권도 제시되었다. 그 특권은 하나님과 동행하는 것인데, 그들 가운데 있는 성막에 임하셨기 때문이다.

두 번째 분해는 출애굽기를 셋으로 나누는 것인데, 복음적 신학자 버나드 램Bernard Ramm은 하나님을 주제로 다음과 같이 나누었다: (1) "하나님의 구속" (1-18장), (2) "하나님의 율법" (19:1-24:14), (3) "하나님께 예배" (24:15-40:38). 이스라엘 백성은 애굽에서 압제받는 삶을 살았으나, 하나님께서 그들을 해방하신 후에 약속대로 시내산으로 인도하셨다. 이스라엘 백성은 시내산에 도착한 후 (출 19:1) 다음 해 2월 20일까지 11개월 20일이나 그곳에 머물렀다 (민 10:11).

세 번째 분해는 이스라엘 백성을 중심으로 나누는 방법이다. (1) "애굽에 살던 이스라엘" (1:1-12:36), (2) "시내산으로 이동한 이스라엘" (12:37-18:27), (3) "시내산에 머문 이스라엘" (19-40장). 이 제목들이 시사하는 것처럼, 이스라엘 백성은 애굽에서 압제를 받으며 430년이나 고통을 당했다. 그러나 그들의 조상 아브라함과 약속하신 대로 하나님께서 사랑과 능력으로 그들에게 임하셨고, 구원하셨고, 그리고 시내산에 이르게 하셨다.

출애굽기 분해의 다른 방법으로는 구속redemption이란 주제로 다음과 같이 다섯 가지로 나누는 것이다: (1) "구속의 필요" (1-6장), (2) "구속자의 능력" (7-11장), (3) "구속의 특징" (12-18장), (4) "구속받은 자들의 의무" (19-24장), (5) "구속받은 자들을 위한 선물들"

(25-40장). 이 방식은 이스라엘 중심의 주제와 유사하지만, 이스라엘 백성이 경험한 구속의 과정을 강조한다는 점에서 차별화된다. 이런 나눔은 출애굽기를 바라보는 새로운 관점을 열어줄 것이다.

다섯 번째 방법은 내용을 암시하는 구체적인 제목을 사용하여 출애굽기를 여섯 부분으로 나누는 것이다. (1) "애굽에서 이스라엘의 속박"(1:1-11:10), (2) "애굽을 떠남"(12:1-18:27), (3) "시내산에서 맺은 언약"(19:1-24:18), (4) "성막에 대한 지침들"(25:1-31:18), (5) "이스라엘의 반항과 회복"(32:1-34:35), (6) "성막을 지음"(35:1-40:38). 이 나눔은 이스라엘의 해방, 언약 및 하나님의 임재를 강조하며, 출애굽기를 체계적으로 이해하는 데 도움이 된다.

여섯 번째 방법은 더글러스 스튜어트[Douglas Stuart]가 제시한 것으로, 출애굽기를 일곱 가지로 나누는 방식이다. (1) "이스라엘에 대한 애굽 사람들의 압박과 하나님의 구원자 선택"(1:1-2:25), (2) "모세의 부르심, 사명 및 도전"(3:1-7:7). (3) "야훼의 열 한 가지 주권적 역사"(7:8-11:10) (모세의 지팡이가 뱀이 되는 사건도 포함). (4) "유월절과 출애굽"(12:1-13:16), (5) "시내산을 향한 광야의 여정"(13:17-19:25), (6) "언약의 율법"(20:1-31:18).

그다음은 두말할 필요도 없이 일곱 번째인데, 그 내용으로 가보자: (7) "성막에 대한 하나님의 지침에 대한 반항, 회복 및 성취"(32:1-40:38). 스튜어트의 방식은 각 내용을 상세히 다루며, 소제목까지 포함하고 있기에 당연히 세부적인 이해를 돕는다. 예를 들어, "시내산을 향한 광야의 여정"은 15가지 소제목으로 나뉘었다. 이 방법은 내용을 조목조목 열거하는 특징이 있다. 이렇게 나눈 스튜어트의 주석은 널리 인정되는 방식이기도 하다.

일곱 번째로, 유대인들은 출애굽기를 열한 부분으로 나누었다. 유대인들은 안식일마다 회당에 모여서 예배를 드리는데, 오전에 토라를 읽는다. 그러나 토라의 양이 너무 많기에 그것을 54부분으로 나누어서 읽었는데, 유대 달력에 따라 일 년에 들어있는 54주에 맞추어서 분해했기 때문이다. 출애굽기는 그중 11개로 나누었다. 유대인들은 그렇게 분해한 것을 한 주에 하나씩 읽으므로 일 년 주기로 한 바퀴씩 돌아간다.

유대인들이 출애굽기를 그렇게 나눈 부분을 히브리어로 *파라샤* (parashah: פרשה)라고 하는데, 유대인들은 일주일에 한 번씩 한 *파라샤*(부분)를 회당에서 읽는다. 그런데 흥미로운 것은 54개나 되는 모든 *파라샤*에 이름을 붙였다는 것이다. 그 이름은 토라의 다섯 성경의 이름을 그 성경의 첫 단어나 두 단어로 붙인 것처럼, *파라샤*도 그렇게 첫 단어나 두 단어를 이름으로 삼았다. 그렇게 함으로 그들은 *파라샤*를 쉽게 구분하고 기억할 수 있었다.

출애굽기에 들어있는 11개의 *파라샤*로 나눈 구절과 그 이름을 알아보자. (1) "이름들" (1:1-6:1), (2) "그리고 내가 나타났으나" (6:2-9:35), (3) "들어가라" (10:1-13:16), (4) "그가 보내다" (13:17-17:16), (5) "이드로" (18:1-20:23), (6) "법규들" (21:1-24:18), (7) "예물" (원어로는 "거제물") (25:1-27:19), (8) "명령하다" (27:20-30:10), (9) "네가 조사할 때" (30:11-34:35), (10) "그가 모았다" (35:1-38:20), (11) "계산" (38:21-40:38).

참고로 토라의 각 권에 들어있는 *파라샤*의 수를 열거하면 다음과 같다: 창세기 12, 출애굽기 11, 레위기 10, 민수기 10, 신명기 11, 모두 54개이다. 그런데 그런 분해는 토라에서 찾아볼 수 있고, 각각의 *파라샤*에 대한 해석과 설명은 *미드라쉬*와 *탈무드*에서 찾을 수 있다. 유대인들은 출애굽기를 오래전부터 그렇게 열한 가지로 나누어서 읽으며 활용하는데, 그리스도인들은 유대인들의 분해를 그대로 받아들일 필요는 없지만 참고는 할 수 있을 것이다.

출애굽기는 이처럼 여러 가지로 분해할 수 있다. 물론 저자마다 분해는 달라도, 궁극적으로 그들의 메시지는 같다. 이스라엘 백성이 그토록 오랫동안 애굽 사람의 종으로 노역(勞役)하면서 천덕꾸러기로 살았지만, 하나님께서는 그들을 능력의 손으로 구원하셔서 큰 나라로 만드셨다. 그러나 그들을 천대하고 학대하던 애굽은 천덕꾸러기가 되어버렸다. 그들을 그렇게 바꾼 것은 이스라엘 백성의 구원이었는데, 그 구원을 묘사한 출애굽기는 놀랍고도 놀라운 책이다!

Exploring Exodus

1장

"보이지 않는 하나님"

Exploring Exodus

성경 전체를 통틀어서 이스라엘 백성이 출애굽한 역사만큼 놀라운 드라마는 어디에서도 찾아볼 수 없다. 역전에 역전을 거듭하면서 이스라엘 백성이 애굽에서 해방되는 과정을 상세하게 알려주는 성경이 저 유명한 출애굽기이다. 그 전에도 없었고 그 후에도 없는 전대미문의 그 탈출이 어떻게 가능할 수 있었는가? 두말할 필요도 없이 그 드라마틱한 역사를 이끌어 간 주인공은 모세였는데, 그와 같은 걸출한 지도자가 없었다면 그 드라마는 가능하지 않았다.

그러나 모세를 이끄신 하나님이 없었다면, 그가 아무리 걸출한 지도자라 할지라도 이스라엘 백성은 애굽의 종으로 남았을 것이다. 모세에게 확신과 능력을 주시고 지도자로 사용하신 분은 다름 아닌 하나님이었다. 그 말은 하나님께서 위대하셨기에 그의 종도 위대해졌다는 뜻이다. 출애굽에 이르는 모든 상황을 주관하시고, 모세를 통해 역사하신 하나님은 두 가지로 묘사할 수 있는데, "보이지 않는 하나님"과 "보이는 하나님"이다.

먼저, "보이지 않는 하나님"에 대하여 알아보자. 이스라엘 백성이 애굽으로 간 것도, 그리고 그 종이 된 것도 보이지 않는 하나님의 손길이 없었다면 가능하지 않았다. 그렇다면 인자와 사랑의 하나님께서 왜 그들을 애굽의 종으로 허락하셨는지 궁금하다. 하나님께서는 이스라엘 백성을 위해 이루실 놀라운 구원과 해방의 역사를 위해 그들이 종이 되는 것을 허용하셨다. 다시 말해서, 애굽 사람들이 이스라엘 백성을 종으로 삼는 것을 내버려 두셨다는 말이다.

1. 백성

이스라엘 백성은 본래 야곱에 속한 한 가족이었다. 그러나 요셉이 종으로 애굽에 팔린 후, 그는 무서운 흉년이 일어날 것을 경고했을 뿐 아니라 그에 대한 해결책도 제시했다. 그 결과 요셉은 애굽의 총리가 되어, 가나안에 살던 아버지의 가족을 애굽으로 불러들였다 (출 1:1-3). 그들은 대대적으로 환영을 받으면서 애굽으로 들어갔다. 그들은 애굽의 존귀한 손님이 되어 좋은 땅에서 좋은 대접을 받으면서 크게 번성하여, '온 땅에 가득하게 되었다' (1:7).

여기까지의 모든 일은 "보이지 않는 하나님"이 간섭하신 결과였다. 그 당시에는 부족 간의 경쟁과 싸움이 치열했는데, 야곱의 가족은 부족이 될 수 없는 미약한 일개 가족이었다. 애굽으로 들어간 야곱의 자손은 모두 70명에 지나지 않았다고 명시한 것은 다분히 의도적이라고 할 수 있다 (1:5). 하나님은 창세기 46장에서 그 숫자를 이미 언급하셨는데, 출애굽기 1장에서 다시 언급하신 것은 그들의 연약한 형편을 다시 각인시키기 위함이었을 것이다 (창 46:27).

그러나 불과 70명밖에 되지 않은 야곱의 가족은 막강한 애굽의 우산 밑에서 "생육하고 불어나 번성하고 매우 강하여 온 땅에 가득하게 되었다" (1:7). 세월이 한참 흘러서 그렇게 불어난 이스라엘 백성을 마땅치 않게 생각하는 새로운 왕이 등극하였다. "요셉을 알지 못하는 새 왕이 일어나 애굽을 다스리더니" (1:8). 요셉과 그의 공적을 알지 못하는 새로운 왕의 출현은 이스라엘 백성으로선 달갑지 않은 일이었다.

위의 말씀에서 '안다'라는 단어가 나오는데, 그 뜻을 짚어 보자.

'안다'는 히브리어로 *야다*(יָדַע)인데, 스쳐 지나가는 순간적인 앎이 아니라, 깊이 알아서 밀접한 관계를 맺는다는 뜻이다. 그러니까 새로운 왕은 요셉이 애굽을 흉년으로부터 어떻게 구출해 주었는지 알지도 못했고 관심도 없었다. 만일 요셉이 아니었다면, 애굽 백성은 틀림없이 대부분 굶어 죽었을 것이다. 그렇게 되었다면 그 나라는 쉽게 패망할 수도 있는 열악한 처지가 될 뻔했는데 말이다.

그 왕은 애굽이 이스라엘 백성으로부터 은혜를 받아 위기를 넘길 수 있었다는 과거의 역사에는 관심이 없었다. 다만 이스라엘 사람의 확연한 인구 증가를 크게 염려할 뿐이었다. 그 왕은 전쟁 상황을 가정하며 이렇게 말했다. "…전쟁이 일어날 때에 우리 대적과 합하여 우리와 싸우고, 이 땅에서 나갈까 하노라" (1:10). 그런데, 놀랍게도 이스라엘 백성은 누구와도 연합 없이 독자적으로 애굽과 싸우고 당당하게 애굽을 나가게 되었다.

바로는 이스라엘 백성에 대해 갖는 두려움을 잠재우기 위해 특단의 조처를 마련했는데, 세 가지나 되었다. 첫째는 이스라엘 백성들에게 '무거운 짐을 지워 괴롭게 하면서 국고성을 쌓게 했다' (1:11). 그렇게 하면 번성하지 못하리라는 기대와는 정반대로 그들은 '더욱 번성했다' (1:12). 두말할 필요도 없이 그처럼 악조건에서 번성한다는 것은 "보이지 않는 하나님"의 손길이 있었기에 가능했다. 그분만이 생명의 주인으로서 새 생명을 허락하실 수 있기 때문이다.

애굽 사람과 왕의 근심은 갈수록 커져서 더 엄한 노역을 시켰다. 그들이 육체적으로 기진하여 더는 자녀를 생산하지 못하도록, "어려운 노동으로 그들의 생활을 괴롭게 하니 곧 흙 이기기와 벽돌 굽기와 농사의 여러 가지 일이라 그 시키는 일이 모두 엄하였더라"

(1:14). 애굽 사람이 아무리 발버둥을 쳐도 "보이지 않는 하나님"의 손길을 막을 수 없었다. 아이로니컬하게도, 애굽 사람들은 이스라엘 사람들로 노동하게 하므로 더 건강하게 만든 것 같다.

애굽 왕의 둘째 조처는 히브리 여인들이 아들을 해산하면 죽이라고 히브리 산파들에게 명령한 것이었다. 히브리 산파들로선 그 명령을 어기면 생명을 잃게 될지도 모르는 심각한 것이었다. 그러나 "보이지 않는 하나님"은 보이는 애굽의 왕의 명령을 어길 수 있도록 산파들에게 은혜와 복을 더하셨다. 그 산파들도 하나님을 경외하는 히브리인이었는데 (1:16 이하), 그들의 용단을 하나님께서 기뻐하신다는 사실을 알게 되면서 더 용감하게 행한 것이 틀림없었다.

바로는 애굽 백성에게 '아들이면 나일강에 던져서' 죽이라고 명령했는데, 그것은 셋째 조처였다 (1:22). 바로는 히브리 산파들을 더는 믿을 수 없게 되었고, 따라서 애굽 백성들에게 갓 태어난 히브리 아들들을 죽이라고 명령했다. 그처럼 잔혹한 살인을 일으킨 바로와 애굽 백성들은 훗날 그 대가를 치르게 될 것이다. "보이지 않는 하나님"이 그들의 살인을 보면서 때가 되면 공의롭게 갚아주실 것이다. "보이지 않는 하나님"은 모든 것을 보셨고, 또 아셨다.

왜 나일강에 던져 죽이라는 명령인가? 그 이유가 두 가지인데, 첫째는 편리함 때문이었다. 다른 방법으로 죽이면 시체를 처리해야 하는 번잡함이 따른다. 편리하게 시체를 강에 던져버리면 그것으로 끝이었다. 그뿐 아니라, 그 당시 대부분의 애굽 사람은 나일강 주변에 살고 있었는데, 다른 지역에는 사막이 많은 등 생활 환경이 열악했기 때문이다. 그들은 시체를 처리하기 위해 멀리 갈 필요도 없이 강에 던지기만 하면 됐다. 바로 왕은 악했지만 영특했다.

둘째는 종교적인 이유였다. 나일강은 애굽 백성들이 섬기는 신이었다. 그들의 신에게 히브리 아들들을 제물로 바치면 그 신이 기뻐하면서 그들에게 더 많은 복을 내려준다고 믿었음이 틀림없다. 두말할 필요도 없이 많은 히브리 아들들은 태어나자마자 생명을 잃었을 것이다. 그러나 "보이지 않는 하나님"은 이번에도 그 악행을 공의롭게 갚아주셨는데, 후에 애굽 군인들이 이스라엘 백성을 뒤쫓다 홍해에 빠져 죽도록 몰아가면서 심판하셨다.

애굽은 광활한 땅이나 대부분이 사막으로 거의 불모지였다. 그러나 6,650km나 되는 나일강은 애굽 사람들에게 생명과 풍요를 안겨주었다. 그 강은 남쪽의 빅토리아 호수에서 발원하여 북쪽의 지중해로 흘러나가면서 세계 4대 문명의 발상지가 되었다. 당연히 애굽 사람들은 나일강을 끼고 살았을 뿐만 아니라, 그 강을 신격화하면서 섬겼다. 그 강에 수많은 유대인 남자 아기를 던져 죽게 한 것에 대한 보복이라도 하듯, 그 강이 일주일 동안 피로 변하기도 했다.

나일강을 중심으로 이루어진 "애굽의 지도"를 참고하자.

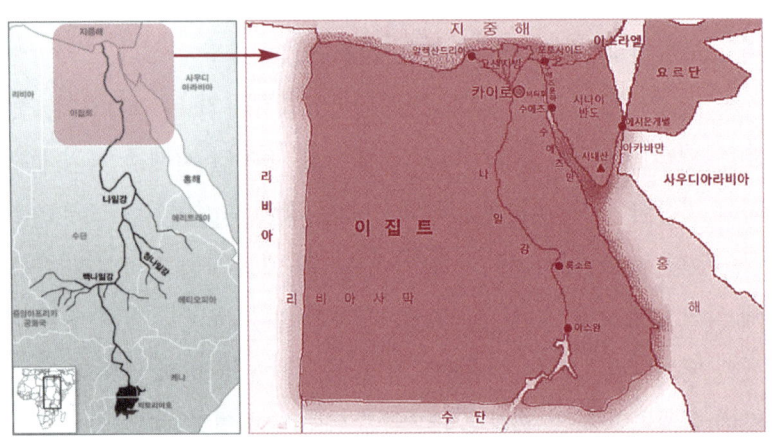

애굽의 지도 (나일강을 중심으로)

2. 모세 – 탄생과 성장

"보이지 않는 하나님"이 어떻게 이스라엘 백성의 해방을 위해 간섭하셨는지 알아볼 터인데, 우선 모세를 보자. 모세는 불행한 시대에 태어났다. 그가 태어났을 때는 모든 히브리 아들을 나일강에 죽이라는 바로의 엄명이 있었다. 부모는 차라리 딸이기를 바랐을 것이다. 3년 전 그의 형 아론이 태어났을 때는 그런 바로의 칙령勅令이 없었으므로, 그는 가족과 친족과 이웃들의 환영을 받으며 태어났다. 그러나 불운한 모세는 왜 하필 그때 태어났는가?

그러나 그런 불운도 역시 "보이지 않는 하나님"의 손길 때문이었다. 그때 태어나지 않았다면, 바로의 왕궁에 양자로 들어갈 수 있었겠는가? 왕궁에서 성장하면서 온갖 특권을 누리면서 건강하게 자랄 수 있었겠는가? 애굽의 학문과 전술 등을 배울 수 있었겠는가? 그런 특별한 성장이 없었다면, 훗날 그가 놀라운 지도자가 될 수 있었겠는가? 그처럼 생명의 위협을 받는 때에 태어나게 허락하신 분은 다름 아닌 "보이지 않는 하나님"이었다!

모세는 신앙심이 깊은 부모에게서 태어났는데, 그것도 역시 "보이지 않는 하나님"의 손길이었다. 그의 부모는 믿음이 있었기에 바로의 명령을 두려워하지 않았다 (히 11:23). 두려워했다면 그 부모는 즉시 아들을 나일강에 던졌을 것이다. 그러나 그 부모는 자그마치 석 달이나 그를 숨겼다. 더 숨길 수 없게 되자 부모는 바로의 명대로 모세를 나일강에 넣었는데, 갈대 상자를 만들어서 거기에 담아 강에 띄웠다.

"보이지 않는 하나님"의 손길이 없었다면 절대로 가능하지 않은 일이 일어났다. 바로 그 시간에 바로의 딸이 그곳에서 목욕하고 있었다니! 그때 태어난 히브리 아들들은 모두 나일강에서 죽음을 맞았는데, 모세는 유일한 생존자가 되었다. 거기다가 바로의 딸이 양자로 삼다니! 친모가 유모가 되어 삯까지 받으면서 모세를 키우다니! 사람들은 이런 것을 우연이나 기적이라고 하지만, 그 모든 것이 "보이지 않는 하나님"의 손길 때문에 가능했다.

양모養母인 바로의 딸은 그 아이의 이름을 지을 때, '물에서 건져내었다'는 뜻으로 모세―히브리어로는 모쉐(משה)―로 지었다. 모세의 생애는 이름처럼 '건져냄'으로 시작되었고, 삶의 마지막 순간까지 그 이름값을 다한 삶을 살았다고 하겠다. 그는 자기의 백성을 애굽에서 *건져내었을* 뿐 아니라, 물에서도 *건져냈다*. 이스라엘 백성이 홍해를 건널 때 모세가 그의 손을 거두어들였다면, 그들은 홍해에서 몰사했을 것이다 (14:26).

모세는 어려서부터 부모의 신앙을 물려받은 신앙인이었다. 애굽인을 죽인 사건은 모세가 열혈남아였기에 일으킨 사고이기도 했지만, 동시에 하나님의 언약을 성취하고자 하는 신앙에서 비롯된 것이라고 보아야 한다. 하나님은 아브라함에게 이런 약속을 주셨다: "…네 자손이 이방에서 객이 되어 그들을 섬기겠고, 그들은 사백 년 동안 네 자손을 괴롭히리니 그들이 섬기는 나라를 내가 징벌할지며, 그 후에 네 자손이 큰 재물을 이끌고 나오리라" (창 15:13-14).

그 언약의 기간이 끝날 즈음에, 그러니까 약 390년이 지난 그때, 모세는 이스라엘 백성을 애굽에서 건져내야 한다고 믿었던 것 같다. 그가 아니면 누가 그처럼 엄청난 일을 해낼 수 있었겠는가? 아브라함의 언약을 성취하기 위하여 이스라엘 사람을 치는 애굽인을 쳐죽였다. 그 순간 그는 애굽의 왕자가 아니라, 그 자신도 해방되어야 할 이스라엘 사람이었다. 그는 애굽인에게 두드려 맞는 이스라엘 사람을 '히브리 사람, 곧 자기 형제'로 받아들였다 (2:11-12).

그러나 의도가 아무리 선해도 방법이 악하면 그것은 정당화될 수 없다. 모세가 자신의 힘으로 애굽인을 죽여서 그의 백성을 해방하려 했다면, 그는 결코 해방자가 아니라 살인자에 불과했다. 그의 살인이 바로 왕에게 알려지자, 그는 또 한 번 죽음을 목전에 두게 되었다. 바로가 그의 생명을 찾았기 때문이었다. 태어났을 때는 바로의 딸이 개입하므로 살았지만, 지금은 누구도 도와줄 수 없었다. 그는 이제부터 도망 다니는 신세가 되었다.

3. 모세 – 혹독한 훈련

모세는 참으로 강건한 청년이었다. 그는 애굽인 감독을 죽일 수 있었고, 사막을 지나 500km나 되는 미디안 땅으로 도주할 수 있었고, 미디안 목자들을 제압할 수 있었다 (2:17). 그뿐 아니라, 그는 "애굽 사람의 모든 지혜를 배워 그의 말과 하는 일들이 능했다" (행 7:22). 그가 스스로 의지할 수 있는 게 그렇게 많으니 어떻게 하나님의 장중에 사로잡힐 수 있었겠는가? 이 시점에서 "보이지 않는 하나님"의 놀라운 손길을 엿볼 수 있다.

우선, 모세는 애굽으로부터 완전히 분리되어야 했다. 자신을 완전히 비울 때, 비로소 하나님으로 채워질 수 있기 때문이다. 그의 애굽에는 많은 것이 포함되어 있는데, 왕자의 지위, 넘쳐나는 건강, 다른 사람들을 설득할 수 있는 설득력, 그 외의 많은 일이다. 물론 그 '일'에는 무술과 전술도 포함되었을 것이다. 그 모든 것이 무용지물이 될 줄 상상이나 했겠는가? 모세는 진정으로 낮아지고 낮아지는 처지가 되었다.

강대국의 왕자가 하루아침에 양 몇 마리를 치면서 풀을 찾아 여기저기 다니는 초라한 목동이 되다니! 그렇게 많은 애굽과 이스라엘의 아름다운 처녀들로부터 흠모의 대상이었던 모세가 미디안 광야에서 범부가 되어 하루하루를 연명하는 신세가 되다니! 그가 아들을 낳았을 때, 그 이름을 게르솜이라 지었는데, 그 뜻은 '내가 타국에서 나그네가 되었음이라'였다 (2:22). 그는 어제의 영광을 뒤로하고, 오늘의 외로움을 달래는 처지가 되어 세월을 보내고 있었다.

"보이지 않는 하나님"은 한편 모세를 갈고 또 갈아서 '미미한 존재'^{nothing}로 만드셨고, 또 한편 이스라엘 자손으로 '고된 노동으로 말미암아 탄식하며 부르짖게' 하셨다 (2:23). 그 하나님은 그렇게 모세와 이스라엘 백성을 동시에 준비하고 계셨다. 마침내 하나님께서 아브라함에게 약속하신 때가 되자, "보이지 않는 하나님"이 마침내 "보이는 하나님"으로 나타나기 시작하셨는데, 말씀을 인용하면서 그 전환점을 알아보자.

"하나님이 그들의 고통 소리를 들으시고 하나님이 아브라함과 이삭과 야곱에게 세운 그의 언약을 기억하사, 하나님이 이스라엘 자손을 돌보셨고 하나님이 그들을 기억하셨더라" (2:24-25). 이 말씀에서 "보이지 않는 하나님"이 "보이는 하나님"으로 전환되는 동사가 네 개 나오는데, 곧 '듣다', '기억하다', '돌보다', '알다'이다. 한글성경에서는 '하나님이 그들을 기억하셨더라'로 번역되었지만, 히브리어성경에서는 '하나님이 그들을 아셨더라'이다.

"보이는 하나님"이 가장 먼저 하신 일은 이스라엘 백성의 고통 소리를 들으신 것이다. 하나님은 그 백성이 겪고 있는 고통을 모르실 리가 없을 뿐 아니라, 외면하시는 분도 아니다. 하나님은 그들의 고통을 보시고 또 그 백성이 부르짖는 울부짖음도 들으셨다. 이스라엘 백성이 그들이 당하는 고통으로 인해 "보이지 않는 하나님"에게 기도하기 시작했다. 하나님께서 그들을 애굽에서 해방하신 것은 그들의 고통도 아셨지만, 무엇보다도 그들의 기도 때문이었다.

모세는 훗날 이스라엘 백성이 올린 기도에 대해 이렇게 회고했다. "애굽 사람이 우리를 학대하며 우리를 괴롭히며 우리에게 중노동을 시키므로, 우리가 우리 조상의 하나님 여호와께 *부르짖었더니* 여호와께서 우리 음성을 들으시고 우리의 고통과 신고와 압제를 보시고, 여호와께서 강한 손과 편 팔과 큰 위엄과 이적과 기사로 우리를 애굽에서 인도하여 내시고"(신 26:6-8). 하나님은 그들의 고통을 보시고 그들의 기도를 들으셨기에 그들을 찾아오셨다.

두 번째 동사는 *기억하다*이다. '하나님은 아브라함과 이삭과 야곱에게 세운 그의 언약을 기억하셨다.' 아브라함과의 언약은 위에서 언급한 것처럼, 창세기 15장에 기록되어 있다. 이삭과의 언약은 아브라함에게 하신 약속에 포함되어 있다. "하나님이 이르시되 아니라 네 아내 사라가 네게 아들을 낳으리니 너는 그 이름을 이삭이라 하라; 내가 그와 내 *언약*을 세우리니 그의 후손에게 영원한 언약이 되리라"(창 17:19).

야곱과의 언약도 인용해보자. "…나는 여호와니 너의 조부 아브라함의 하나님이요 이삭의 하나님이라; 네가 누워 있는 땅을 내가 너와 네 자손에게 주리니, 네 자손이 땅의 티끌 같이 되어 네가 서쪽과 동쪽과 북쪽과 남쪽으로 퍼져나갈지며 땅의 모든 족속이 너와 네 자손으로 말미암아 복을 받으리라. 내가 너와 함께 있어 네가 어디로 가든지 너를 지키며 너를 이끌어 이 땅으로 돌아오게 할지라…" (창 28:14-15).

하나님은 어제와 오늘과 미래라는 시간의 제한을 초월한 영원하신 분이다. 그런 까닭에 그분에게는 인간의 과거와 미래도 언제나 현재이다. 비록 하나님께서 이스라엘의 조상과 언약을 오래전에 맺으셨지만, 그분은 마치 현재에 맺은 것처럼 그 언약을 기억하신다. 그리고 기억하신다는 말은 그 언약을 실현하신다는 뜻도 포함한다. 그러므로 이스라엘 백성이 당장은 고통 중에 있지만, 언약대로 그들을 인도하시겠다는 것이다.

세 번째 동사는 돌보다이다. 그 말씀을 더 인용해보자: "하나님이 이스라엘 자손을 돌보셨고, 하나님이 그들을 기억하셨더라" (2:25). 그런데 이 말씀에서 거듭 언급되는 '하나님'을 눈여겨보자. '하나님'은 40년 전에 산파들을 축복하실 때 언급되고 지금까지는 언급되지 않았다. 그런데 그렇게 많은 세월이 흘러서 '하나님'이 세 번씩이나 등장하시는데, 그 말씀을 인용해보자. '하나님이…들으시고', '하나님이…기억하사', '하나님이…돌보셨더라.'

여기에 나오는 '하나님'은 창세기 1장에 나오는 하나님, 곧 엘로힘(אֱלֹהִים)이다. 엘로힘은 엘의 복수형인데, 무에서 유를 창조하시는 전능자 하나님을 지칭할 때 쓰인다. 그뿐 아니라, 모든 잡다한 신들보다 뛰어난, 그리고 유일무이^{唯一無二}한 하나님을 가리킨다. 그처럼 막강한 하나님께서 애굽에서 고통받으며 울부짖는 이스라엘 백성을 돌보*신다*는 것이다. 그뿐 아니라, 그런 하나님께서 그들을 친히 아시면서 특별한 관계를 맺고 있다는 것이다.

그 이름 엘로힘이 함축하는 것은 하나님께서 이스라엘 백성의 소리를 지금 '들으시고', 언약을 '기억하시고', 이스라엘 자손을 '돌보시고', 그들을 '아실'뿐 아니라, 앞으로도 애굽의 왕과 백성으로부터 그들을 구출하실 수 있는 능력의 하나님이시라는 사실이다. 출애굽의 역사가 시작되면 애굽의 수많은 우상과 잡신이 봉기하여 이스라엘 백성의 탈출을 저지하려 할 것이다. 그러나 이스라엘 백성을 도우시는 엘로힘 하나님께서 그 저항마저도 무너뜨린다는 뜻도 포함되어 있다.

구속사적 조명 ❶

언약

　출애굽기는 종종 언약의 책이라고도 불린다. 하나님은 이스라엘 백성의 조상에게 언약하신 대로 그 백성과의 관계를 신실하게 유지하셨고, 마침내 그 언약대로 그들을 애굽에서 구출하셨다. 또 하나님께서는 출애굽기를 통해서 그 백성에게 언약 관계를 유지하는 방법에 대해서도 소상하게 알려주셨다. 그들이 언약 안에 있으면 번성하고, 그 언약 밖으로 나가면 쇠퇴했다. 이스라엘 백성의 장래와 운명은 출애굽기에 기록된 언약의 말씀에 따라 결정되었다.

　히브리어로 베리트(בְּרִית)인 언약은 두 사람 사이에 맺는 약속이다. 그 약속이 얼마나 진지한지 생명을 걸기도 했는데, 언약식의 한 실례를 들어보자. 두 사람이 언약을 맺을 때 각자 손바닥을 찢어 피가 나게 하고, 피가 흐르는 손으로 악수하며 서로의 피를 교환했다. 피로 맺어진 언약이니 그것을 어기는 사람은 죽임을 각오해야 한다는 뜻이 담겨있다. 그런데 하나님도 이스라엘 백성과 언약을 맺으실 때도 그것이 얼마나 엄중한지 피 없이는 하지 않으셨다.

　하나님도 언약을 맺으실 때, 그 엄중함을 피로 증명하셨다. 하나님께서 아브라함과 언약을 맺으실 때도 역시 동물들의 피를 흘리게 하셨다 (창 15:9-10). 그렇게 맺어진 언약은 그의 후손이 이방 나라에서 살다가 사백 년 만에 큰 재물을 가지고 나온다는 것이다 (창

15:14). 그뿐 아니라 그 후손이 별처럼 많아질 것이며, 그들이 살 수 있는 땅도 주시겠다는 것이었다 (창 15:5, 18). 그러니까 그 언약에 포함된 약속은 크게 세 가지였는데, 후손과 재물과 땅이었다!

하나님과 아브라함의 언약은 하나님께서 이방 땅에 살던 그를 불러내심으로 시작되었다. 그 부르심이 앞으로 있을 언약의 시발점이었는데, 부르시면서 다음과 같은 약속을 언급하셨기 때문이다: 땅과 민족과 이름 (창 12:1-2). 하나님과 사람 사이의 언약은 언제나 먼저 내미시는 하나님의 손을 붙잡을 때 이루어진다. 아브라함 역시 그를 부르시는 하나님의 손을 꼭 잡고 '고향과 친척과 아비 집'을 떠났다. 결국, 하나님의 부르심이 아브라함과 언약의 시작이었다.

이윽고 때가 되자 하나님은 공식적으로 아브라함과 언약을 맺으셨는데, 그것이 창세기 15장의 내용이다. 그 후 하나님은 그 언약을 확대하면서 재확인하셨는데, 그때도 어김없이 피의 언약이었다. 이번에는 동물의 피가 아니라, 언약을 맺는 당사자의 몸에서 나오는 사람의 피였다. 아브라함과 그 후손은 하나같이 할례를 받아야 언약의 백성이 되었는데, 그 이유를 하나님께서 직접 설명하셨다: '내 언약이 너희 살에 있어 영원한 언약이 되리라' (창 17:14).

이번에도 하나님은 어김없이 약속을 주셨는데, 후손이 번성하여 '가나안 온 땅'에 거하게 하시겠다는 것이다 (창 17:6, 8). 그 약속대로 아브라함의 후손은 큰 민족이 되어 마침내 출애굽 후에 시내산에 이르렀다. 지금까지 하나님은 아브라함과 개인적으로 언약을 맺으셨다. 그렇지만 이번에는 큰 민족이 된 이스라엘과 민족적으로 언약을 맺으셨는데, 그 언약 예식은 시내산에서 이루어졌다. 그렇게 중요한 예식에서 피가 없으면 언약이 성사될 수 없었다.

모세는 소의 피를 이스라엘 백성에게 뿌리면서 예식을 거행했는데, 그의 말을 직접 들어보자. "모세가 그 피를 가지고 백성에게 뿌리며 이르되, '이는 여호와께서 이 모든 말씀에 대하여 너희와 세우신 언약의 피니라'"(출 24:8). 이 언약 예식에서 이스라엘의 미래와 운명을 다루는 내용이 포함되었는데, 곧 출애굽기 20장에서 23장까지에 기록되었다. 이스라엘 백성은 그렇게 하나님과 언약을 맺으면서 그분의 말씀과 약속을 받아들였다.

이스라엘은 그렇게 언약을 맺으면서 이렇게 약속했다. "언약서를 가져다가 백성에게 낭독하여 듣게 하니 그들이 이르되, '여호와의 모든 말씀을 우리가 준행하리이다'"(24:7). 그렇게 민족적으로 언약이 이루어지자, 이스라엘 백성은 문자 그대로 언약의 백성이 되었다. 그들에게 말과 글로 표현할 수 없을 정도의 영광스러운 약속들이 주어졌지만, 그 약속들의 성취는 '우리가 준행하리이다'에 명시된 것처럼 그들이 얼마나 그 약속을 이행하느냐에 달려있었다.

그 언약 이후로 하나님은 이스라엘 백성에 대해 '모든 민족 중에서 내 소유가 되리라'고 선언하실 만큼 그들을 소중하게 여기셨다(19:5). 이 말씀에서 '소유'는 히브리어로 세굴라(סְגֻלָּה)인데, '진주', '보배', '금' 등의 뜻이다(신 26:18, 대상 29:3). 곧 하나님께 귀하고 소중한 백성이라는 말이다. 그렇게 귀중한 존재가 되었기에 그에 걸맞는 삶도 영위해야 했다. 하나님의 언약으로 인하여 그들은 비로소 하나님의 백성다운 삶을 살기 시작하게 된 것이다.

그렇다! 언약의 백성답게 살려면 언약의 말씀을 지키며 살아야만 한다. 그렇지 않다면 하나님의 말씀은 이렇게 언급하지 않았을 것이다: "너희가 내 말을 잘 듣고 내 언약을 지키면…"(19:5). 언약의 말씀들이 많이 있지만, 그 대표가 되는 말씀은 두말할 필요도 없이 십계명_{The Ten Commandments}이다. 그렇지 않았다면 모세는 이렇게 기록하지 않았을 것이다. '…여호와께서는 *언약의 말씀* 곧 십계명을 그 판들에 기록하셨더라' (34:28b).

   하나님과 언약을 맺은 이스라엘 백성은 하나님의 말씀을 지켜야 했다. 그들이 순종해야 할 가장 근본이 되는 것은 두 가지인데, 곧 할례와 안식일 성수이다. 할례는 *개인적*으로 언약의 백성이라는 '언약의 표징'이다 (창 17:11). 안식일은 *이스라엘 백성*이 집합적으로 언약의 백성이라는 표징이다. "이같이 이스라엘 자손이 안식일을 지켜서 그것으로 대대로 영원한 언약을 삼을 것이니, 이는 나와 이스라엘 자손 사이에 영원한 *표징*이며…" (31:16-17a).

   이스라엘 백성은 언약에 따르는 삶을 살지 못했는데, 하나님의 말씀을 듣고 지킬 수 있는 능력이 없었기 때문이다. 그 사실을 아시는 하나님은 그들을 보배처럼 아끼고 사랑하시기에 그들에게 새 언약을 허락하셨다 (렘 31:31). 새 언약의 핵심은 성령의 선물인데, 그것은 그들이 말씀을 지킬 수 있는 능력의 원천이다. '또 내 영을 너희 속에 두어 너희로 내 율례를 행하게 하리니…' (겔 36:27). 결국, 성령의 임재는 그들을 명실상부한 언약의 백성으로 승화시켰다!

Exploring Exodus

2장

"보이는 하나님"

Exploring Exodus

1. 모세--부르심

시금까지 "보이지 않는 하나님"이 이스라엘 백성과 모세를 어떻게 한 걸음씩 인도하셨는지 살펴보았다. 그들이 처한 상황이 얼른 보기에는 우연인 것 같지만, 눈을 크게 떠서 자세히 보면 결코 우연이 아니라는 것을 알 수 있다. 그 하나님께서 끝까지 "보이는 하나님"으로 개입하지 않으셨다면, 모든 상황을 우연으로 치부하거나 아니면 자연 현상으로 여겼을 것이다. 그러나 때가 되자 그 하나님께서 "보이는 하나님"으로 개입하기 시작하셨다.

하나님께서 모세에게 어떻게 나타나셨는지 궁금하지 않을 수 없다. 한 번은 모세가 장인의 양 떼를 몰고 초장을 찾아 호렙산에 이르렀다. 그가 가족과 함께 사는 미디안 광야는 너무 메말라서 풀을 찾기가 쉽지 않았던 것 같다. 미디안 광야에서 호렙산까지는 약 200km나 될 만큼 멀었지만, 그는 며칠씩 걸어서 양들을 위해 초장을 찾아갔다. 모세는 그 지역에 대해 잘 알고 있었던 것 같으며, 그런 경험은 후에 이스라엘 백성을 인도할 때 도움이 되었을 것이다.

호렙산은 시내산이라고도 하는데, 그 산은 모세와 이스라엘 백성에게는 너무나 중요한 산이다. 호렙산은 모세가 하나님으로부터 엄청난 임무를 부여받은 곳이며, 동시에 이스라엘 백성이 하나님과 언약을 체결한 곳이기도 하다. 그 언약을 통하여 하나님은 그들의 하나님이 되시고, 그들은 하나님의 백성이 되었다. 그곳에서 모세의 인생은 180도 방향 전환을 했고, 이스라엘 백성은 영원한 신분의 변화를 얻게 되었다.

왜 미디안 광야 서쪽에 있는 그 호렙산을 '하나님의 산'이라 했는가? (출 3:1). 구약성경에서 그 산은 이스라엘 백성에게 너무나 중요한데, 그 이유는 그 산에서 하나님께서 이스라엘 백성을 거듭거듭 만나주셨기 때문이다. 그 산에서 모세는 하나님을 만나서 부르심을 받았다. 이스라엘 백성도 그곳에서 하나님을 만나서 언약을 맺었다. 또 모세는 그 산에서 하나님을 만나 성막을 지으라는 지시를 받았다. 그 호렙산은 하나님께서 거듭거듭 만나주신 '하나님의 산'이었다.

하나님은 "떨기나무 가운데로부터 나오는 불꽃 안에서 그[모세]에게 나타나셨다" (3:2). 그런데 그처럼 뜨거운 호렙산에서 불에 타고 있는 그 나무가 없어지지 않는 것이었다. 말할 수 없는 억압과 불꽃 같은 고통 속에서도 살아남은 이스라엘 백성과 모세처럼, 그 떨기나무는 소멸하지 않았다. 그런 이상한 현상을 처음 본 모세는 그 불타는 나무를 보려고 다가갔다. 그때 모세는 그의 이름을 두 번씩이나 부르는 뜻밖의 소리를 들었다.

그렇게 모세를 부르신 분은 출애굽기를 통해 처음으로 '보이는 하나님'으로 등장하신 하나님이었다. 그 하나님은 모세를 압도하고도 남았는데, 영광 가운데 임하신 하나님의 *쉐키나* 때문이었다. 하나님의 *쉐키나* 앞에서 낮아지고 굴복되지 않을 사람은 없다. 사람은 하나님 앞에서 자신의 부족함과 죄인 됨과 무가치함을 깨닫는다. 하나님은 모세에게 그것을 시인하라고 하셨다: "이리로 가까이 오지 말라; 네가 선 곳은 *거룩한* 땅이니, 네 발에서 신을 벗으라" (3:5).

하나님께서 "보이는 하나님", 곧 *쉐키나*의 하나님으로 모세에게 나타나신 것은 그를 부르셔서 사용하시기 위함이었다. 하나님께서 이스라엘의 조상인 아브라함과 이삭과 야곱과 언약을 맺으신 대로, 그 백성을 애굽에서 건져내시려고 모세에게 임하셨다. 그렇게 짧은 만남에서 하나님은 그의 조상과 맺은 언약을 세 번씩이나 언급하시면서, 그 약속대로 이스라엘 백성을 애굽에서 건져내시겠다는 것이다 (3:6, 15, 16).

그러니까 모세의 사명은 이스라엘 백성을 애굽에서 건져내는 것이었다. 그런데 "보이는 하나님"은 모세에게 그 사명만 주신 것이 아니었다. 이스라엘 백성에게 출애굽은 말할 수 없이 중요하지만, 그것만으로는 그들의 미래가 보장되지 않았다. 모세는 그들을 "아름답고 광대한 땅, 젖과 꿀이 흐르는 땅 곧 가나안 족속, 헷 족속, 아모리 족속, 브리스 족속, 히위 족속, 여부스 족속의 지방에 데리고" 가라는 사명도 받았다 (3:8, 17).

그런 이중적인 사명을 위하여 하나님은 모세가 당신의 말씀에 굴복하기를 바라셨는데, 그 굴복도 이중적이었다. 첫째는 '이리로 가까이 오지 말라'이며, 둘째는 '네 신을 벗으라'는 말씀이었다. 모세는 그 떨기나무에 가까이 가서 보려고 다가오고 있었다. 그러나 '이리로 가까이 오지 말라'는 하나님의 말씀에 굴복해야 했다. 또 신을 벗으라고 하셨는데, 그 뜨거운 사막에서 신을 벗는다는 것은 생명을 내어놓는 굴복이었다. 전갈들에게 물려서 죽을 수도 있는 환경이었다.

모세가 굴복하자 하나님은 "내가 너를 바로에게 보내어 내 백성 이스라엘 자손을 애굽에서 인도하여 내게 하리라"는 사명을 주셨다

(3:10). 그러나 모세의 답변은 회의적이었다. "내가 누구이기에 바로에게 가며 또 이스라엘 자손을 애굽에서 인도하여 내리이까?" (3:11). 모세의 이와 같은 부정적인 반응에 대해 하나님은 다음과 같은 놀라운 약속을 주셨다: "내가 반드시 너와 함께 있으리라!" (3:12). 이 약속에 들어있는 "내가…있으리라"는 표현을 눈여겨보자.

히브리어는 에흐예(אֶהְיֶה)인데, 앞의 에는 '내가'의 뜻이다. 그 에를 빼면 하야(הָיָה)라는 동사가 되는데, '있다^{be}', '되다^{become}', '존재하다^{exist}' 등의 의미이다. 그러니까 에흐예는 "내가 존재한다", "내가 있다" 등의 의미이다. 하나님께서 3장 12절에서 "내가…있으리라"고 약속하신 것은 지금 모세와 대화하고 계시는 바로 그 하나님께서 앞으로도 그와 함께 있으면서 동행하며 동역하시겠다는 것이다.

그렇게 하나님께서 모세와 함께하시면서 그로 "그 백성을 애굽에서 인도하여 낸 후에 너희가 이 산에서 하나님을 섬기리라"고 하나님은 말씀하셨다. 바로 왕과 애굽 백성이 아무리 막강해 보인다 할지라도 (3:19-20), 하나님의 도우심으로 모세를 통해 이스라엘 백성을 이끌고 호렙산에 와서 하나님을 섬기게 하시겠다는 것이다 (3:12). 그 하나님께서 이스라엘 백성을 애굽에서 건져내고 또 가나안 땅으로 들여보낼 것이라고 거듭거듭 확언하셨다.

그러나 모세는 하나님의 확실한 약속에도 불구하고 여전히 주저하며 다시 부정적인 반응을 보였는데, 그것은 두 가지 소극적 반응이다. 첫 번째 소극적 반응은 바로와 애굽에 대한 것이었으나, 두 번째 반응은 이스라엘의 장로들에 대한 것이었다. 장로들이 모세에게 너를 보내신 분의 '이름이 무엇이냐'고 물으면, 어떻게 대답하란 말인가? 그 질문도 당연해 보이는 것은 하나님께서 지난 430년 동안 한 번도 그들 가운데 임하신 적이 없으셨기 때문이다.

그 질문에 대한 하나님의 대답은 구약성경에서 가장 중요한 말씀인데, 하나님 자신을 계시하신 말씀이기 때문이다. 그분의 대답을 들어보자: "나는 스스로 있는 자이니라" (3:14). 그 대답에는 12절에 있는 "내가…있으리라"가 두 번 나오는데, 우선 히브리어로 보자: 에흐예 아쉐르 에흐예(אֶהְיֶה אֲשֶׁר אֶהְיֶה). 아쉐르는 관계 대명사로, 영어로는 who, what, that 등의 의미이다. 하나님의 이 대답이 중요한 것은 *야훼*라는 이름의 의미를 처음으로 알려주고 있기 때문이다.

야훼(יהוה)의 어근語根은 *하야*(הָיָה)로서, 12절에서 소개된 대로 '있다, 되다, 존재하다' 등의 의미이다. 그 동사 앞에 히브리어 알파벳의 10번째인 요드(י)를 덧붙였다. 히브리인은 10이란 숫자를 중요하게 여겼는데, 그 이유는 그 숫자가 '완전함' 내지 '전체성'을 나타낸다고 믿기 때문이다. 그뿐 아니라 요드는 하나님의 자존적 존재를 나타내는 데 사용된다. 그러니까 *야훼*는 '완전한 존재' 또는 '전체로 있는 분'이므로, '완전하여 자존自存하신 분'이 된다.

그러므로 *야훼*는 사람에 의하여 만들어진 세상의 모든 다른 신들과는 다르다! *야훼*(한글성경에서는 여호와)는 스스로 존재하는 분으로 영원하신 분이다. 그분이 영원하시다는 말은 인간의 시제인 과거와 현재와 미래를 초월하신 분으로, 그분에게는 언제나 현재라는 뜻이다. 그러니까 그 *야훼*가 이스라엘 백성이 겪은 과거의 모든 고통과 현재의 고통과 미래에 당할 고통도 아실 뿐 아니라, 또 함께 하시면서 건져내시겠다는 것이다.

하나님은 모세에게 이스라엘의 조상과 맺은 언약을 다시 언급하시면서 처음으로 *야훼*를 덧붙이셨다. "너는 이스라엘 자손에게 이같이 이르기를, '너희 조상의 하나님 여호와, 곧 아브라함의 하나님, 이삭의 하나님, 야곱의 하나님께서 나를 너희에게 보내셨다 하라. 이는 나의 영원한 이름이요 대대로 기억할 나의 칭호니라'" (3:15). 그 *야훼*가 '영원한 이름이요, 대대로 기억할 나의 칭호'라고 말씀하셨다. *야훼*가 영원한 이름이라는 것은 다음에서도 확인된다.

에흐예는 위에서 본대로 '나는 존재한다', '나는 있다'로서, 영어로는 I am이다. *야훼*는 이스라엘 백성을 애굽에서 구출해내신 분인데, 후에는 인류를 구원하시기 위해 이 세상에 오신 *예수*이시다. 그렇지 않다면 예수는 요한복음에서 반복적으로 I am이라고 사용하지 않으셨을 것이다 (요 6:35, 8:12, 10:7, 11, 11:25, 14:6, 15:1). 그런데 I am은 히브리어의 에흐예(동사는 하야)이다. 예수는 영원토록 존재하시는 에흐예이시며 I am이시다 (요 8:58).

그 *야훼* 하나님께서 모세를 애굽에서 고통받고 있는 이스라엘 백성에게 보내시어, 그분의 능력과 사랑으로 그들을 그 고통에서 건져내시겠다는 것이다. 그뿐 아니라, 앞으로의 여정과 약속의 땅인 젖과 꿀이 흐르는 가나안으로 인도하시겠다는 것이다. 그것만으로는 부족했는지, 그 하나님은 이스라엘 백성이 애굽을 떠날 때, 많은 금은 패물과 의복과 그 외에 많은 물품을 취할 수 있도록 함께하시고 도우시겠다고 약속하셨다 (3:22).

2. 모세--삼중적 확증

그래도 모세는 여전히 소극적으로 반응했는데, 그 세 번째는 "여호와께서 네게 나타나지 아니하셨다"고 하면서 이스라엘 자손이 그의 말을 믿지 않으리라는 염려였다 (4:1). 이스라엘 자손이 그렇게 반문할 이유는 충분히 있었다. 그들이 애굽에서 그처럼 오랫동안 억압과 학대로 시달리고 있는 동안 하나님은 한 번도 그들을 도우신 적이 없으셨기 때문이다. 그 하나님은 초월의 하나님으로, 이스라엘 백성의 희로애락喜怒哀樂에는 무관심한 그런 하나님으로 여겨졌기 때문이다.

그런 배경을 가진 이스라엘 자손에게 임하신 분은 엘로힘 하나님이 아니라, *야훼* 하나님이었다. 엘로힘 하나님은 한마디로 표현하면 능력power의 하나님이시다. 그분은 천지를 창조하셨고, 또 인간도 창조하셨다. 그러나 그분은 그 천지와 인간으로부터 분리된 초월의 하나님이시었다. 그렇지 않다면 그토록 오랫동안 고통당하는 이스라엘 백성을 내버려 두실 이유가 어디 있겠는가? 그런 상황을 뒤집기 위해 모세에게 나타나신 하나님은 *야훼* 하나님이었다.

야훼 하나님은 고통당하는 인간에게 오셔서 관계를 맺으며, 그 고통에서 건져내기를 원하시는 그런 하나님이시다. 그분은 사랑의 하나님이시며, 따라서 인간과 인격적으로 관계를 맺으시는 그런 하나님이시다 (person). 그 하나님께서 모세를 만나시고 "내 백성의 고통을 분명히 보고…건져내시겠다"고 하셨다. 그분은 엘로힘 하나님이 아니라, *야훼* 하나님이었다 (3:4, 7).

하나님은 *야훼*로 그 이름이 알려지기 전에는 주로 엘로힘으로 언급되었다. 실제로 3장에서 그 이름이 23번이나 나오는데, *야훼*는 7번밖에 나오지 않는다. 그러나 그렇게 이름을 밝힌 후 4장에서는 *엘로힘* 하나님은 6번밖에 나오지 않으나, *야훼* 하나님은 21번이나 언급된다. 그 이유는 분명하다! 4장에서는 *야훼* 하나님께서 모세와 대면하실 뿐 아니라, 그분이 그를 부르신 확증을 세 가지나 주셨기 때문이다.

모세는 이스라엘 장로들에게 *야훼*가 그에게 보이셨다는 사실을 입증할 수 있어야 했다. 그런데 *야훼* 하나님은 모세에게 세 가지 증거로 그분이 보이셨음을 확증해주셨다. 첫 번째 증거는 지팡이가 뱀으로 변한 것이며, 둘째는 손에 나병이 발한 것이며, 셋째는 나일 강에서 떠온 물이 피가 되는 것이었다 (4:1-9). 그 기적들은 모세에게는 물론 이스라엘 백성에게도 중요하며, 또 하나님의 역사에서도 중요했다.

먼저, 왜 그 기적들이 모세에게 중요한지 알아보자. 인간적으로 볼 때 모세는 40년 전 두려움에 사로잡혀서 애굽을 탈출한 도피자였다. 그 후 지금까지 그는 장인의 양들을 데리고 여기저기 풀을 찾아다니는 목동이었다. 그것도 하루 이틀이 아니라 40년이란 긴 세월을 그렇게 지낸 방랑자였다. 한발 더 나아가서 그는 80살이란 고령의 노인이었다. 그가 이스라엘 백성을 위해 할 수 있는 게 아무것도 없는 무기력한 노인이었다.

그런 모세가 위에서 열거한 세 가지 기적을 통해 그의 신분이 완전히 변화되었다. 그는 하나님을 대표하는 하나님의 사람이 되었다. 그는 하나님의 메시지를 전하는 하나님의 선지자가 되었다. 그뿐 아니라, 그는 이스라엘 백성으로부터 인정받는 지도자가 되었다. 한발 더 나아가서 한때 바로를 피해 도주했던 그가 바로 앞에 나아가서 하나님의 메시지를 당당히 선포하는 메신저가 되었다. 과연 세 가지 기적의 역할은 말할 수 없이 컸다!

그 기적들이 이스라엘 백성을 어떻게 바꾸었는지 알아보자. 그들은 한때 무시하고 하대했던 모세를 그들의 지도자로 받아들이게 되었다. 무엇보다도 이스라엘 백성은 그처럼 오랫동안 침묵하시던 하나님께서 그들을 구원하시기 위해 *쉐키나*의 하나님으로 나타나셨다는 경외감에 사로잡혔다. 애굽의 학정과 억압에서 벗어날 수 있다는 소망을 갖기 시작했다. 그들은 종의 신분에서 벗어날 수 있다는 가능성에 마음이 부풀었을 것이다.

위에서 열거한 세 가지 기적은 하나님의 역사에도 대전환점이 되었다. 물론 하나님은 전에도 기적을 베푸신 적이 있었다. 소돔과 고모라를 유황과 불로 엎어버린 기적! (창 19:24-25). 경수가 끊어진 사라를 통해 이삭을 낳게 하신 놀라운 기적! (창 21:2-3). 그러나 위의 세 가지 기적은 고통받는 사람들과 관계를 맺으면서 그들의 출애굽을 위해 하나님께서 역사하신 최초의 기적이었다. 그 기적들을 시발점으로 *야훼* 하나님은 구출의 역사를 펼쳐나가신 것이다.

모세의 손에 있던 지팡이가 뱀이 되어 애굽 마술사들의 뱀들을 삼켜버린 것은 하나님만이 이루실 수 있는 기적이었다 (7:12). 모세의 손에 나병이 발했다가 다시 온전해지는 기적도 역시 하나님만이 행하실 수 있는 일이었다. 모세에게 나타나신 *야훼* 하나님을 믿지 않던 이스라엘의 백성이 두 번째 기적은 받아들이면서 모세를 그들의 지도자로 인정하는 계기가 되었다 (4:8). 세 번째 기적, 곧 나일강의 물이 피가 되는 것은 애굽 사람들에 대한 경고성 기적이었다.

3. 백성

　모세는 그에게 나타나서 부르시고 확증하신 "보이는 하나님"을 깊이 경험하고 있었다. 그러나 그 하나님께서 모세에게만 나타나셨다면, 어떻게 이스라엘 백성이 모세의 말만 듣고 위험천만한 출애굽을 시도할 수 있었겠는가? 모세의 손에 있던 지팡이가 뱀이 되었다가 다시 지팡이로 바뀌는 것을 본 사람들도 그런 현상을 통해 "보이는 하나님"을 경험하기 시작했다. 그런데 하나님께서는 당신에 대한 계시를 이스라엘 백성에게 한꺼번에 보여주지 않으셨다.

　두 번째와 세 번째 기적, 곧 손에 나병이 생겼다가 없어지는 광경과 나일강의 물이 피로 변하는 현상을 통해 이스라엘의 장로들은 간접적이지만 "보이는 하나님"을 경험하게 되었다. 그 하나님께서는 거기에서 그치지 않고 아론에게도 나타나셨는데, 그 장면을 직접 인용해보자. "여호와께서 아론에게 이르시되, 광야에 가서 모세를 맞으라" (4:26). 먼저 모세에게 보이신 하나님은 그에게 맡겨진 사명의 완수를 위하여 그의 조력자인 아론에게도 보이셨다.

　야훼 하나님께서 아론에게 보이신 것은 모세의 반응 때문이었는데, 그것은 그의 세 번째 소극적 반응이었다. 모세는 *야훼* 하나님께서 이루신 세 가지 기적을 경험하면서 더는 하나님을 부정할 수 없게 되었다. 그러나 그는 다시 한번 자신을 내려다보면서 그의 '입이 뻣뻣하고 혀가 둔하다'면서 서글픈 호소를 했다 (4:10). 40년 전 그가 애굽의 왕자였을 때는 '말'에 능한 달변가였다 (행 7:22). 그랬던 그가 그동안 양들을 치면서 말이 어눌해진 것이 틀림없다.

　야훼 하나님께서 모세에게 아론을 붙여주시자, 그분의 말씀은 아

론을 통해 이스라엘 백성에게 전달되었다. 하나님께서 당신의 말씀과 뜻을 모세에게 알려주시면, 모세는 그것을 아론에게 들려주었다. 아론은 모세가 들려준 하나님의 말씀을 백성에게 전달했다. "그[아론]가 너를 대신하여 백성에게 말할 것이니, 그는 네 입을 대신할 것이요, 너는 그에게 하나님 같이 되리라" (4:16). 모세가 하나님의 말씀을 들려주었기에, 아론에게 그는 '하나님 같이 되었다.'

세 번째로 "보이는 하나님"을 경험한 사람들은 모세와 그의 가족이었다. 모세는 가족을 데리고 애굽으로 돌아가고 있었다. 그들이 어느 숙소에 머무르고 있을 때, "여호와께서 그를 만나서 그를 죽이려 하신지라" (4:24). 지금까지 "보이는 하나님"은 모세와 아론에게 사명을 주시기 위해 나타나셨다. 그러나 이번엔 달랐다! "보이는 하나님"은 모세를 죽이려고 나타나셨다. 비록 소극적이었지만 모세의 가족은 그렇게 "보이는 하나님"을 대면한 세 번째 사람들이 되었다.

모세는 언약의 백성, 곧 이스라엘 백성을 애굽에서 건져내려고 가는 길이었다. 그런데 그는 그들의 조상인 아브라함에게 하나님께서 명령하신 언약을 지키지 않았다. 그 언약은 할례의 언약으로 하나님께서 아브라함과 언약을 맺으면서 주신 엄한 명령이었다. 그렇게 분명한 언약을 지키지 않는 모세가 어떻게 그 언약의 백성을 애굽에서 건져낼 수 있겠는가? 그의 아내 십보라가 개입해서 아들에게 할례를 행하지 않았다면 모세는 그 자리에서 죽었을 것이다.

모세는 할례로 고통받고 있는 아들을 데리고 갈 수 없었다. 그는 사명을 완수하기 위해 촌음을 아끼면서 애굽으로 돌아가야 했다. 따라서 십보라는 아들들을 데리고 친정으로 돌아갔다. 모세는 그렇게 가족들과 헤어지게 되었고, 이스라엘 백성과 함께 애굽을 기적적으로 떠나고 나서야 다시 그들과 만나게 되었다. 그들의 출애굽 소식을 들은 장인 이드로가 딸과 손자들을 데리고 모세를 찾아와서 재회했기 때문이다.

그 사실을 말씀으로 확인하자. "모세의 장인 이드로가 모세가 돌려 보냈던 그의 아내 십보라와 그의 두 아들을 데리고 왔으니, 그 하나의 이름은 게르솜이라; 이는 모세가 이르기를 내가 이방에서 나그네가 되었다 함이요, 하나의 이름은 엘리에셀이라; 이는 내 아버지의 하나님께서 나를 도우사 바로의 칼에서 구원하셨다 함이더라"(18:2-4). 참고로 첫 아들의 이름을 게르솜이라 짓고, 할례도 이행하지 못한 것은 그 당시 이방인 장인의 영향 때문인 것 같다.

"보이는 하나님"으로 네 번째 만난 사람들은 이스라엘의 장로들이고, 다섯 번째 사람들은 이스라엘 백성이었다. 먼저 장로들이 어떻게 "보이는 하나님"을 경험했는지 확인해보자. "모세와 아론이 가서 이스라엘 자손의 모든 장로를 모으고, 아론이 여호와께서 모세에게 이르신 모든 말씀을 전하고…"(4:29-30a). 이스라엘의 장로들은 직접 "보이는 하나님"을 직접적이 아니라 간접적으로 경험했는데, 모세에게 주신 하나님의 말씀을 아론이 전했기 때문이다.

이스라엘 백성도 "보이는 하나님"을 경험했는데, 그들은 모세를 통해 들려준 하나님의 말씀을 듣고, 또 모세가 그들 앞에서 행한 이적을 보았기 때문이다. 모세는 "…그 백성 앞에서 이적을 행하니"(4:30b), "백성이 믿으며, *여호와께서 이스라엘 자손을 찾으시고 그들의 고난을 살피셨다* 함을 듣고 머리 숙여 경배하였더라"(4:31). 그렇게 오랫동안 소식이 없던 *야훼* 하나님께서 마침내 430년 만에 찾아오셨고, 이스라엘 백성은 그분을 경배하며 영접하였다.

구속사적 조명 ②

성만찬과 출애굽기

이스라엘 백성에게 짚을 주지 않고 벽돌을 만들라고 바로가 명령하자, 그들은 모세와 아론에게 "여호와는 너희를 살피시고 판단하시기를 원하노라"고 불평했다 (출 5:21). 모세가 하소연할 수 있는 분은 여호와뿐이었다 (5:22-23). 그 하소연에 대해 여호와는 세 가지 이유로 그 백성을 구출하시겠다고 하셨다. 첫째는 그분이 원하시고, 둘째는 그분이 아브라함과 이삭과 야곱에게 언약하셨기 때문이고 (6:8), 셋째는 그들의 신음 소리를 들으셨기 때문이다 (6:5).

그런 사실을 천명하신 후, 그분은 다음과 같은 중요한 말씀을 하셨다. "그러므로 이스라엘 자손에게 말하기를, '나는 여호와라! 내가 애굽 사람의 무거운 짐 밑에서 너희를 빼내며, 그들의 노역에서 너희를 건지며, 편 팔과 여러 큰 심판들로써 너희를 속량하여, 너희를 내 백성으로 삼고 나는 너희의 하나님이 되리니, 나는 애굽 사람의 무거운 짐 밑에서 너희를 빼낸 너희의 하나님 여호와인 줄 너희가 알리라'" (6:6-7).

이처럼 중요한 하나님의 말씀을 그 당시 이스라엘 백성은 믿지 않았으나, 그 약속대로 그들이 출애굽하자, 유대인은 그 약속을 유월절 예식에서 인용했다. 솔로몬의 성전이 파괴된 후, 유월절을 가정에서 지키면서 무교병과 포도주 잔 네 개를 준비했는데, 그 약속의 말씀에 따라서였다. 첫째 잔은 그들의 조상을 애굽에서 빼낸 '성별의 잔'이며, 둘째는 그들을 건져낸 '해방의 잔'이고, 셋째는 그들을 속량한 '속량의 잔'이며, 넷째는 '찬양의 잔'이다.

예수님은 만찬을 나누면서 말씀하셨다: "내가 고난을 받기 전에 너희와 함께 이 유월절 먹기를 원하였노라…. 이에 잔을 받으사 감사하시고 이르시되, '이것을 갖다가 너희끼리 나누라….' 또 떡을 가져…떼어 그들에게 주시며 이르시되, '이것은 너희를 위하여 주는 내 몸이라; 너희가 이를 행하여 나를 기념하라' 하시고, 저녁 먹은 후에 잔도 그와 같이하여 이르시되, '이 잔은 내 피로 세우는 새 언약이니 곧 너희를 위하여 붓는 것이라'"(눅 22:15-20).

누가는 그 만찬에서 예수님이 잔을 두 번씩이나 나누어주신 것을 놓치지 않고 기록했다. 왜 잔이 두 번씩 나오는가? 그 이유는 유대인이 지키는 유월절 만찬 때문이었는데, 유대인은 위에서 언급한 것처럼 잔을 네 번이나 나누었다. 그러니까 예수님이 제자들과 나누신 처음 잔은 틀림없이 만찬의 시작을 알리는 첫 번째 잔이었다. 그리고 식후에 또 다른 잔을 위해 기도하시고 나누어주신 것은 세 번째 잔, 곧 '속량의 잔'이었다.

'속량'은 구속이라고도 하는데, 영어로는 redemption이다. 그 단어는 값을 치러서 해방된다는 뜻이다. 이스라엘 백성이 출애굽을 할 때도 어린 양의 핏값으로 애굽의 종 된 신분에서 벗어나서 해방과 자유를 경험할 수 있었다. 마찬가지로, 예수 그리스도도 십자가에서 몸이 찢기고 상처투성이가 되어 피를 흘리셨는데, 그 피는 죗값이었다. 그 핏값 때문에 죄인들이 죄의 종에서 해방되어 자유를 누리는 것이다.

유대인은 유월절에 특별한 만찬을 가정마다 준비했는데, 누룩이 들어있지 않은 무교병을 마련해서 먹었다. 예수님의 만찬에서도 떡을 마련했는데 틀림없이 무교병이었을 것이다. 그분은 그 떡을 당신의 몸이라고 하셨는데, 그 몸은 어떤 죄도 없는 '무교병'이었다. 누룩은 종종 죄를 상징하는데, 유대인이 누룩 없는 무교병을 찢고 잘라서 먹었다. 무교병이신 예수 그리스도도 십자가에서 찢기고 상처투성이 되어 죄인들에게 '먹히셨다.'

예수 그리스도는 식후에 세 번째 잔을 위해 감사하신 후 제자들에게 나누어주면서 이렇게 말씀하셨다, "이 잔은 내 피로 세우는 새 언약이니 곧 너희를 위하여 붓는 것이라!" 왜 그분의 피가 새 언약인가? 이스라엘 백성의 옛 언약은 동물의 피로 맺어졌지만, 이제부터는 그분의 피를 의지해서 맺어지기 때문이다. 이스라엘 백성이 반복적으로 동물의 피를 의지한 것과는 달리, 예수님의 피는 단 한 번 흘림으로 구원의 역사를 완성하셨기에 '새 언약'이라 불렀다.

예수 그리스도는 지상 사역에서 세 번째 유월절을 맞이하여 이렇게 말씀하신 적이 있다. "내가 진실로 진실로 너희에게 이르노니, '인자의 살을 먹지 아니하고 인자의 피를 마시지 아니하면 너희 속에 생명이 없느니라" (요 6:53). 이 말씀의 뜻은 이렇다: 이제부터 유월절 어린 양의 피를 의지하지 말고, 또 유월절 예식의 세 번째 잔을 의지하지 말고, 십자가에 몸을 내주면서 흘린 '나의 피', 곧 '새 언약'의 피를 의지해서 구원받으라는 말씀이다.

바울 사도는 그리스도를 '우리의 유월절 양'이라고 풀이했다. 그의 말을 인용해보자: "너희는 누룩 없는 자인데 새 덩어리가 되기 위하여 묵은 누룩을 내버리라; 우리의 유월절 양 곧 그리스도께서 희생되셨느니라"(고전 5:7). 그분을 "세상 죄를 지고 가는 하나님의 어린 양"이라고 공포한 세례 요한의 말은 예수 그리스도가 출애굽기에 기록된 유월절 양이시라는 것이다 (요 1:29, 36). 그분은 어린 양처럼 묵묵히 십자가로 끌려가셔서 피를 흘리며 죽으셨다.

출애굽기 12장의 '어린 양'과 요한복음 6장의 예수님의 몸과 피는 신약성경에서 성만찬의 모형이 되었다. 교회는 정기적으로 성만찬을 거행하는데, 그 시발점은 출애굽기이지만 그 완성은 예수 그리스도이시다. 바울 사도의 가르침 대로이다: "우리가 축복하는 바 축복의 잔은 그리스도의 피에 참여함이 아니며, 우리가 떼는 떡은 그리스도의 몸에 참여함이 아니냐? 떡이 하나요 많은 우리가 한 몸이니 이는 우리가 다 한 떡에 참여함이라"(고전 10:16-17).

바울 사도는 성만찬을 묘사하면서 두 가지를 강조했다. 첫째는 모든 죄인이 죄를 용서받아 구원을 경험하기 위해서 몸이 찢기고 피를 흘리면서 죽으신 예수 그리스도를 받아들여야 한다는 것이다. 둘째는 그렇게 구원받은 그리스도인들은 그분을 중심으로 하나가 되어야만 한다는 것이다. 그렇게 하나가 될 때, 그분의 죽으심이 세상 사람들에게 받아들여져서 하나님의 나라를 이루기 때문이다. 성만찬의 놀라운 속뜻을 모형의 형태로 알려준 출애굽기는 놀라운 책이다!

Exploring Exodus

3장

출애굽의 목표

Exploring Exodus

하나님께서 이스라엘 자손을 애굽에서 건져내실 때 아무런 계획도 없었다면, 그분에게는 능력은 있지만 아무런 목표가 없다고 치부하는 것과 같다. 하나님께서는 이스라엘 백성을 위한 장기적 목적purpose과 단기적 목표goal가 있었는데, 세 가지씩만 들어보자. 장기적 목적은 첫째 이스라엘 백성이 하나님처럼 거룩하게 되어, 둘째 그 하나님을 만방에 전하므로, 셋째 모든 인간이 창조주이며 구속자이신 하나님께 찬송과 예배를 드리게 하는 것이다.

단기적 목표도 역시 세 가지인데, 하나님께서 그 목표들을 모세에게 알려주셨다. 그렇게 알려주신 이유는 모세가 그 세 가지 목표를 먼저 이스라엘 자손에게 전하여 그들로 애굽을 떠날 준비를 하게 하기 위함이었다. 그뿐 아니라 모세는 애굽의 왕 바로에게도 전했는데, 그 이유는 바로가 이스라엘 백성을 내보내게 하기 위함이었다. "보이는 하나님"은 이제부터 당신의 능력으로 세 가지 목표를 이루시겠다는 것이다.

하나님은 그 세 가지 목표를 위해 이스라엘 백성을 애굽에서 건져내시겠다는 것이다. "이제 내가 너를 바로에게 보내어, 너에게 내 백성 이스라엘 자손을 애굽에서 *인도하여 내게 하리라*" (출 3:10). 아브라함과 이삭과 야곱과 맺은 언약으로 이스라엘 자손은 '하나님의 백성'이 되었다. 그 백성을 애굽에서 건져내기 위하여 그 백성들 가운데 임하여 말씀하셨는데, 하나님은 그들의 출애굽을 위해 모세를 도구로 사용하시겠다는 것이다.

비록 하나님께서는 오래전에 그들과 언약을 맺으셨으나, 그 실행을 위해 가장 적절한 때를 기다리셨다. 우선, 이스라엘 백성이 국가를 이룰 수 있을 만큼 번성해야 했다. 그다음, 그들이 모든 것을 아시는 하나님께 절실하게 기도할 때를 기다리셨다. 마지막으로, 하나님은 당신의 의중대로 움직이고 순종할 수 있는 지도자를 빚고 계셨다. 그 지도자가 모세인데, 그의 인간적인 방법 때문에 불행하게도 400년의 약속이 430년으로 늘어났다 (창 15:13-16).

그 하나님의 약속이 30년 더 늘어난 이유가 또 있는데, 애굽에 사는 이스라엘 백성의 죄악 때문이었다. 물론 그들이 거주하는 주변의 환경 탓으로 돌릴 수 있겠지만, 그래도 그들은 애굽의 우상들을 섬겼다. 에스겔의 회고이다; "그들이 내게 반역하여 내 말을 즐겨 듣지 아니하고 그들의 눈을 끄는 바 가증한 것을 각기 버리지 아니하며 애굽의 우상들을 떠나지 아니하므로, 내가 말하기를 내가 애굽 땅에서 그들에게 나의 분노를 쏟으며 그들에게 진노를 이루리라 하였노라" (겔 20:8).

그런데 마침내 하나님의 목표를 실천에 옮길 수 있는 때가 되었는데, 그때를 본문에서 '이제'라는 작디작은 단어로 표현했다. 이스라엘 백성이 그렇게 오래 기다리던 해방의 때가 된 것이다. 물론 하나님은 "천년을 하루 같이 여기시는 분"이시다 (벧후 3:8). 그러나 이스라엘 백성은 하나님의 '이제'를 기다리고 기다렸다. 모세는 하나님의 '이제'를 재촉하려고 애굽 감독을 죽이는 우를 범하기도 했지만, 하나님께서 원하시는 것은 그런 방법이 아니었다.

1. "제사를 드리다"

　하나님의 때가 차자 하나님은 준비된 모세를 부르셨고, 그리고 그에게 당신의 목표를 알려주셨다. 첫 번째 목표를 알아보기 위해 하나님께서 모세에게 하신 말씀을 인용해보자. "그들이 네 말을 들으리니 너는 그들의 장로들과 함께 애굽 왕에게 이르기를, '히브리 사람의 하나님 여호와께서 우리에게 임하셨은즉, 우리가 우리 하나님 여호와께 *제사를 드리려* 하오니, 사흘 길쯤 광야로 가도록 허락하소서' 하라"(3:18).

　하나님은 이스라엘 백성을 건져내신 이후에 그들이 할 일들을 제법 상세히 알려주셨는데, 무엇보다도 먼저 할 일은 '우리 하나님 여호와께 제사를 드리는' 것이었다. 왜 제사를 드리는 것이 우선적으로 해야 할 일인가? 그 이유는 위의 말씀에 이미 들어있는데, 곧 '히브리 사람의 하나님 여호와께서 우리에게 임하셨기' 때문이다. 한글성경에서 '우리에게 임하셨다'는 표현은 히브리어성경에 의하면 '우리를 만나주셨다'로, '만나다'인 *카라*(קָרָה)라는 동사가 사용되었다.

　그 '만남'은 우연히 만났거나 아니면 스쳐 지나가는 그런 '만남'이 아니다. 그 '만남'은 이스라엘 백성에게는 430년이나 기다렸던 소중한 '만남'이며, 하나님께는 아브라함과 이삭과 야곱과 맺은 언약을 기억하시고 찾아주신 '만남'이었다. 하나님께서 의도적으로 당신의 백성을 찾아오셔서 구출하신 엄청난 '만남'이었다(3:10). '여호와의 말씀에 이스라엘은 내 아들, 내 장자'라고 선언하신 대로, 어버이가 자녀를 챙기고 돌보는 심정으로 이뤄진 '만남'이었다(4:22).

이스라엘 자손을 그처럼 귀하게 여기시며 구출해 주신 어버이와 같은 *야훼* 하나님께 그들은 감사를 표현하지 않을 수 없었다. 그렇게 감사하며, 찬양하며, 경배를 드리는 행위를 간단히 '제사를 드리다'로 표현한 것이다. 후에 모세는 레위기를 통해 제사를 드리는 제물에 대해 상세히 알려주었는데, 크게 두 가지였다. 대개는 동물의 피를 통해서 '제사를 드리지만', 가난한 사람은 소제물을 통하여 하나님께 나아올 수 있었다 (레 5:11).

그런데 그 하나님은 '히브리 사람의 하나님 여호와'로 소개되었다. 히브리(עִבְרִי)는 '건너다'를 뜻하는 *아바르*(עבר)에서 유래되었는데, 히브리 사람들이 강을 건너온 사람들이라는 뜻이다. 그러니까 그들을 만나주신 *야훼* 하나님께 제사를 드리기 위해서는 당연히 강을 되돌아 건너가야 한다는 의미가 함축되어 있다. 그 뜻을 강조하기 위해 '히브리 사람의 하나님'이란 칭호가 출애굽기에서만 나오는데, 6번이나 된다 (3:18, 5:3, 7:16, 9:1, 14, 10:3).

강을 건너 어디로 가서 *야훼* 하나님께 제사를 드려야 하는가? 그곳은 이미 하나님께서 모세에게 약속하신 호렙산이었다. "하나님께서 이르시되, '내가 반드시 너와 함께 있으리라; 네가 그 백성을 애굽에서 인도하여 낸 후에 너희가 *이 산*에서 하나님을 섬기리니, 이것이 내가 너를 보낸 증거니라'" (3:12). 그 말씀은 하나님께서 모세를 부르신 호렙산에서 하신 약속이다. 그 약속에 의하면, 이스라엘 자손은 출애굽하여 홍해를 건너 호렙산으로 오게 되어있었다.

그러나 모세는 그 장소를 명시하지 않고, 대신 '사흘 길쯤 광야로 가도록 허락해달라'고 바로에게 요청하라는 명령을 받았다. 물론 이스라엘 백성이 출애굽하여 호렙산, 곧 시내산에 이르기까지는 3일이 더 걸린다. 홍해에서부터 호렙산까지만 해도 3일 길이었다. 그러나 모세가 바로에게 '사흘 길쯤 광야'로 가게 해달라는 것은 애굽에서 완전히 떠나겠다는 뜻이다. 그들은 우상 숭배자들인 애굽 사람들 앞에서 유일신인 *야훼* 하나님께 제사를 드릴 수 없었다.

2. "섬기게 하라"

출애굽의 두 번째 목표는 '섬김'이다. 출애굽하게 될 이스라엘 백성에게 하나님께서 요구하시는 것은 너무나 분명한데, 곧 '나를 섬기라'는 것이다. 그 사실을 확인하기 위하여 하나님의 말씀을 보자. "내가 네게 이르기를 내 아들을 보내 주어 *나를 섬기게 하라* 하여도 네가 보내 주기를 거절하니, 내가 네 아들 네 장자를 죽이리라 하셨다 하라 하시니라"(4:23). 그렇다! 출애굽을 경험하게 될 이스라엘 백성은 그들을 구해주신 하나님을 *섬겨야* 한다.

'섬기다'는 히브리어로 *아바드*(עָבַד)인데, 여러 가지 의미를 포함하는 단어이다. 첫째 의미는 '노동하다'인데, 그 노동은 자진 노동과 강제 노동으로 나뉜다. 이스라엘 백성은 어쩌다 보니 애굽에서 노예가 되어 강제 노동을 피할 수 없는 처지가 되었다. 그러나 여기에 기쁜 소식이 있으니, 곧 그들이 애굽의 굴레에서 벗어나면 그 노동을 훌훌 털어버리게 된다는 것이다. 그 대신 그들은 자진해서 그들을 해방해주신 하나님의 종이 된다는 것이다.

출애굽한 이스라엘 백성의 노동은 때에 따라서는 애굽에서의 노동보다 더 심각할 수도 있다. 그들이 아말렉 군인들과 전쟁하는 것을 실례로 들어보자 (17:9). 전쟁에 참여하는 노동은 심각하면서도 치명적일 수 있다. 그 이유는 자명한데, 혹자는 상처를 입기도 할 것이며 혹자는 죽을 수도 있기 때문이다. 비록 그들이 그처럼 치명적인 노동에 참여해도, 그것은 어디까지나 하나님의 종으로서 자원하는 행복한 자유의 노동이다. 얼마나 다른 노동인가!

*아바드*의 둘째 의미는 '공경하며 순종하다'의 뜻이 들어있다. 그렇게 오랫동안 애굽 사람들의 종이었다가 하나님의 개입으로 구출되어 자유인이 된 이스라엘 백성은 당연히 그 하나님을 공경하게 된다. 그뿐 아니라, 그들은 그 하나님의 말씀을 조건 없이 받아들이며 순종하게 된다. 그런 공경과 순종의 표현으로 그들은 그들을 구속해주신 하나님께 예배를 올리지 않겠는가? 그런 까닭에 '섬기다'에는 '예배하다'의 뜻도 숨겨져 있다.

하나님은 모세에게 '내 아들을 보내어 나를 섬기게 하라'고 바로에게 전하게 하셨다. 그렇게 말씀하시면서 하나님은 바로의 거절에 대해 엄중한 경고도 하셨는데, 곧 '내가 네 아들 네 장자를 죽이겠다'는 것이다. 하나님의 '장자인 아들'을 보내지 않는다면 그 행위에 대해 심판하시겠다는 것이다. 결국, 그 심판은 가장 혹독한 10번째 재앙이 되어 바로가 항복할 수밖에 없게 했다. 하나님은 처음부터 그렇게 경고하심으로 앞으로 닥칠 재앙들을 예고하셨다.

이스라엘 백성은 하나님과 맺은 언약의 백성이라고 누누이 언급한 바 있다. 하나님은 그들의 조상인 아브라함과 이삭과 야곱과 언약을 맺으셨기에, 그 후손인 이스라엘 백성은 언약의 백성다운 삶을 영위해야 한다. 그런 삶이 바로 '하나님을 섬기는' 삶이고, 그렇게 살 때 비로소 그들은 그 언약을 성취하는 백성이 된다. 언약을 성취하는 삶은 위로 하나님을 *섬기고* 아래로 이웃을 *섬기는* 것으로 나타나는 것이다.

그러므로 아바드의 셋째 의미에는 다른 사람들을 위해 '일하다'는 뜻이 담겨있다. 그 이유도 분명하다! '하나님을 섬기다'는 뜻을 조금만 생각해보아도 알 수 있는 의미이다. 도대체 보이지도 않는 전능한 하나님을 어떻게 섬긴단 말인가? 그분에게 예배를 올리는 것 외에 어떻게 하나님을 섬긴단 말인가? 그 방법이 있는데, 곧 이웃을 섬기는 행위이다. 하나님은 당신의 형상에 따라 지음을 받은 사람들을 *섬기는* 것을 하나님을 *섬기는* 것으로 여기신다.

3. "절기를 지키다"

출애굽의 세 번째 목표는 '절기를 지키기' 위함이다. 하나님은 모세와 아론에게 이스라엘 백성이 '절기를 지켜야' 한다는 당신의 뜻을 바로에게 분명히 전하라고 말씀하셨다. 그 말씀을 인용해보자. "그 후에 모세와 아론이 바로에게 가서 이르되, '이스라엘의 하나님 여호와께서 이렇게 말씀하시기를 내 백성을 보내라; 그러면 그들이 광야에서 내 앞에 *절기를 지킬 것이니라*' 하셨나이다" (5:1).

이스라엘 백성이 애굽을 떠나서 종의 신분에서 벗어나는 것은 하나님의 뜻이었다. 그러나 그들이 애굽을 떠나가기만 하면 되는 것은 아니었다. 그들은 떠난 후 해야 할 일들이 있는데, 그것도 세 가지나 되었다. 그 세 가지 목표를 위해 그들은 애굽을 떠나야 했다. 그런 까닭에 하나님은 그들의 '떠남'과 '목표'를 함께 말씀하셨다. '여호와께 제사를 드리기 위해' 떠나야 하고, '하나님을 섬기기 위해' 떠나야 하고, 그리고 '절기를 지키기 위해' 떠나야 했다.

'제사를 드리다'는 하나님께 나아가는 일차적인 신앙 행위를 강조하나, '섬김'은 하나님과 다른 사람들을 동시에 강조하는 이차적인 신앙 행위이다. 마지막으로 '절기를 지키다'는 공동체를 강조하는데, 그 이유는 절기는 혼자 지키지 않고 사회 구성원들과 함께 지키기 때문이다. 달리 설명하면, '제사를 드리다'는 하나님과의 관계를 강조하는 신앙 행위이고, '섬김'은 하나님과 다른 사람을 포함하는 신앙 행위이고, '절기를 지키다'는 신앙 공동체 전체로 확장되는 신앙 행위이다.

이스라엘 백성이 '절기를 지킨다'는 것은 그들을 건져내신 *야훼* 하나님께 감사하며 예배하기 위해 모이는 축제이다. 그렇게 오랫동안 애굽에서 억압받았으나, 이제는 해방된 기쁨을 마음껏 누리게 되었는데, 개인적으로만 누리는 것이 아니라 같은 경험을 한 사람들이 함께 누리는 축제이다. 그들로 그런 기쁨을 누릴 수 있도록 역사하신 *야훼* 하나님께 감사하며, 예배하며, 헌신하는 자리이다. 그 축제에 참여한 사람들은 마음껏 찬송도 하고 덩실덩실 춤도 추었다.

'절기를 지키기' 위해 애굽을 떠나게 해달라는 요청을 받은 바로는 어떻게 반응했는가? 그의 반응은 영리하지만 동시에 어리석었는데, 그의 반응을 보자. "바로가 이르되, '여호와가 누구이기에 내가 그의 목소리를 듣고 이스라엘을 보내겠느냐? 나는 여호와를 알지 못하니 이스라엘을 보내지 아니하리라'" (5:2). 성경의 주석인 *미드라쉬* Midrash에 의하면, 바로는 모든 신의 이름이 적힌 책을 보았는데, 그 책에서 *야훼* 하나님의 이름을 찾지 못했다는 것이다.

살아 계신 하나님의 이름을 우상의 이름들이 기록된 책에서 찾다니 얼마나 어리석은가? 그러나 아무렇게나 대답하지 않고 그런 책을 참고했다는 것은 그가 영리한 사람이라는 증거이다. 그는 '여호와를 알지 못한다'고 하면서 이스라엘 백성이 떠날 것을 허락하지 않았다. 허락은커녕 이스라엘 백성에게 짚을 주지도 않고 벽돌을 만들어 바치라고 하면서 그들을 더욱 괴롭혔다 (5:13-14). 모세는 다시 하나님 앞에 호소하면서 기도하게 되었다 (5:22-23).

이스라엘 백성의 고통을 모두 아시는 *야훼* 하나님은 모세의 기도를 들으시고 그들을 마침내 구해내실 것이다. 지금까지 전능의 하나님이었으나 (6:3), 이제부터는 모세에게 알려주신 그 이름, 곧 *야훼* 하나님으로 그들 속에 들어오신 것이다 (6:3). 들어오시기만 한 것이 아니라 당신의 종인 모세와 아론을 통해서 이스라엘 백성을 구해내시는 데, 그들은 레위의 3대손인 아므람과 요게벳이 낳은 형제들이었다.

구속사적 조명 ③

두 번째 책

출애굽기는 성경의 두 번째 책이다. 그런데 둘이라는 숫자가 지닌 특성을 살펴보면 출애굽기 이해에 도움이 될 수 있다. 둘이란 숫자는 두 독립체가 합쳐서 이루어지게 된다. 예를 들어보자: 하늘과 땅, 낮과 밤, 선과 악, 남자와 여자, 천국과 지옥. 이처럼 둘을 구성하는 각각의 독립체는 상반된 대조 또는 반대의 특성을 함축하고 있다. 두 번째 성경책인 출애굽기에는 그와 같이 서로 대조되는 내용이 담겨있는데, 몇 가지 실례를 들어보자.

가장 두드러진 대조는 야곱의 후손이다. 그들은 애초에 기근을 모면하기 위해 애굽으로 들어갔지만, 후에는 엄청난 박해를 모면하기 위해 애굽을 떠났다. 들어감과 떠남의 모습은 현저한 대조를 이룬다. 그들이 들어갈 때는 몇 명 되지 않은 일개 가족이었으나, 떠날 때는 한 국가를 이룰 만큼 거대한 무리를 이루었다. 출애굽을 전후로 한 가족의 역사가 한 민족의 역사로 바뀐 것이다. 얼마나 놀라운 대조인가!

야곱의 후손이 애굽으로 갈 때는 왕을 비롯하여 애굽 사람들이 환영했다. 왕은 그 식구들을 위해 수레와 길 양식과 옷까지 챙겨주었을 뿐 아니라 (창 45:21-22), 그들이 거주할 땅과 성까지 내어주면서 크게 환영했다 (창 47:11). 하지만 그들이 애굽을 떠날 때는 그와는 대조적으로 왕을 비롯하여 애굽 사람들이 그들을 두려워했고, 미워했고, 박해했고 심하게 착취했다. 환영과 미움 사이에 430년이란 세월이 흐르면서 마침내 악의 상징인 바로가 나타났다.

　야곱의 가족이 애굽으로 들어갈 때는 그들은 겨우 살아가는 형편이었는데, 애굽을 떠날 때는 말할 수 없이 풍성해졌다. 그들은 애굽 사람들의 물품을 취해서 나오게 되었는데, 그 가운데는 금, 은, 각종 진주, 보석은 물론 갖가지 값비싼 의류도 포함돼 있었다 (출 12:36, 35:5 이하). 또 그들이 데리고 나온 동물들, 양과 염소와 소는 그 수를 헤아릴 수 없을 만큼 많았다. 그들은 성막을 짓는 것은 물론 나라를 세울 수 있을 만큼 풍요롭게 되어서 나왔다.

　야곱의 가족이 애굽으로 들어갔을 때, 바로는 하나님을 인정하고 칭송했다 (창 41:39). 그러나 이스라엘 백성이 애굽을 떠날 때, 바로는 하나님을 부정하는 발언을 했다 (5:2). 또 다른 흥미 있는 대조는 창세기와 출애굽기가 끝나는 장면이다. 창세기는 죽음과 관으로 끝이 났으나 (창 50:26), 출애굽기의 마지막 장면은 "구름이 회막에 덮이고 하나님의 영광이 성막에 충만했다" (40:34). 얼마나 놀라운 대조인가!

　둘은 '대조'만이 아니라 '반대'를 품고 있는데, 이번에는 출애굽기에서 그 반대가 드러나는 부분을 찾아보자. 애굽 왕은 히브리인의 번성을 *반대*하면서 태어나는 남자를 모두 죽이려고 작정했다. 그뿐 아니라 애굽 사람들은 이스라엘 백성을 미워하면서 그들로 더 많은 벽돌을 만들어 바치게 하려고 작정했다. 또 바로는 떠나려는 이스라엘 백성을 가지 못하게 하려고 거듭 막아섰다. 마침내 그들이 떠나자 그는 이스라엘 백성을 쫓아왔는데, 다시 애굽으로 끌고 가려는 심산이었다.

　바로는 이스라엘 백성을 대적하는 반대의 상징이었다. 그는 크나큰 왕권을 활용해서 이스라엘 백성의 해방을 끝까지 반대했는데, 그 반대의 극치가 그들을 추적한 것이었다. 그가 그처럼 많은 병거와 군대를 몰고 그들을 추적한 것을 보라! "선발된 병거 육백 대와 애굽의 모든 병거를 동원하니 지휘관들이 나 거느렸더라" (14:7). 결과적으로, 바로는 인간적으로는 이스라엘 백성을 반대했지만, 영적으로는 언약의 백성과 언약의 하나님을 대적한 것이었다.

　둘을 쪼개면 두 개의 개체가 되기에 둘은 '나눔' 또는 '분리'의 특성도 내포한다. 그 관점에서 볼 때 같은 부모에게서 출생한 자녀들을 남자와 여자로 나누고, 남자만을 죽여 분리하려 했던 바로는 악 그 자체였다. 그런데 하나님도 고센 땅에 사는 이스라엘 백성을 애굽 백성과 분리하셨으며 (8:22), 그곳에 있는 이스라엘의 가축과 애굽의 가축을 분리하셔서 심판하셨다 (9:19). 하나님께서 행하신 분리와 심판은 이스라엘 백성이 애굽을 떠날 때 절정에 달했다.

　하나님은 이스라엘 백성으로 홍해를 건너게 하셨으나, 애굽 군인들은 그 홍해에 몰살되고 말았다. 홍해를 건넌 이스라엘 백성과 건너지 못한 애굽 사람은 그 홍해를 통해 영원히 분리되었다. 그 홍해 저편으로 건너간 이스라엘 백성은 하나님과 함께, 하나님의 공급과 보호를 받으며 약속의 땅으로 힘차게 나아갔다. 반면, 홍해 이편에 남겨진 애굽 백성은 종들도 잃고 재물도 빼앗기므로 참으로 망연자실했을 것이다. 이처럼 심각한 분리를 어디서 찾을 수 있는가?

　둘이란 숫자는 증거를 함축하기도 한다. 예수님도 제자들을 보내실 때 둘씩 보내셨다. 마지막 때도 하나님은 두 증인을 보내시어

1,260일 동안 예언하게 하셨다 (계 11:3). 하나님은 출애굽기에서도 두 증인을 세우시고 바로를 대적하게 하셨는데, 곧 모세와 아론이다. 그 두 증인은 하나님을 대신해서 바로를 대면하여 하나님을 증언했는데, 그 증언의 결과가 10가지 재앙이었다. 그들의 증언을 통해 하나님의 능력이 나타났고, 마침내 바로도 굴복하고 말았다.

　출애굽기에는 모세와 아론처럼 걸출한 인물들만 증언한 것이 아니었다. 바로 왕의 명령을 어기면서까지 하나님을 증언한 사람들이 있었는데, 그들은 십브라와 부아였다 (1:15). 그들은 히브리 산파로서 새로 태어난 히브리 아들들을 살렸다. 만일 혼자였다면 어려웠을 것이나, 두 산파는 함께 삶으로 하나님을 증언했다. 가장 놀라운 증거의 결과는 뭐니 뭐니 해도 모세였다. 그들 산파 때문에 모세도 죽음을 피하고 생명을 유지할 수 있었으니 말이다.

　또 다른 증인들은 브살렐과 오홀리압이었다 (35:30, 34). 하나님은 모세에게 이렇게 말씀하셨다: "너는 삼가 이 산에서 네게 보인 양식대로 할지니라" (25:40). 그리고 모세는 그에게 들려준 대로 브살렐과 오홀리압에게 전했고, 그들은 모세를 통해 그들에게 전해준 하나님의 말씀을 받은 그대로 증언했다. 그들은 입으로 그 말씀을 증언한 것이 아니라, 손과 몸으로 증언했다. 그 결과 하나님의 조감도 대로 성막이 완성되었다. 얼마나 놀라운 증언인가!

Exploring Exodus

4장

10가지 재앙

Exploring Exodus

1. "보내라"

모세와 아론은 바로에게 '내 백성을 *보내라*'는 하나님의 말씀을 전했으나, 바로는 '*보내지* 않겠다'고 응수했다 (출 5:1-2). 바로가 그렇게 응수하면서 그 이유를 다음과 같이 말했다; "여호와가 누구이기에 내가 그의 목소리를 듣고 이스라엘을 보내겠느냐? 나는 여호와를 알지 못하니 이스라엘을 *보내지* 아니하리라." '내 백성' 이스라엘을 보내는 것이 하나님의 뜻이었으나, 보내지 않겠다고 응수한 바로의 강변은 하나님의 뜻을 거부한 반항이었다.

출애굽기 7장에서 11장까지에는 '보내라'는 하나님의 말씀을 거부하면서 '내보내지' 않겠다고 완강하게 버틴 바로의 이야기가 나온다. 하나님은 이스라엘 백성을 애굽에서 '내보내기' 위해 바로를 때리시는데, 갈수록 그 강도가 심해졌다. 그렇게 매질을 당하면서 결국 바로는 항복하게 되고, '나는 여호와를 알지 못한다'고 비아냥했던 하나님을 시인하고 이스라엘 백성을 애굽에서 '보내게' 되었다. 바로의 항복을 위해 하나님께서 사용하신 매가 바로 10가지 재앙이었다.

하나님께서 10가지 재앙으로 바로와 애굽을 때리신 목적은 분명했다: 이스라엘 백성을 애굽에서 *내보내기* 위함이었다. 하나님은 그들을 '보내기' 위해 말씀하시고 재앙으로 치셨으나, 바로는 '내보내지' 않으려고 그 말씀과 재앙을 거부하였다. 그런 까닭에 7-11

장의 중요한 주제는 '보내다'이다. 얼마나 중요한 동사인지 23번이나 사용되었으며, 그와 같은 뜻인 '인도하다'(2번), '가다'(3번), '나가다'(2번)를 포함하면 모두 30번이나 사용되었다.

2. "완악하다"

바로는 참으로 '완악한' 사람이었다. 하나님께서 10가지 재앙으로 치시며 권능을 보이셨으나, 끝내 그 하나님을 거부한 완악한 사람이었다. 그런 그의 모습을 강조하기 위해 7-11장에서 바로가 '완악하다'는 표현이 자그마치 8번이나 나온다 (7:14, 22, 8:19, 9:12, 35, 10:27, 27, 11:10). 한글성경에서는 9번이나, 9장 34절에 나오는 원어는 '완강하다'이다. 그러니까 '완강하다'도 5번 나온다 (8:15, 32, 9:7, 34, 10:1).

'완악하다'는 히브리어로 카보드(כבד)인데, 하나님의 뜻과 명령을 거부하면서 회개하지 않고 순종하지 않는 마음의 상태를 강조한다. 반면, '완강하다'는 히브리어로 카샤흐(קשה)인데, 바로가 자신의 권위와 지위를 고집하면서, 모세를 통해 보여주신 이스라엘 백성을 '보내라'는 하나님의 뜻을 끊임없이 거부하는 마음을 뜻한다. 하나님께서 그렇게 무서운 재앙을 내리셨음에도 불구하고 그분의 뜻을 거부한 바로는 참으로 '완악하고' '완강한' 사람이었다.

10가지 재앙을 순서대로 나열해보자: 피, 개구리, 이, 파리, 돌림병, 악성 종기, 우박, 메뚜기, 흑암, 장자의 죽음. 그런데 애굽 바로의 마음의 상태에 비추어보면, 그 10가지 재앙은 두 그룹으로 나눌 수 있는데, 첫 번째 다섯 재앙과 그다음의 다섯 재앙이다. 첫 번째 다섯 재앙에도 불구하고 바로는 이스라엘 백성을 보내기를 거부했는데, 그의 완악하고 완강한 마음 때문이었다 (7:22, 8:15, 19, 32, 9:7).

반면, 두 번째 다섯 재앙에도 역시 바로는 이스라엘 자손을 보내기를 거절했는데, 이번에는 여호와 하나님께서 그의 마음을 완악하고 완악하게 하셨기 때문에 거절했다 (9:12, 34, 10:20, 27, 11:10). 그런데 일곱 번째 우박 재앙 때는 바로가 스스로 마음을 완악하게 했다고 예외를 한 번 두었다. 그 대신에 바로가 이스라엘 백성을 추적하여 홍해에 왔을 때, 바로와 그 군대의 마음을 여호와 하나님께서 완악하게 하셨다 (14:17).

여호와 하나님께서 모세를 부르시고 사명을 주셨을 때, 그에게 바로의 마음을 당신이 완악하게 하여 이스라엘 백성을 쉽게 보내지 않으리라는 사실을 미리 알려주셨다. "여호와께서 모세에게 이르시되, '네가 애굽으로 돌아가거든 내가 네 손에 준 이적을 바로 앞에서 다 행하라; 그러나 내가 그의 마음을 *완악하게* 한즉 그가 백성을 보내 주지 아니하리니'" (4:21). 이 예고는 두 번째 다섯 재앙을 염두에 두신 말씀이었다.

그렇다면 왜 하나님은 바로의 마음을 완악하게 하셨는가? 몇 가지 이유가 있는데, 첫째 이유는 처음 다섯 재앙에 대해 바로가 스스로 마음을 완악하게 하여 이스라엘 자손으로 가지 못하게 했기 때문이다. 바로의 마음은 이미 완악했으며, 하나님은 그처럼 완악한 마음을 흔들어서 더 완악하게 하셨을 뿐이다. 만일 바로가 그때 이스라엘 백성으로 떠나게 허용했다면, 여호와 하나님께서 바로의 마음을 그렇게 완악하게 만드실 이유가 없었을 것이다.

둘째 이유는 바로와 애굽 백성들이 이스라엘 백성을 억압하여 무거운 짐을 지웠을 뿐 아니라, 남자 아기가 태어나면 주저하지 않고 죽인 악행에 대한 심판이었다. 공의의 하나님은 바로와 애굽 사람들의 악행을 결단코 잊지 않으셨다. 셋째 이유는 이스라엘 백성에게 중대한 가르침을 주시기 위해서였다. 그와 같은 하나님의 공의를 목격한 이스라엘 백성에게 여호와 하나님은 깊이 공경하며 두려워해야 할 분이심을 알려주기 위함이었다.

3. 재앙

10가지 재앙의 구성을 알아보는 것도 흥미롭다. 피와 개구리는 물과 연관된 재앙이며, 이와 파리는 흙에서 나온 재앙이다. 돌림병과 악성 종기는 공기와 연관된 재앙이다. 우박은 폭우와 불이 섞여서 내린 재앙이다. 메뚜기는 바람을 타고 멀리서 날아온 재앙이다. 흑암은 해와 달과 별에서 발산되는 모든 빛이 애굽에서 사라지는 재앙이다. 장자의 죽음은 남자 아기라면 죽이라는 바로의 명령과 그것을 시행한 애굽 백성의 영광이 깨어지는 재앙이다 (1:22).

모세와 바로의 대면을 염두에 두고 10가지 재앙에 대해 알아보자. 모세는 첫 세 가지 재앙, 곧 피와 개구리와 이 재앙을 선포할 때 바로와 그 신하들 앞에서 공개적으로 경고했고, 그 재앙들이 즉시 따랐다. 그러나 그다음 세 가지 재앙, 곧 파리와 돌림병과 악성 종기 재앙을 내릴 때는 바로에게 개인적으로 선포한 후, 재앙들이 나타났다. 그다음 세 가지 재앙, 곧 우박과 메뚜기와 흑암 재앙은 바로에게 재앙에 대해 상세히 묘사해 준 후, 재앙이 애굽 전역에 임했다.

이번에는 재앙을 통하여 바로에게 하나님에 대해 무엇을 알리고자 하셨는지 알아보자. 치음 세 가시 재앙을 통해 모세는 바로에게 하나님의 실존을 알려주었다: "나를 여호와인 줄 알리라" (7:17, 8:10, 22). 두 번째 세 가지 재앙을 통해 그 재앙을 다른 분이 아닌 하나님께서 일으키셨다는 사실을 알려주었다. 하나님께서 아니라면 어떻게 파리와 돌림병과 악성 종기가 창궐할 수 있겠는가? 세 번째 세 가지 재앙을 통해 하나님은 바로에게 당신의 능력을 보여주셨다.

바로와 애굽 백성은 많은 신을 섬기는 다신교도였는데, 10가지 재앙은 그들이 섬기는 신들에 대한 심판이기도 했다. 생명줄인 나일강은 바로와 애굽 사람들이 섬기는 *하피*(Hapi) 신이었다. 그 강이 일주일이나 죽음의 피로 변했다 (7:14 이하). 애굽 사람들은 개구리가 땅을 기름지게 한다면서 개구리 머리의 *헤크트*(Hekt)라는 다산多産의 신을 섬겼다. 그런데 개구리들이 애굽 땅을 차지하므로, 그곳은 사람이 살 수 없게 변질되고 있었다 (8:1 이하).

세 번째 재앙인 이 재앙부터는 애굽의 마술사들이 복제할 수 없는 재앙으로 하나님의 실존을 강력하게 증명하기 시작했다. *게브*(Geb) 신은 흙의 신으로 애굽에 풍요로운 식량을 공급한다고 믿는데, 그 신에서 이가 나와 애굽 사람들은 많은 괴로움을 당하게 되었다 (8:16 이하). 애굽인들은 파리도 신으로 모시는데, 그 이름은 *케프리*(Khepri)이다. 케프리는 매일의 일정을 관리하는 신인데, 그 신들로 인하여 애굽 땅이 오염되는 재앙을 맞게 되었다 (8:20 이하).

그런데 네 번째 재앙인 파리 재앙부터 이스라엘 백성이 거주하는 고센 땅에는 재앙이 없었다. "그 날에 나는 내 백성이 거주하는 고센 땅을 *구별하여* 그 곳에는 파리가 없게 하리니, 이로 말미암아 이 땅에서 내가 여호와인 줄을 네가 알게 될 것이라" (8:22). 하나님께서는 그분의 백성과 그들을 대적하는 사람들을 구별하셨는데, 그때부터 이스라엘 백성은 애굽 백성을 섬기지 않았으며, 궁극적으로 애굽을 완전히 떠나 구별하게 되는 시발점이 파리 재앙이었다.

다섯 번째 돌림병 재앙은 가축들을 죽이는 전염병으로, 그들이 섬기는 황소의 신인 *아피스*(Apis)를 무너뜨린 재앙이다. 이 재앙은 애굽 사람들에게 경제적으로도 큰 타격이 되었는데, 가축은 그들의 재산이었기 때문이다 (9:1 이하). 여섯 번째 악성 종기 재앙은 동물과 사람들의 생명을 앗아가는 무서운 재앙이었다. 이 재앙부터 사람들의 생명이 위협을 받았는데, 그 결과 그들이 섬기던 의술의 신 *임호테프*(Imhotep)도 깨어졌다 (9:8 이하).

일곱 번째 우박 재앙은 불덩이를 동반한 것으로, 가축과 사람을 대규모로 죽이는 무서운 재앙이었다. 그런데 그 재앙은 그런 피해만 준 것이 아니었다. 우박은 "밭의 모든 채소를 치고 들의 모든 나무를 꺾었다" (9:25). 두말할 필요도 없이 채소와 나무는 애굽 사람들의 양식인데, 그런 것들이 우박에 죽어버렸다. 애굽 백성이 섬기는 우박의 신, *세트*(Set)도 여지없이 무너졌다. 이 재앙은 짚을 구해서 벽돌을 만들라는 애굽 사람들에 대한 심판인지도 모른다.

여덟 번째 메뚜기 재앙은 우박 재앙으로 죽지 않은 채소들을 메뚜기들이 말끔히 먹어버리는 재앙이었다. 그 재앙에 대한 묘사를 인

용해보자: "메뚜기가 온 땅을 덮어 땅이 어둡게 되었으며, 메뚜기가 우박에 상하지 아니한 밭의 채소와 나무 열매를 다 먹었으므로, 애굽 온 땅에서 나무나 밭의 채소나 푸른 것은 남지 아니하였더라"(10:15). 애굽 사람들은 풍요의 신 *세라피스*(Serapis)를 섬겼는데, 그 신도 무참히 심판을 받은 꼴이 되었다.

아홉 번째 흑암 재앙은 모든 생명체의 창조주로 여긴 태양신인 *라*(Ra)를 치는 재앙이었다. 그 태양신은 하늘과 땅과 저승을 주관하는 신이었는데, 그처럼 막강한 신을 무너뜨린 재앙이었다. 애굽은 해가 잘 드는 나라로 알려져 있는데, 그 태양신을 섬기기 위해 헬리오폴리스(Heliopolis)에는 어마어마한 태양 신전이 있을 정도였다. 그러나 전능하신 하나님 앞에서 그 신은 없는 것과 같이 되었는데, 흑암이 3일이나 애굽을 덮었기 때문이다 (10:21 이하).

열 번째 재앙은 다른 재앙들과는 달리 하나님께서 직접 치셔서 바로를 모세 앞에 무릎을 꿇게 한 마지막 재앙이었다. 그 재앙은 애굽의 모든 장자와 동물의 첫 새끼를 죽이는 것으로, 애굽 백성이 섬기는 *이시스*(Isis) 신의 격파를 의미했다. 그 신은 사랑과 축복과 출산과 가정을 담당하는 신이었지만, 애굽의 장자와 첫 새끼가 죽게 되자, 그 신의 무기력함이 여실히 드러났다. 오로지 이스라엘을 장자로 삼으신 능력의 *야훼* 하나님만이 참 신이었다 (11:1 이하).

4. 재앙의 목적

여호와 하나님께서 바로와 애굽 백성에게 10가지 재앙을 내리신 목적은 한마디로 말해서 이스라엘 백성을 애굽에서 구원해내시기 위함이었다. 그렇게 이스라엘 백성을 구원하심으로써 하나님께서는 약속하신 대로 구속의 계획을 일구기 시작하셨다. 출애굽을 계기로 하나님께서는 이스라엘 백성을 위한 장엄한 역사를 시작하셨는데, 그때부터 이스라엘 백성은 하나님과 동행하면서 약속의 땅인 가나안을 향한 첫걸음을 시작했다.

이스라엘 백성의 출애굽이 너무나 중요한 나머지 하나님의 말씀은 여기저기에서 10가지 재앙의 목적을 언급하고 있는데, 그 말씀들을 인용해보자. 무엇보다도, 그 재앙의 목적은 하나님의 전능하심을 만방에 알리기 위함이었다. "내가 너를 세웠음은 나의 능력을 네게 보이고, 내 이름이 온 천하에 전파되게 하려 하였음이니라" (9:16). 애굽의 요술사들도 재앙이 하나님의 권능이라고 바로 왕에게 진술했는데 (8:19), 이것이 10가지 재앙을 내린 첫 번째 목적이었다.

10가지 재앙의 두 번째 목적은 바로와 애굽 백성이 이스라엘 백성을 학대하고 착취한 불의에 대한 의로운 심판이었다. 바로는 여덟 번째 재앙으로 메뚜기 떼가 애굽을 덮치자 그와 그 백성의 죄를 이렇게 고백했다. "바로가 모세와 아론을 급히 불러 이르되, '내가 너희의 하나님 여호와와 너희에게 죄를 지었으니'" (10:16). 두말할 필요도 없이 바로가 모세가 아닌 '너희'에게 죄를 지었다고 고백한 것은 이스라엘 백성을 학대한 죄를 뜻했다.

세 번째 목적은 애굽의 신들을 심판한 것이었다. 애굽 백성은 온갖 우상을 섬겼는데, 그들이 그렇게 신으로 섬기는 우상들을 때려 부수심으로 하나님은 그 신들을 철두철미하게 심판하셨다. "애굽인은 여호와께서 그들 중에 치신 그 모든 장자를 장사하는 때라; 여호와께서 그들의 신들에게도 벌을 주셨더라"(민 33:4). 마침내 이스라엘 백성이 출애굽할 수 있었던 것은 애굽 백성이 섬기던 신들을 심판하심으로 가능했다.

네 번째 목적은 이스라엘과 열방의 찬송을 받으시기 위함이었다. "이드로가 이르되 여호와를 찬송하리로다! 너희를 애굽 사람의 손에서와 바로의 손에서 건져내시고 백성을 애굽 사람의 손 아래에서 건지셨도다. 이제 내가 알았도다! 여호와는 모든 신보다 크시므로 이스라엘에게 교만하게 행하는 그들을 이기셨도다"(18:10-11). 이 말씀은 모세의 장인 이드로가 한 말인데, 그는 이방인으로 원래 우상을 섬기는 제사장이었다. 그러나 이드로는 이스라엘 백성을 애굽에서 구원해내신 역사를 들으면서 여호와를 그의 하나님으로 받아들였다.

다섯 번째 목적은 이스라엘 백성이 그들을 구출해내신 여호와 하나님을 더 깊이 믿게 하기 위함이었다. "어떤 국민이 불 가운데에서 말씀하시는 하나님의 음성을 너처럼 듣고 생존하였느냐? 어떤 신이 와서 시험과 이적과 기사와 전쟁과 강한 손과 편 팔과 크게 두려운 일로 한 민족을 다른 민족에게서 인도하여 낸 일이 있느냐? 이는 다 너희의 하나님 여호와께서 애굽에서 너희를 위하여 너희의 목전에서 행하신 일이라"(신 4:33-34).

여섯 번째 목적은 열국에게 경고하기 위함이었다. 하나님께서는 당신의 백성을 저주하는 자들을 저주하신다는 사실을 분명히 전하셨다. 하나님은 일찍이 아브라함에게 이렇게 약속하신 적이 있다: "너를 축복하는 자에게는 내가 복을 내리고, 너를 저주하는 자에게는 내가 저주하리니; 땅의 모든 족속이 너로 말미암아 복을 얻을 것이라 하신지라" (창 12:3). 결국, 하나님께서 10가지 재앙으로 애굽과 바로를 치신 목적은 '구원'을 포함해서 모두 일곱 가지였다.

Exploring Exodus

5장

바로의 타협

Exploring Exodus

    10가지 재앙은 밑에서 차츰 위를 향해 진행되는 모습이다. 물에서 시작된 재앙은 마침내 하나님의 손길이 장자를 칠 때까지 줄곧 위로 올라갔다. 물에서 나온 개구리, 그 후 땅의 티끌에서 이가 나오고, 그다음 파리가 날아다녔다. 돌림병과 악성 종기는 위의 공기를 통해 전염되는 재앙이며, 우박과 메뚜기는 위에서 내려오는 재앙이었다. 흑암은 좌우와 상하를 막론하고 덮친 재앙이었으며, 마지막 재앙은 위에 계신 하나님의 권능으로 역사하신 것이다.

    하나님께서 열 재앙을 열두 달 동안에 애굽에 내리신 목적이 있었는데, 여섯 가지나 된다: (1) 하나님 능력의 과시 (출 9:16), (2) 하나님의 심판 (10:16), (3) 애굽 신들에 대한 심판 ["애굽인은 여호와께서 그들 중에 치신 그 모든 장자를 장사하는 때라; 여호와께서 그들의 신들에게도 벌을 주셨더라" (민 33:4)]. (4) 여호와가 모든 신보다 크심을 보임 (18:11), (5) 여호와가 유일신이심을 나타냄 (신 4:35), (6) 이스라엘을 저주하는 나라를 저주하심 (창 12:3).

    그렇게 하나님의 권위와 능력이 점증적漸增的으로 나타남에 따라 바로도 그 재앙들에 대해 반응을 보였다. 그의 반응은 이스라엘 자손을 보내지 않겠다는 것이다. 그는 완악했지만, 이미 언급한 대로 영리하고 영악한 왕이었다. 그는 재앙이 닥칠 때마다 영민한 머리를 굴려서 적당한 타협안을 내놓았다. 그러나 하나님의 사람인 모세는 타협안의 목적을 재빨리 파악했고, 거절했고, 또 준엄하게 대응했다. 바로가 기만적으로 제안한 여섯 가지 타협안을 살펴보자.

1. 거짓말

첫 번째 타협안은 타협이라기보다는 거짓말로 모세를 속이려 했다. 바로의 첫 번째 타협안은 둘째 재앙인 개구리 재앙 때에 제시됐다. "개구리가 올라와서 애굽 땅에 덮일" 때, 바로는 모세와 아론에게 말했다. "…여호와께 구하여 나와 내 백성에게서 개구리를 떠나게 하라; 내가 이 백성을 보내리니, 그들이 여호와께 제사를 드릴 것이니라" (8:8). 얼른 보기에 바로는 개구리로 인해 항복하고 모세의 요구를 들어주는 것처럼 제안했다.

모세가 개구리들을 물리치자 바로는 태도를 바꾸었다. "그러나 바로가 숨을 쉴 수 있게 됨을 보았을 때에, 그의 마음을 완강하게 하여 그들의 말을 듣지 아니하였으니, 여호와께서 말씀하신 것과 같더라" (8:15). 두말할 필요 없이 바로는 하나님의 뜻을 거부하면서 거짓말로 모세를 속였다. 그는 그렇게 하나님을 대적하는 악의 상징이었는데, 그의 악은 거짓말이었다. 거짓말의 시작은 창세기 3장에 기록되었는데, 뱀의 모습으로 나타난 악한 사탄을 통해서였다.

하나님께서는 당신의 뜻을 아담에게 알려주셨는데, 창세기 2장 17절에 기록되어 있다. "선악을 알게 하는 나무의 열매는 먹지 말라; 네가 먹는 날에는 *반드시 죽으리라* 하시니라." 그런데 그 뱀은 하와에게 이렇게 말했다, "뱀이 여자에게 이르되, '너희가 결코 *죽지 아니하리라*'" (창 3:4). 그 거짓말은 하나님의 뜻과 말씀을 정면으로 부정한 것이었다. 그런데 하나님의 말씀과 뱀의 응수에 사용된 '반드시 죽으리라'를 히브리어로 보면 놀라움을 금할 수 없다.

'반드시 죽으리라'의 히브리어는 '죽고 죽으리라'(모트 타무

트: **מוֹת תָּמוּת**)로서, '죽는다'는 동사가 연거푸 나온다. 같은 동사인데 *모트*는 부정사_{不定詞}이고 *타무트*는 2인칭 미래형이다. 그 뱀이 거짓말을 시킨 3장 4절도 똑같이 '죽는다'는 동사가 두 번 사용된다. 하나님께서는 절대로 피할 수 없는 '죽음'을 강조하려고 의도적으로 같은 동사를 두 번씩 사용하셨다. 그런데도 죽지 않는다는 뱀의 거짓말에 속아서 아담과 하와는 금단의 열매를 따서 먹었다.

그 사건 이후 모든 악의 세력은 거짓말을 무기로 삼는데, 바로도 마찬가지였다! 악의 상징인 바로는 하나님의 뜻, 곧 이스라엘 백성을 애굽에서 내보내라는 말씀을 여러 차례 들었다. 그러나 거짓말로 위기를 모면하여 하나님의 뜻을 거역하는 완악함을 드러냈다. 바로가 그처럼 거짓말을 하므로, 그는 선하신 하나님 편에 있지 않고 악한 사탄 편에 있었다. 한마디로 말해서, 바로는 거짓된 말로 하나님의 뜻을 거부하였다.

2. "이 땅에서"

바로가 본격적으로 타협안을 제시하면서 이스라엘 자손으로 애굽을 떠나지 못하게 한 것은 넷째 재앙인 파리 재앙에서부터였다. 파리 재앙이 어떻게 묘사되었는지 인용해보자. "여호와께서 그와 같이 하시니, 무수한 파리가 바로의 궁과 그의 신하의 집과 애굽 온 땅에 이르니 파리로 말미암아 그 땅이 황폐하였더라"(8:24). 애굽은 아이들을 나일강에 던져서 죽일 정도로 불결한 나라였고, 따라서 전역에서 파리가 들끓고 있었다.

그런데 네 번째 파리 재앙에서는 평상시보다 엄청나게 많은 파리 떼가 몰려들었다. 그 떼가 얼마나 큰지 바로의 궁전조차도 파리들에 의하여 빈틈없이 점령을 당했다. 만일 왕의 궁전이 그럴진대 다른 곳은 더할 나위가 없었다. 그렇게 몰려든 파리 떼는 그 이전에도 없었고 그 후에도 없는 상상을 초월하는 규모였다. 애굽 사람들은 십중팔구 파리를 삼키지 않고는 밥도 먹을 수 없었고, 파리 떼로 완전히 덮이지 않고는 잠도 잘 수 없었을 것이다.

그 정도가 얼마나 심각했던지, 애굽 땅이 황폐하게 되었다는 것이다. 파리 떼로 인해 아무것도 제대로 할 수 없는 지경이 되자 그렇게 완강한 바로조차도 견디지 못했다. 그는 모세와 아론을 불러서 다음과 같은 타협안을 내놓았다: "…너희는 가서 *이 땅에서* 너희 하나님께 제사를 드리라"(8:25). 여호와 하나님을 알지 못한다고 큰소리치던 바로가 하나님을 인정한 꼴이 되어, 그 하나님께 제사를 드릴 것을 허용했다.

그러나 바로는 영악했다. 그는 '이 땅에서' 제사를 드리라는 타협안을 내놓은 것이다. 하나님도 인정하고 제사도 허용한 대폭적인 타협안이었다. 그러나 그 타협안에는 이스라엘 자손으로 애굽을 떠나지 못하게 하겠다는 악한 계획이 자리하고 있었다. 하나님은 거듭거듭 당신의 뜻을 알려주셨는데, 이스라엘 자손이 광야로 사흘길쯤 가서 제사를 드리겠다는 것이었다. 그러한 하나님의 뜻은 결코 변한 적이 없으며, 모세도 그 뜻을 하나님의 뜻으로 받아들였다.

여러 가지 우상을 섬기는 애굽 백성 앞에서 유일신 하나님을 섬긴다는 것은 대단히 도발적인 행위가 될 것이다. 그뿐 아니라 이스라엘 백성을 향해 애굽 사람들이 어떻게 반응하겠는가? 모세의 응답

을 직접 인용해보자: "모세가 이르되, '그리함은 부당하니이다. 우리가 우리 하나님 여호와께 제사를 드리는 것은 애굽 사람이 싫어하는 바인즉 우리가 만일 애굽 사람의 목전에서 제사를 드리면 그들이 그것을 미워하여 우리를 돌로 치지 아니하리이까?'" (8:26).

모세는 하나님의 뜻을 조금도 굽히지 않고 다음의 말을 덧붙였다. "우리가 사흘길쯤 광야로 들어가서 우리 하나님 여호와께 제사를 드리되, 우리에게 명령하시는 대로 하려 하나이다" (8:27). 그는 조금도 두려워하지 않고 하나님의 명령을 바로에게 다시 알려주었다. 이제는 한때 바로의 낯을 피하여 애굽에서 도망했던 모세가 더는 아니었다. 그는 하나님의 부르심과 확증을 받은 하나님의 사람이며 종이었다. 반면, 바로는 하나님 앞에서 한 인간에 불과했다.

3. "멀리 가지는 말라"

모세의 요지부동한 자세를 지켜본 바로는 또 다른 타협안을 내놓는데, 그것은 '이 땅에서' 제사를 드리라는 타협안보다는 훨씬 진보된 것이었다. 그 타협안을 직접 인용해보자: "바로가 이르되, '내가 너희를 보내리니 너희가 너희의 하나님 여호와께 광야에서 제사를 드릴 것이나, 너무 멀리 가지는 말라; 그런즉 너희는 나를 위하여 간구하라'" (8:28). 바로는 '너희를 보낼 터이니 광야에서 제사를 드리라'고 허용했다.

그렇게 양보하면서 '나를 위하여 간구하라'고까지 부탁했다. 그를 위해 기도하라는 말은 하나님께서 기도를 들어주신다는 사실을 인정한 것이다. 그 이유는 분명하다! 하나님께서 모세의 간구를 일일이 들으시고 재앙들을 내리시는 것을 직접 보았고 경험했기 때문이다. 그는 이미 나일강이 피로 변하고, 물에서 개구리 떼가 올라오고, 티끌이 이가 되는 것은 물론 이제는 무수한 파리 떼가 그의 나라 애굽을 뒤덮고 있는 것을 똑똑히 보았다.

그러나 바로는 이번에도 간교한 타협안을 내놓았다. 그는 이스라엘 자손을 보낼 터이니 광야에 가서 하나님께 제사를 드리라는 것이다. 그의 타협안은 모세가 요구한 것과 거의 같았다. 그러나 한 가지만 빠졌는데, 그것은 '사흘길쯤'이었다. 바로는 사흘 대신 '너무 멀리 가지는 말라'고 했다. '너무 멀리 가지는 말라'는 하루나 이틀 길을 암시할 수 있는데, 제사를 끝내면 빨리 애굽으로 돌아오라는 속뜻이 들어있었다.

바로의 간교한 타협안에 모세는 이번에도 엄중하게 대응했는데, 그의 대응을 보자. "…바로는 이 백성을 보내어 여호와께 제사를 드리는 일에 다시 거짓을 행하지 마소서!" (8:29b). 얼마나 담대한 도전인가! 애굽의 왕인 바로에게 "다시 거짓을 행하지 마소서"라고 감히 바로의 말에 경고하고 있으니, 모세는 진정으로 하나님의 종이었다. 모세의 경고에도 불구하고 간교한 타협안을 내놓은 바로는 파리 떼가 사라지자, 간교하게도 그의 타협안을 거두어들였다.

4. 두 번째 거짓말

파리 재앙 후에도 하나님은 애굽에 재앙을 계속해서 내리셨으나, 완강한 바로는 꿈쩍도 하지 않았다. 돌림병의 재앙과 악성 종기의 재앙으로도 바로의 마음이 흔들리지 않았는데, 애굽 사람들과는 달리 그에게는 재물이 많았기 때문이었을 것이다. 그런 재앙들은 많은 애굽 사람을 경제적으로 어렵게 만들었는데, 가축은 애굽 사람들의 재정을 형성하는 중요한 재산이었기 때문이다. 그 두 재앙으로 애굽 사람들은 많은 가축을 잃었다.

그런데 일곱 번째 재앙인 우박이 내릴 때 바로의 완강한 마음이 흔들리는 것을 볼 수 있다. 우박 재앙이 얼마나 무서운지 보자. "모세가 하늘을 향하여 지팡이를 들매, 여호와께서 우렛소리와 우박을 보내시고 불을 내려 땅에 달리게 하시니라. 여호와께서 우박을 애굽 땅에 내리시매, 우박이 내림과 불덩이가 우박에 섞여 내림이 심히 맹렬하니 나라가 생긴 그 때로부터 애굽 온 땅에는 그와 같은 일이 없었더라"(9:23-24).

그 우박이 얼마나 맹렬한지 사람들과 동물들이 죽어 나갔다. 그 피해가 얼마나 컸던지 모세는 다음과 같이 묘사했다. "우박이 애굽 온 땅에서 사람과 짐승을 막론하고 밭에 있는 모든 것을 쳤으며 우박이 또 밭의 모든 채소를 치고 들의 모든 나무를 꺾었으되"(9:25). 그처럼 무서운 재앙 앞에서 떨지 않을 사람이 어디 있으며, 하나님을 경외하지 않을 사람이 어디 있겠는가? 바로도 인간에 지나지 않기에 그도 떨면서 하나님을 두려워했다.

그런 바로의 말을 직접 인용해보자. "바로가 사람을 보내어 모세와 아론을 불러 그들에게 이르되, '이번은 내가 범죄하였노라; 여호와는 의로우시고 나와 나의 백성은 악하도다"(9:27). 그가 약속을 번번이 깨뜨린 자신의 죄를 인정했을 뿐 아니라, 애굽 백성을 때리는 재앙들을 내리시는 하나님은 정당하시나 그의 백성은 악하다는 고백이 따랐다. 그처럼 무서운 우렛소리-불과 함께 쏟아지는 우박 앞에서 바로 역시 두려워했음이 틀림없었을 것이다.

바로는 우박을 그치게 하면 이스라엘 자손을 보내겠다고 약속했다 (9:28). 모세가 손을 펴자 그렇게 무섭던 우박이 그쳤다. 그러나 바로는 이번에도 그의 약속을 어기고 완악한 마음으로 이스라엘 자손을 내보내지 않았다 (9:34-35). 그는 또 한 번 거짓말을 한 것인데, 벌써 두 번째 거짓말이다. 한 번 거짓말했던 바로는 조금도 주저하지 않고 다시 거짓말을 한 것이다. 그는 거짓말의 아비인 마귀의 행보를 따르는 마귀의 자녀이자 거짓의 자녀였다 (요 8:44).

5. "장정만 가라"

여덟 번째 재앙은 메뚜기 재앙인데, 바로에 관한 한 그 재앙은 다른 재앙들과 다른 점이 있었다. 그때까지는 재앙을 당하면 바로가 거짓말을 하든지 아니면 타협안을 내놓았다. 그러나 이번에는 재앙이 닥치기 전에 바로가 타협안을 내놓았다. 모세와 아론이 바로에게 "내 백성을 보내라; 그들이 나를 섬길 것이라"고 그동안에 했던 요구를 반복하면서, 엄청난 경고를 날렸다. 그 경고는 메뚜기를 보내어 애굽 땅을 덮게 하겠다는 것이다.

모세의 경고를 그대로 옮겨보자: "메뚜기가 지면을 덮어서 사람이 땅을 볼 수 없을 것이라! 메뚜기가 네게 남은 그것 곧 우박을 면하고 남은 것을 먹으며, 너희를 위하여 들에서 자라나는 모든 나무를 먹을 것이며, 또 네 집들과 네 모든 신하의 집들과 모든 애굽 사람의 집들에 가득하리니…" (10:5-6a). 이 경고가 던져지자, 바로는 하나님께서 경고하신 대로 재앙을 내리실 것을 알았다. 지금까지 한 번도 예외 없이 그랬으니 말이다.

거기다가 이번에는 바로의 신하들이 들고일어나면서 이렇게 말했다. "바로의 신하들이 그에게 말하되, '어느 때까지 이 사람이 우리의 함정이 되리이까? 그 사람들을 보내어 그들의 하나님 여호와를 섬기게 하소서! 왕은 아직도 애굽이 망한 줄을 알지 못하시나이까?'" (10:7). 그 신하들은 그렇게 강변했을 뿐 아니라, "모세와 아론을 바로에게로 다시 데리고 왔다" (10:8a). 완강한 바로는 자신의 권위를 앞세웠지만, 신하들은 실제 상황을 있는 그대로 인정했다.

바로는 다시 타협안을 제시했는데, "너희 장정만 가서 여호와를 섬기라"는 것이었다 (10:11). 그러니까 이스라엘 백성을 대표하는 남자들만 가서 여호와를 섬기며 제사를 드리라는 것이다. 장정들은 사흘 길도 금방 갔다가 올 수 있는 건장한 사람들이었다. 그러니까 바로는 빨리 가서 제사를 지내고 빨리 돌아오라는 타협안이었다. 그뿐 아니라, 그 장정들은 처자를 위해 돌아오게 되어있다. 만일 돌아오지 않는다면, 여자만의 이스라엘은 결국 사라질 것이다.

그토록 영특한 바로였지만, 그와 그 나라에 임한 메뚜기 떼는 감당할 수 없었다. 그 정황을 하나님의 말씀은 이렇게 묘사한다: "메뚜기가 온 땅을 덮어 땅이 어둡게 되었으며, 메뚜기가 우박에 상하지 아니한 밭의 채소와 나무 열매를 다 먹었으므로, 애굽 온 땅에서 나무나 밭의 채소나 푸른 것은 남지 아니하였더라" (10:15). 바로의 신하들이 말한 대로 애굽은 망한 것이나 다름없었다. 그렇지만 바로는 이스라엘 자손을 내보내지 않았다.

6. "양과 소는 머물리라"

바로는 하나님의 여러 가지 재앙에도 불구하고 이스라엘 자손을 보내지 않으려고 안간힘을 다했다. 그런 고민 끝에 바로는 또 타협안을 내놓았다. 그는 마지막으로 타협안을 제시했는데, 흑암 재앙이 애굽을 덮쳤을 때였다. 삼 일이나 지속한 흑암은 문자 그대로 죽음과 지옥을 방불하게 했다. 바로의 타협안은 영특하면서도 대단히 간교했는데, 곧 "너희는 가서 여호와를 섬기되, 너희의 *양과 소는 머물러 두고 너희 어린 것들은 너희와 함께 갈지니라*" (10:24).

이스라엘 백성은 시내산에서 하나님과 언약을 맺고, 하나님의 백성이 될 예정이었다. 그런데 그 언약에는 반드시 소나 양의 피가 있어야 했다. 그렇게 피를 흘린 소로 번제와 화목제를 드리고, 그 피를 이스라엘 백성에게 뿌려야 했다. 그리할 때 하나님과의 언약이 성사되어 그들이 하나님의 백성이 되고, 하나님은 그들의 하나님이 되신다. 그런 이유로 그 피를 *언약의 피*라고 하는데, 한마디로 말해서 피가 없으면 언약은 성사되지 않는다 (24:5-8).

따라서 '양과 소'는 두고 가라는 바로의 타협안은 이스라엘 자손이 가서 하나님을 섬기기는 하되, 제사는 드리지 말라는 것이었다. 만일 그들이 하나님께 제사를 드리지 못한다면, 그들은 하나님과 아무런 관계도 맺지 못하고 광야를 떠도는 신세가 될 것이며, 끝내는 이 지구상에서 사라지게 될 것이다. 그러나 모세는 그처럼 간교한 타협안을 일언 지하에 물리치면서 하나님 편에 섰다 (10:25-26). 이제 마지막 재앙을 통해 바로를 완전히 굴복시킬 것이다.

Exploring Exodus

6장

마지막 재앙

Exploring Exodus

1. 경고

　마지막 재앙, 곧 열 번째 재앙은 특별했는데, 바로로 하여금 항복을 선언하게 만든 재앙이었을 뿐 아니라 이스라엘 자손이 마침내 애굽을 떠날 수 있게 한 재앙이었기 때문이다. 그와 같은 이중적인 의미 때문에 하나님께서 그 재앙을 통해 애굽의 바로와 그 백성에게 던지시는 경고도 특별했고, 이스라엘 자손에게는 그 재앙을 피할 수 있는 길을 알려주셨기에 특별했다. 그 길은 바로 어린 양의 죽음이었는데, 그 죽음을 통해서만 그들은 열 번째 재앙을 넘길 수 있었기 때문이다.

　모세가 바로에게 던진 경고는 간결하고도 분명했는데, 그 경고를 들어보자. "모세가 바로에게 이르되, 여호와께서 이와 같이 말씀하시기를 밤중에 내가 애굽 가운데로 들어가리니, 애굽 땅에 있는 모든 처음 난 것은 왕위에 앉아 있는 바로의 장자로부터 맷돌 뒤에 있는 몸종의 장자와 모든 가축의 처음 난 것까지 죽으리니, 애굽 온 땅에 전무후무한 큰 부르짖음이 있으리라" (출 11:4-6). 물론 이 경고는 하나님께서 모세를 통하여 보내신 것이다.

　이 경고에는 엄청난 것들이 들어있다. 우선, 여호와 하나님께서 직접 심판의 칼을 휘두르시겠다는 것이다. "…*내가 애굽 가운데로 들어가리니*…." 그때까지 아홉 번의 재앙은 하나님께서 직접 내리지 않고 간접적으로 내리신 재앙들이었다. 대부분은 작은 벌레들,

곧 눈에 보이는 개구리, 이, 파리, 메뚜기를 이용하셨는가 하면, 눈에 보이지 않는 미생물을 이용하여 돌림병과 악성 종기를 일으키셨다. 그러나 마지막 재앙은 하나님께서 손수 실행하시겠다는 것이다.

그다음, 하나님은 '밤중에' 애굽으로 들어가시겠다는 것이다. 이 말씀에서 '밤'은 자정을 가리키는데, 가장 깜깜한 시간이다. 모세는 '밤'을 세 번씩이나 반복하면서 (11:4, 12:12, 12:29) 밤과 죽음을 연결한 것 같다. 그렇다! 애굽 사람들의 죽음은 대낮에 일어난 것이 아니라, 어두움과 고통을 상징하는 깜깜한 밤에 일어났다. 그러나 대부분의 애굽 사람들이 깊이 잠든 시간에 죽음이 임한 것은 그만큼 죽음의 고통을 덜어주시려는 하나님의 은혜인지도 모른다.

그 경고에 들어있는 세 번째의 내용이 핵심이었다; "모든 처음 난 것은 왕위에 앉아 있는 바로의 장자로부터 맷돌 뒤에 있는 몸종의 장자와 모든 가축의 처음 난 것까지 죽으리니…" (11:5). 위로는 왕으로부터 아래로는 몸종에 이르기까지 예외 없이 '모든 처음 난 것'은 모두 죽는다는 경고였다. 몸종도 이스라엘 사람들의 고통을 즐거워했음이 분명하기에 재앙을 비켜 갈 수 없었고, 애굽 사람들이 신처럼 떠받들던 동물들도 역시 심판을 피할 수 없었다.

네 번째의 경고는 '온 땅에 전무후무한 큰 부르짖음'이 있겠다는 것이다. 밤중의 통곡은 애굽 전역을 흔들어놓았다. 가장 중요한 장자가 죽다니, '큰 부르짖음' 이외에는 달리 아무것도 할 수 없는 상황이었다. 그런데 그 '부르짖음'은 이스라엘 백성의 부르짖음을 상기시킨다. 이스라엘 백성은 나일강에 아들들이 던져져 죽임을 당하면서, 또 말할 수 없는 큰 고통을 당하면서, '부르짖었다' (3:7, 9). 이스라엘 사람들의 부르짖음이 끝나자, 애굽 사람들의 부르짖음이 시작되었다.

2. 유월절

모세는 바로에게 그처럼 엄중하게 경고했지만, 동시에 이스라엘 백성에게는 그들의 장자와 동물의 첫 새끼가 죽음의 재앙을 피할 수 있는 방편도 알려주셨다. 하나님의 백성이요 장자인 이스라엘 백성을 하나님께서 챙기시는 것은 너무나 당연했다. 그런데 하나님의 방편을 보면, 그분은 참으로 자상하시며 사랑이 가득한 분이심을 쉽게 알 수 있다. 그 이유는 분명한데, 그분이 알려주신 방편은 상세하면서도 쓸데없는 말은 하나도 들어있지 않았기 때문이다.

이스라엘 가족은 가족 당 어린 양 한 마리를 준비해야 했다. 그달 열흘에 양을 선택하라고 하나님께서 명하셨다. 두말할 필요도 없이 그달은 이스라엘 백성에게는 너무나 중요한데, 그달에 어린 양의 희생으로 그들이 애굽을 떠날 수 있었기 때문이다. 하나님은 그 해방의 달을 일 년의 첫 달로 삼으라고 명령하셨다. "이 달을 너희에게 달의 시작, 곧 해의 첫 달이 되게 하라" (12:2). 하나님께서 일구신 구원의 달이 국가적으로 이스라엘 나라의 시작이 되었다.

하나님은 가정마다 그 첫 달 10일에 양을 취하라고 하셨다. "이 달 열흘에 너희 각자가 어린 양을 잡을지니, 각 가족대로 그 식구를 위하여 어린 양을 취하되" (12:3). 이 명령은 하나님께서 애굽에 있는 이스라엘 사람들에게 처음으로 내리신 것이며, 또 그들이 처음으로 순종한 명령이었다. 마침 그날이 안식일이기에, 그날을 이스라엘 백성은 큰 안식일이라고 불렀다. 그리고 그렇게 취해서 준비한 어린 양은 14일 해 질 때에 죽임을 당했다 (12:6).

그런데 왜 그 양을 나흘 후에 죽였는가? 몇 가지 이유가 있는데, 첫째는 그 양에게 흠이 있는지 면밀하게 관찰하기 위해서였다. 하나님께서는 "너희 양은 흠 없고 일 년 된 수컷으로 하되, 양이나 염소 중에서 취하라"고 말씀하셨기 때문이다 (12:5). 둘째 이유는 애굽 사람들이 수컷 양을 아몬(Amon)이라는 막강한 신으로 섬겼기에, 종교적으로 정결하게 되는 날짜가 필요했다. 그 나흘 동안 양들이 소리쳐 울지만, 애굽 사람들은 조금도 손을 쓸 수가 없었다.

셋째로 그 양을 '해 질 때' 죽였는데, 그때는 애굽 사람들이 일터에서 돌아오는 시간이었다. 그들은 그들의 신들이 죽임을 당하는 것을 바라보기만 했다. 그들의 신이 참 신이 아니라는 사실을 두 눈으로 똑똑히 보았다. 또 그들의 신이 입에서 항문으로 석류나무 꼬챙이를 통과시켜 그 꼬챙이를 빙빙 돌려서 통째로 구워지는 것을 보기도 했다. 애굽 사람들이 그렇게 숭배하던 '신'들도 유일하신 하나님 앞에선 한낱 미물(微物)에 지나지 않음을 깨달았을 것이다.

유월절에서 가장 중요한 것은 어린 양의 피였다. 이스라엘 백성은 그 양의 피를 담은 그릇에 우슬초 묶음으로 "그 피에 적셔서 그 피를 문 인방과 좌우 설주에 뿌려야" 했다 (12:22). 그날 밤에 "여호와께서 애굽 사람들에게 재앙을 내리려고 지나가실 때, 문 인방과 좌우 문설주의 피를 보시면, 여호와께서 그 문을 넘으시고 멸하는 자에게 너희 집에 들어가서 너희를 치지 못하게 하실 것임이니라" (12:23).

그날 "밤에 애굽 땅에 두루 다니며 사람이나 짐승을 막론하고 애굽 땅에 있는 모든 처음 난 것을 다 치고 애굽의 모든 신을" 하나님께서 심판하셨다 (12:12). 그러나 하나님은 "피를 볼 때에 너희를 넘어가리니 재앙이 너희에게 내려 멸하지 아니하리라" (12:13). 이 하나님의 말씀에 "넘어가다"는 표현이 나오는데, 그 표현으로 인해 유월절逾越節이 생성되었다. 유월은 한자로서, 그 뜻은 "넘을 유逾"와 "넘을 월越"이다. 심판자가 피를 보고 넘어갔다는 뜻이다.

그렇게 죽음의 심판자가 그들의 집을 넘어갈 때, 이스라엘 사람들은 집안에서 유월절 식탁을 대하고 있었다. "그 밤에 그 고기를 불에 구워 무교병과 쓴 나물과 아울러 먹되, 날것으로나 물에 삶아서 먹지 말고 머리와 다리와 내장을 다 불에 구워 먹고, 아침까지 남겨두지 말며 아침까지 남은 것은 곧 불사르라" (12:8-10). '무교병과 쓴 나물'은 이스라엘 백성이 애굽에서 감수했던 고통과 괴로움을 기억하면서 먹어야 하는 음식들이었다 (1:14, 신 6:3).

이스라엘 백성은 급히 먹어야 했는데, 급히 먹기 위해 양을 불에 구웠는데, 그것이 가장 빠른 방법이었다. 삶으려면 시간과 물이 많이 필요했다. 누룩이 없는 무교병은 빨리 구워졌다. 쓴 나물은 흔해서 쉽게 구할 수 있었다. 이스라엘 백성은 떠날 준비를 하고 그렇게 급히 먹었다. '머리와 다리와 내장을 불에 구워 먹었는데', 애굽 사람들은 그들의 신이 그렇게 찢겨져서 먹히는 것을 보고도 어떻게 할 수가 없었다.

그 식탁에서 남은 것은 다음 날 아침에 불살라야 했는데, 유월절을 기념하는 날에는 하지 말고 다음 날 불사르라는 것이다. 만일 찌꺼기를 남겨두면 그 신성한 고기를 애굽 사람들이나 개들이 먹을 수 있기 때문이었다. 하나님께서는 먹는 방법만 알려주신 것이 아니라 자세도 알려주셨는데, 곧 "허리에 띠를 띠고, 발에 신을 신고, 손에 지팡이를 잡고 급히 먹어야" 했다 (12:11). 두말할 필요도 없이 그 자세는 언제라도 떠날 준비를 하면서 먹으라는 명령이었다.

3. 출애굽

하나님께서 애굽의 모든 처음 난 사람과 짐승 그리고 모든 신을 심판하신 후 (12:12), 이스라엘 백성은 마침내 애굽을 떠나게 되었다. 그 재앙의 밤에 바로는 모세와 아론을 불러서 이렇게 말했다; "너희와 이스라엘 자손은 일어나 내 백성 가운데에서 *떠나* 너희의 말대로 *가서* 여호와를 섬기며, 너희가 말한 대로 너희 양과 너희 소도 몰아가고, 나를 위하여 축복하라!" (12:31-32). 마침내 이스라엘 백성은 그렇게나 대망하던 대로, 애굽을 떠나게 되었다.

그날은 마침 니산월 15일이었는데, 유대인 학자 솔로몬 이삭 Solomon Isaac은 그날에 이삭이 태어났으며, 바로 그날에 창세기 15장에 언급한 대로 하나님께서 아브라함과 언약을 맺으셨다고 기록했다. 그날은 이스라엘 백성이 애굽에서 해방되어 자유를 누리며, 나라를 세우며, 하나님의 백성으로 탈바꿈하는 귀하고도 귀한 날이었다. 이스라엘 백성은 그날을 유월절 또는 무교절이라고 부르면서 절기를 지킨다.

야곱의 가족이 애굽으로 들어간 지 430년 만에 그 후손이 라암셋, 곧 고센을 떠나 숙곳에 이르렀는데, 장정만 육십만 가량이었다

(12:37). 노인들과 유아와 여자들을 합치면 적어도 이백만 내지 삼백만이나 되는 인구가 대거 애굽을 떠났다는 말이다. 그들이 출애굽한 밤을 '여호와의 밤'이라고 하면서, 이스라엘 백성은 그 날을 영원히 지키고 기념해야 했다 (12:42). 특히 이스라엘 백성은 그들의 조상이 애굽에서 당한 고통을 잊지 말아야 할 것도 하나님께서 당부하셨다.

그 부탁이 너무나 중요하기에 하나님께서 거듭거듭 말씀하셨는데, 방법은 무교절을 지키면서 기억하라는 것이다. 무교절은 이미 언급한 대로, 누룩이 들어가지 않은 떡을 먹는 절기이다. 그 떡은 이스라엘 백성이 애굽에서 당한 온갖 고통과 학대와 눈물을 상징하는 것으로 그것을 기억하면서 먹으라는 것이다. 니산월 14일, 곧 유월절 다음날부터 21일까지 일주일 동안 엄수하라는 명령이다. 이스라엘 백성 가운데 무교절을 지키지 않는 사람은 출애굽을 인정하지 않는 행위로 간주하여 엄한 심판을 받는데, 그 심판은 '이스라엘에서 끊어지게 된다'는 것이다 (12:15, 19).

이스라엘 백성이 출애굽할 때 빈손으로 나오지 않았는데, 하나님께서 아브라함에게 약속하신 대로였다. "…너는 반드시 알라 네 자손이 이방에서 객이 되어 그들을 섬기겠고 그들은 사백 년 동안 네 자손을 괴롭히리니, 그들이 섬기는 나라를 내가 징벌할지며, 그 후에 네 자손이 큰 재물을 이끌고 나오리라" (창 15:13-14). 그 약속대로 그들은 '큰 재물'을 애굽 사람들로부터 받아서 나왔는데, 하나님은 그 약속을 세 번씩이나 상기시키셨다 (3:22, 11:2, 12:35-36).

이스라엘 백성이 가지고 나온 은과 금, 그리고 갖가지 의복은 그들이 애굽 사람들의 종으로 살면서 노역한 수고의 대가로는 너무 적지만, 그래도 그들은 원하는 만큼 애굽 사람들로부터 받아서 가지고 나올 수 있었다. 그런데 이스라엘 백성이 광야를 지나면서 그 '큰 재물'을 사용할 곳은 마땅치 않았다. 한 군데가 있는데, 그것은 모세가 성막을 지을 때였다. 그 성막은 이스라엘 백성이 바친 패물과 의복 등으로 만들어졌기 때문이다.

그렇게 엄청난 출애굽을 가능하게 하신 여호와 하나님께서는 이스라엘 백성에게 유월절과 무교절을 지켜야 한다고 하셨다. 또 "태에서 처음 난 모든 것과 네게 있는 가축의 태에서 처음 난 것을 다 구별하여 여호와께 돌리라"고 명령하셨는데, 그 가운데 수컷은 모두 하나님의 소유였다 (13:12). 그렇게 말씀하신 이유도 분명한데, 애굽 사람들의 처음 난 아들과 수컷 동물이 죽을 때, 이스라엘의 아들들과 동물들은 살리셨기 때문이다. 그러므로 장자와 첫 새끼는 대속해야 했다.

그들은 장자와 첫 새끼를 대속해야 하는 사실을 '손의 기호와 미간의 표'를 붙여서 기억하라고 하셨다. 대속 뿐 아니라 출애굽을 가리키는 무교병의 절기도 역시 그렇게 해야 했다. 이스라엘의 백성은 그 두 가지 사실을 기록해서 머리와 팔에 붙이고, 그리고 왼손에 써야 했다 (13:9). 그 기록을 읽어주면서 자녀들에게 "여호와께서 그 손의 권능으로 우리를 애굽에서 인도하여 내셨음이니라"고 설명해야 했다 (13:16). 그 기적만큼 중대한 것이 없기 때문이다.

장자를 대속해야 하는 것처럼, '나귀의 첫 새끼도 다 어린 양으로 대속해야' 했다 (13:13). 이스라엘 자손이 애굽을 떠날 때, 유아들과 많은 재물을 운반하면서 나귀를 사용했다. 그들이 의지해야 할 나귀는 부정한 동물이기에 (레 11:2-7), 반드시 대속해야 했다. 그렇지 않으면 나귀는 하나님께 속한 동물이 아니기에 죽여야 했다. 그러나 어린 양으로 대속해서 나귀를 살게 하므로 애용할 수 있었다.

4. 유월절을 지키라!

이스라엘 백성에게 유월절은 해방을 의미하며 동시에 나라의 시작인 만큼 말할 수 없이 중요했다. 유월절을 통해 그들을 구원해내신 하나님께도 중요한 날임이 틀림없다. 그렇게 중요한 유월절을 이스라엘 백성과 후손은 절대로 망각해서는 안 되었다. 그런 까닭에 이스라엘 백성이 유월절을 처음 지켜서 구원받은 당일에 이런 명령을 주셨다. "너희는 이 날을 기념하여 여호와의 절기를 삼아 영원한 규례로 대대로 지킬지니라" (12:14).

따라서 이스라엘 백성은 유월절의 절기를 잊지 않고 대대로 지켰는데, 첫 번째는 두말할 필요도 없이 유월절 예식을 시작한 바로 그 날이었다. 이스라엘 백성이 두 번째로 유월절을 지킨 것은 그다음 해에 그들이 시내 광야에 있을 때였다. 그 사실을 하나님의 말씀으로 확인하자:

"애굽 땅에서 나온 다음 해 첫째 달에 여호와께서 시내 광야에서 모세에게 말씀하여 이르시되, 이스라엘 자손에게 유월절을 그 정한 기일에 지키게 하라. 그 정한 기일 곧 이 달 열넷째 날 해 질 때에 너희는 그것을 지키되 그 모든 율례와 그 모든 규례대로 지킬지니라. 모세가 이스라엘 자손에게 명령하여 유월절을 지키라 하매, 그들이 첫째 달 열넷째 날 해 질 때에 시내 광야에서 유월절을 지켰으되, 이스라엘 자손이 여호와께서 모세에게 명령하신 것을 다 따라 행하였더라"(민 9:1-5).

이스라엘 백성이 세 번째로 유월절을 지킨 것은 그들이 마침내 가나안 땅에 이르렀을 때였는데, 그곳은 길갈이었다. "그 달 십사일 저녁에는 여리고 평지에서 유월절을 지켰으며, 유월절 이튿날에 그 땅의 소산물을 먹되 그 날에 무교병과 볶은 곡식을 먹었더라"(수 5:10-11). 그 후 이스라엘 백성은 전쟁을 통해 땅을 점령하며, 끊임없이 적군과 우상과 싸우면서 오랫동안 유월절을 지키지 못했다.

그때 등장한 왕이 히스기야였는데, 그는 영적으로 쇠락한 나라를 율법으로 다시 일으키면서 유월절을 지켰다. 그러니까 히스기야 왕이 온 백성에게 예루살렘으로 모여서 유월절을 지키게 했는데, 그렇게 지킨 것은 네 번째였다. "히스기야가 온 이스라엘과 유다에 사람을 보내고 또 에브라임과 므낫세에 편지를 보내어 예루살렘 여호와의 전에 와서 이스라엘 하나님 여호와를 위하여 *유월절*을 지키라 하니라"(대하 30:1).

유다 나라의 영적 상태는 통치자에 따라 올라갈 수도 있고 내려갈 수도 있었다. 그들이 영적으로 한 참 내려갔을 때, 요시야 왕이 나타났다. 그 왕은 허물어져 가는 성전을 수리하게 하고, 우상의 제단들을 허는 등 영적으로 회복하기 위해 많이 노력하면서 놓치지 않고 유월절을 다시 지키게 했다. "요시야가 예루살렘에서 여호와께 유월절을 지켜 첫째 달 열넷째 날에 *유월절* 어린 양을 잡으니라"(대하 35:1). 이것은 이스라엘 백성이 지킨 다섯 번째였다.

여섯 번째 유월절을 지킨 것은 유다가 멸망한 후, 남은 자들이 예루살렘으로 돌아왔을 때였다. 그 당시 지도자는 에스라였는데, 그의 영적 지도력으로 예루살렘으로 돌아온 유대인들은 감격하면서 유월절을 지켰다. "사로잡혔던 자의 자손이 첫째 달 십사일에 유월절을 지키되…즐거움으로 이레 동안 무교절을 지켰으니 이는 여호와께서 그들을 즐겁게 하시고"(스 6:19, 22). 그들은 70년 만에 고국에 돌아와서 즐거움으로 무교절을 7일 동안 지켰다.

일곱 번째 유월절을 지킨 것은 신약에 들어와서였다. 유대인들은 해마다 유월절을 지켰는데, 그것을 가장 정확하게 알려주는 곳은 요한복음이다. 예수 그리스도는 3년의 공생애 기간에 유월절을 세 번 지키셨다 (요 2:23, 6:4. 14:1). 마침내 그분은 유월절에 유월절의 양으로 십자가에서 죽으셨다. 그렇게 죽으심으로 출애굽 이후에 이어진 유월절은 끝이 났다. 이제부터는 율법적으로 유월절을 지키는 것이 아니라, 예수 그리스도의 대속적 죽음을 기억하며 지키기 때문이다.

구속사적 조명 ④

어린 양

하나님께서는 유월절에 애굽의 왕은 물론 애굽 백성의 모든 장자와 동물의 첫 새끼를 죽이셨다. 그렇지만 이스라엘 백성에게는 손을 대지 않으셨는데, 그 방편은 어린 양의 피였다. 하나님께서는 그들에게 어린 양을 죽여서 그 피를 문 인방과 좌우 설주에 뿌리라고 명하셨는데, 그 이유는 죽음의 천사가 애굽 사람들을 죽일 때 문에 뿌린 피를 보면, 그 집에는 손을 대지 않고 넘어갈 것이기 때문이다. 이처럼 의미 깊은 어린 양에 대한 말씀을 인용해보자:

"…이 달 열흘에 너희 각자가 *어린 양*을 잡을지니, 각 가족대로 그 식구를 위하여 *어린 양*을 취하되, 그 *어린 양*에 대하여 식구가 너무 적으면 그 집의 이웃과 함께 사람 수를 따라서 하나를 잡고, 각 사람이 먹을 수 있는 분량에 따라서 너희 *어린 양*을 계산할 것이며, 너희 *어린 양*은 흠 없고 일 년 된 수컷으로 하되 양이나 염소 중에서 취하고, 이 달 열나흗날까지 간직하였다가 해 질 때에 이스라엘 회중이 그 양을 잡고, 그 피를 양을 먹을 집 좌우 문설주와 인방에 바르고" (출 12:3-7).

이 인용문에서 일곱 번이나 나오는 일 년 된 수컷 양은 어린 양이 아니라, 성체成體를 가진 다 자란 양이었다. 그런데 그런 양을 어린 양이라고 한 것은 아직 교미하지 못했기 때문이었다. 이스라엘 사람들은 건실한 새끼를 얻기 위해 일 년이 지난 양에게만 교미를 허용했다. 여하튼 그 어린 양의 피 때문에 이스라엘 백성은 죽음을 면했을 뿐 아니라, 해방과 자유를 쟁취하였고 또 한 국가로 탄생하게 되었다.

그런데 바울 사도는 그 유월절의 어린 양이 바로 예수 그리스도라고 다음과 같이 묘사했다. "너희는 누룩 없는 자인데 새 덩어리가 되기 위하여 묵은 누룩을 내버리라; 우리의 *유월절 양 곧 그리스도께서 희생되셨느니라*"(고전 5:7). 이스라엘 백성이 어린 양의 희생으로 출애굽이란 구원을 얻은 것처럼, 예수 그리스도가 성체가 되어 죽으시므로, '우리', 곧 죄인들이었던 '우리'가 구원을 얻었을 뿐 아니라, '새 덩어리'가 된 것이다.

이 말씀에서 '새 덩어리'는 새롭게 탄생한 신앙 공동체를 가리키는데, 달리 말하면 교회를 가리킨다. 물론 '새 덩어리'는 새롭게 빚어진 떡을 가리키는데, 밀가루 같은 사람들이 예수 그리스도의 희생을 받아들이는 순간, 그 떡 덩어리에 붙어서 '새 덩어리'가 된 것이다. 달리 표현하면, 지체들이 모여서 한 몸을 이룬 것이다. 그것도 어린 양의 피로 인해 가능했는데, 이스라엘 백성은 개인이 아니라 가족 내지 작은 공동체를 위해 어린 양이 죽었기 때문이다.

이스라엘 백성이 어린 양의 피를 문에 뿌리고 그 양의 고기를 함께 먹을 때, 그들은 피로 맺어진 신앙 공동체가 된 것이다. 그들은 이제부터 삶과 죽음을 나누는 그래서 떼려야 뗄 수 없는 관계로 들어갔다. 마찬가지로 예수 그리스도의 피로 죄를 용서받아 구원받은 그리스도인들은 '새 덩어리'가 되어, 서로 사랑의 교제를 나눌 뿐 아니라 함께 살고 함께 죽는 특별한 신앙 공동체로 들어간 것이다.

유월절의 어린 양은 '흠'이 없어야 했는데, '우리의 유월절 양인 예수 그리스도'도 흠이 없는 완전한 분이셨다. 그분에 대한 베드로의 묘사를 인용해보자; "너희가 알거니와 너희 조상이 물려 준 헛된 행실에서 대속함을 받은 것은 은이나 금 같이 없어질 것으로 된 것이 아니요, 오직 *흠 없고 점 없는 어린 양* 같은 그리스도의 보배로운 피로 된 것이니라" (벧전 1:18-19). 유월절의 어린 양이 예수 그리스도의 모형이라는 사실을 쉽게 이해하게 하는 말씀이다.

세례 요한이 예수님을 가리키면서 외친 것은 참으로 당연한 말이었다. "이튿날 요한이 예수께서 자기에게 나아오심을 보고 이르되, '보라! 세상 죄를 지고 가는 하나님의 어린 양이로다'" (요 1:29), 그는 한 번만 그렇게 외친 것이 아니라 반복해서 외쳤다, "예수께서 거니심을 보고 말하되, '보라! 하나님의 어린 양이로다!'" (요 1:36). 그러니까 유월절의 어린 양이 앞으로 오실 예수 그리스도의 모형이었다는 사실을 세례 요한, 베드로, 바울 등이 언급했다.

이스라엘 백성은 "…그 고기를 불에 구워 *무교병과 쓴 나물과 아울러 먹어야*" 한 것처럼 (12:8), 그리스도인들도 '새 덩어리가 되기 위하여 누룩을 버려야' 한다. 누룩은 두말할 필요도 없이 악을 가리키기도 한다. 이스라엘 백성이나 그리스도인들이나 똑같이 죄와 악을 멀리하면서 거룩한 삶을 영위해야 한다. 이스라엘 백성이 어린 양의 피를 통해 거룩하신 하나님의 백성이 된 것처럼, 그리스도인들도 그분의 피로 거룩하신 하나님의 백성이 되었기 때문이다.

유월절의 어린 양이 예수 그리스도의 모형인 것을 잘 알려주는 것은 그분이 유월절에 죽음을 택하셨기 때문이다. 실제로 그분은 죽기 전날 밤 제자들과 성만찬을 나누시면서 그분의 몸과 피라고 하시면서 당신의 죽음을 유월절 어린 양의 죽음처럼 묘사하셨다. 사복음서는 모두 예수 그리스도의 죽음을 유월절에 일어난 사건으로 묘사하고 있다. 그렇다! 유월절의 어린 양은 여러모로 예수 그리스도의 모형이었다.

그분을 특별히 사랑한 사도 요한은 예수 그리스도를 어린 양이라고 요한계시록에서 29번이나 언급한다 (한글성경에서는 대명사를 번역하므로 31번이 되었다). 그 이유는 분명하다. 그분이 초림주로 오셨을 때는 죽음을 맛보신 분이었지만, 재림주로 오실 때는 더는 유약한 어린 양이 아니다. 모든 대적자와 악령들을 심판하시는 막강한 어린 양으로 오신다는 사실을 강조하기 위해 그분을 '일곱 뿔과 일곱 눈과 일곱 영'을 가진 어린 양으로 묘사했다 (계 5:6).

Exploring Exodus

7장

최후의 장벽

Exploring Exodus

1. 홍해로!

이스라엘 자손은 "담대히 애굽을 떠났다!" (출 14:8). 하나님은 그들을 애굽에서 건져내신 후 세밀하게 인도하기 시작하셨다. "바로가 백성을 보낸 후에 블레셋 사람의 땅의 길은 가까울지라도 하나님께서 그들을 그 길로 인도하지 아니하셨으니, 이는 하나님께서 말씀하시기를 이 백성이 전쟁을 하게 되면 마음을 돌이켜 애굽으로 돌아갈까 하셨음이라" (13:17). 라암셋에서 블레셋 사람의 땅은 가까운 거리로는 10~14일 정도밖에 걸리지 않는 곳이었다.

그러나 그 길에는 요새화된 성들이 즐비했으며, 성채에서 군인들이 몰려나온다면 그동안 엄한 노동과 목축에 전념하던 이스라엘 백성으로선 감당할 수 없는 길이 되었을 것이다. 그들은 그 성채에서 몰려나오는 군인들과 전쟁할 수 없었다. 이스라엘 사람들의 이런 형편을 너무나 잘 아시기에 하나님께서는 그 길로 인도하지 않으셨다. 하나님께서는 많은 전쟁을 치르지 않고도 통과할 수 있는 안전한 길로 인도하셨는데, 그게 바로 남쪽으로 가는 홍해 길이었다.

하나님께서 그렇게 돌아가게 하신 그럴만한 목적이 있었다. 첫째는 그들이 애굽으로 돌아가지 않게 하기 위함이었다. 둘째, 그들을 광야로 인도하시는 하나님을 따르게 하기 위함이었다. 셋째, 그들로 홍해를 통과하게 하시기 위함이었다. 넷째, 하나님께서 그들을 위하여 만나와 메추라기를 보내게 하시기 위함이었다. 다섯째, 뜨거운 사막을 지나는 어려운 여정을 도우시기 위함이었다. 결론적으로 그런 기적들을 통해 그들이 하나님을 온전히 신뢰하게 함이었다.

하나님께서 이스라엘 백성을 어떤 길로 인도하셨는지 지도로 보자:

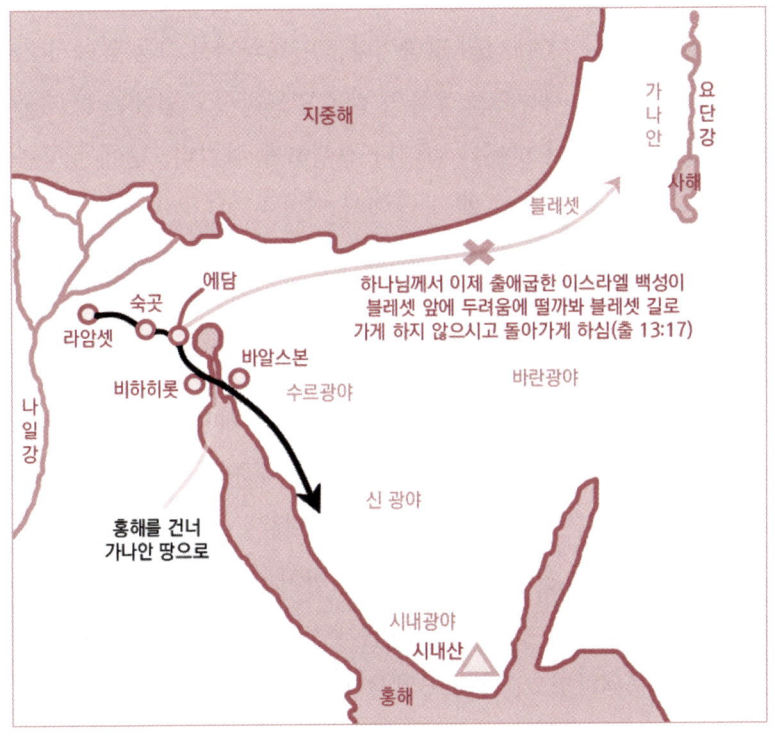

출애굽의 노정

고센, 곧 라암셋을 떠나서 24km쯤 내려와서 장막을 친 곳은 숙곳인데 (12:37), 그곳에서 니산월 15일 밤을 보냈다. 다음 날, 곧 16일에 32km쯤 가서 장막을 친 곳은 에담이었다 (13:20). 다음 날 에담에서 가까운 '비하히롯으로 돌아가서 믹돌 앞에 진을 쳤다' (민 33:7). 그곳에 있는 바닷가에서 이스라엘 백성은 홍해 건너편에 있는 바알스본을 멀리 볼 수 있었는데, 그다음 날, 곧 17일에 이스라엘 백성은 홍해를 건너 바알스본의 바닷가에 이르렀다.

그렇다면 하나님은 어떤 방법으로 이스라엘 백성을 그렇게 인도하셨는가? 그 방법은 출애굽에 버금가는 기적으로, 구름 기둥과 불 기둥의 인도였다. 하나님의 말씀이다. "여호와께서 그들 앞에서 가시며 낮에는 구름 기둥으로 그들의 길을 인도하시고 밤에는 불 기둥을 그들에게 비추사 낮이나 밤이나 진행하게 하시니, 낮에는 구름 기둥, 밤에는 불 기둥이 백성 앞에서 떠나지 아니하니라"(13:20-21). 그것은 하나님의 임재인데, 출애굽기에 두 번째 나타난 *쉐키나*였다.

하나님께서 그렇게 한 걸음씩 인도하지 않으셨다면, 어떻게 이스라엘 자손이 알지도 못하는 미지의 땅 숙곳과 에담에 장막을 칠 수 있었으며, '비하히롯 곁 해변'에 장막을 칠 수 있었겠는가? (14:9). 그들이 그렇게 바닷가에 장막을 쳤기에 그들은 쉽게 홍해에 이르러 그 바다를 건널 수 있었다. 그들을 거기까지 인도한 구름/불 기둥은 둘이 아니라 하나이며, 하나님 자신이었다. 그 하나님께서 이스라엘 자손을 구원하셨고, 그리고 앞서가시면서 그들을 인도하셨다.

2. 홍해 앞에서!

그렇게 오랫동안 노예로 부렸던 이스라엘 백성이 애굽을 떠나자, '바로와 그의 신하들의 마음이 변했다'(14:5). 하나님의 재앙이 더는 없을 것으로 착각했기 때문이다. 당장 재앙은 보이지 않아도 10가지 재앙을 부으신 하나님께서 이스라엘 백성을 인도하시는데도 말이다. 바로는 막강한 군대를 동원했는데, 600대의 병거, 마병, 군대 등 모든 병거를 동원하여 지휘관들과 함께 이스라엘 백성을 추격하기 시작했는데 (14:6-9), 그것은 하나님을 대적한 행위였다.

그런데 바로의 행위는 하나님의 의중 안에서 이루어진 것이다. 하나님은 세 번씩이나 '바로의 마음을 완악하게' 하셨다고 분명히 선언하셨다 (14:4, 8, 17). 그렇게 하신 목적도 분명했는데, 첫째는 바로를 심판하기 위해서였고, 둘째는 '애굽 사람들이 나를 여호와인 줄 알게' 하기 위해서였다 (14:4, 18). 애굽 사람들은 그렇게 오랫동안 이스라엘 사람들을 부리면서 그들은 물론 그들이 섬기는 하나님도 무시했다. 그러나 마침내 그들은 그 하나님을 알게 되었다.

그런 하나님의 뜻을 모르는 이스라엘 자손은 그들을 추격해 오는 바로의 군대를 보고 '심히 두려워하면서' 여호와께 부르짖었을 뿐 아니라, 모세에게 항의하면서 차라리 애굽에서 애굽 사람들의 종노릇하는 것이 훨씬 좋았을 것이라고 했다 (14:10-12). 그처럼 놀라운 하나님의 큰 능력과 구원을 경험했을 뿐 아니라, 거기까지 그들의 역사에서 한 번도 없었던 구름/불 기둥의 인도를 경험하고서도, 그렇게 항변하다니 있을 수 없는 일이었다.

유대인 학자인 바야[Bahya]는 애굽 군대가 추격해 오는 것을 보면서 이스라엘 백성이 다음과 같이 네 그룹으로 나뉘어서 각기 달리 반응했다고 기록했다. 첫째 그룹은 하나님께 울면서 소리를 질렀다. 둘째 그룹은 "애굽 사람들과 싸우자"고 용감하게 나섰다. 셋째 그룹은 "애굽으로 돌아가자"고 했다. 넷째 그룹은 큰 소리로 하나님께 기도했다. 이스라엘 자손이 이처럼 사분오열로 한마음이 되지 못했지만, 하나님은 수수방관만 하지 않으셨다.

구원의 하나님은 동시에 보호의 하나님이시기에 그런 항변에도 불구하고, 당신의 백성이요 장자인 그들을 위해 다시 역사하기 시작하셨다. 모세는 다시 하나님께서 펼치실 구원의 역사를 선포했다. "너희는 두려워하지 말고 가만히 서서 여호와께서 오늘 너희를 위하여 행하시는 구원을 보라; 너희가 오늘 본 애굽 사람을 영원히 다시 보지 아니하리라. 여호와께서 너희를 위하여 싸우시리니, 너희는 가만히 있을지니라"(14:13-14).

실제로 이스라엘 백성은 홍해와 애굽 군대 사이에 샌드위치처럼 갇히게 되었다. 하나님께서 개입하지 않으시면, 이스라엘 백성은 그처럼 영광스러운 출애굽을 경험한 후, 홍해 앞에서 애굽 군인들에게 몰살당할 처지였다. 이제 이스라엘 백성이 몰살당하든지, 그들이 그 죽음에서 건짐을 받으려면 애굽 군대가 몰살당하든지, 둘 중 하나는 전멸할 수밖에 없는 형편이었다. 그런데 모세의 말에 의하면, '여호와께서 너희를 위하여 싸우시겠다'는 것이다.

'여호와께서 싸우시겠다'는 모세의 말은 어떤 의미를 포함하고 있는지 알아보자. 다음과 같이 다섯 가지 의미를 찾을 수 있을 것이다: 첫째, 하나님께서는 두려움을 쫓아내실 뿐 아니라, 두려워하는 자들을 위로하신다. 둘째, 하나님께서는 곤궁에 처한 자들을 건지신다. 셋째, 하나님께서는 당신의 백성이 당신을 신뢰하라고 하신다. 넷째, 하나님께서는 위험을 제거하신다. 다섯째, 하나님께서는 악한 세력과 손수 싸우시는 용사이시다.

여호와께서 어떻게 싸우셨는지 알아보자. 애굽 군대가 더는 이스라엘 백성에게 접근하지 못하도록, "이스라엘 진 앞에 가던 하나님의 사자가 그들의 뒤로 옮겨 가매, 구름 기둥도 앞에서 그 뒤로 옮겨 애굽 진과 이스라엘 진 사이에 이르러 서니, 저쪽에는 구름과 흑암이 있고, 이쪽에는 밤이 밝으므로, 밤새도록 저쪽이 이쪽에 가까이 못하였더라" (14:19-20). 불 기둥은 이스라엘 백성에게 빛을, 구름 기둥은 애굽 백성에게 흑암을, 각각 주었다.

3. 홍해를 건너서!

하나님께서는 일찍이 모세에게 바로의 완악한 마음 때문에 '내가 애굽 땅에서 나의 기적을 더하리라'고 말씀하신 바 있었다 (11:9). 원어에 의하면 '기적'은 단수가 아니라 복수로서 많은 기적을 뜻한다. 애굽 땅의 경계선인 홍해에서 많은 기적을 더하시겠다는 약속이었다. 그 말씀대로 하나님은 홍해 앞에서 그리고 홍해를 가르시면서 기적에 기적을 더하셨다. 그 목적도 분명했는데, 이스라엘 자손으로 애굽과 영원히 분리된 독립 국가로 탄생시키기 위함이었다.

첫 번째 기적은 위에서 언급한 것처럼, 애굽 군대가 이스라엘 백성에게 접근하지 못하도록 구름 기둥이 그들 사이를 밤새도록 막은 기적이었다. 두 번째 기적은 "모세가 바다 위로 손을 내밀매…큰 동풍이 밤새도록 바닷물을 물러가게 하여, 물이 갈라져 바다가 마른 땅이 된" 기적이었다 (14:21). 세 번째 기적은 "이스라엘 자손이 바다 가운데를 육지로 걸어가고, 물은 그들의 좌우에 벽이 된" 기적이었다 (14:22). 기적이 두 가지나 더 있는데, 인용해보자.

네 번째 기적은 애굽 군대를 어지럽게 하시어 그들의 병거 바퀴를

벗겨서 달리기가 어렵게 하신 기적이었다 (14:24-25). 다섯 번째 기적은 "모세가 곧 손을 바다 위로 내밀매…바다의 힘이 회복되어…애굽 사람들이 모두 물에 빠져 죽게 한 기적이다" (14:27-28). 그와 같은 연속적인 기적이 없었다면 이스라엘 백성은 홍해 앞에서 애굽의 막강한 군대에 의하여 몰살되었거나, 혹시 살아남은 사람들은 다시 애굽으로 끌려가 영원히 종이 되었을 것이다.

이스라엘 백성이 출애굽할 때, "최후의 장벽"은 두말할 필요도 없이 홍해였다. 그 마지막 장벽을 사랑과 거룩의 하나님께서 개입하셔서, 한편 이스라엘 백성을 구원하셨고 또 한편 애굽 군대를 몰살시키셨다. 하나님께서는 이스라엘 백성을 사랑하셨고, 애굽 군대는 가차 없이 심판하심으로 당신의 거룩한 성품을 여지없이 드러내셨다. 홍해는 "최후의 장벽"이었지만, 그 장벽을 무너뜨림으로 이스라엘 자손은 성공적으로 출애굽을 마무리할 수 있었다.

고르^{Gore}가 인용한 유대인 학자들의 출애굽기 주석에 의하면, 홍해의 기적을 10가지라고 했다. 그 10가지는 10가지 재앙을 연상시키는데, 그 기적으로 하나님의 권능이 애굽과 이스라엘 백성에게 보였다. 또 그 당시 세상 사람들도 그 역사를 듣고 전전긍긍하였다. 여리고의 라합의 말이다. "…우리가 너희를 심히 두려워하고 이 땅 주민들이 다 너희 앞에서 간담이 녹나니, 이는 너희가 애굽에서 나올 때에 여호와께서…홍해를 마르게 하신 일과…" (수 2:9-10).

유대인 학자들이 제시한 홍해에 관한 10가지 기적은 다음과 같다: 첫째, 바다가 갈라졌다. 둘째, 물이 이스라엘 백성을 위해 동굴과 지붕처럼 되었는데, 그들은 물 사이를 걸어갔다. 셋째, 밑바닥의 물이 말라서 이스라엘 백성은 그들의 발을 더럽히거나 진창에 빠지지 않고 갈 수 있었다. 넷째, 애굽 군인들에게는 바닥이 더럽고 진흙탕이 되어 거기에 빠졌다. 다섯째, 이스라엘 백성에게는 물이 돌처럼 딱딱했고 굳었다. 나머지 다섯 가지 기적을 계속 인용해보자.

여섯째, 바다 전체가 한 번에 굳어지지 않고 차례로 점차적으로 굳어지면서 뾰족한 바위처럼 단단한 봉우리들이 만들어졌는데, 애굽 군인들에게는 그 봉우리들이 머리를 때렸다. 그 봉우리들은 자꾸만 쌓여서 큰 벽처럼 되었다. 일곱째, 바다는 열둘로 나뉘었는데, 지파마다 다른 길로 갔다. 여덟째, 물이 유리처럼 투명했는데, 그 지파들은 옆의 길에 있는 다른 지파의 사람들을 볼 수 있었다. 두 가지 기적을 더 인용하자.

아홉째, 바닷물이 이스라엘 자손이 마실 수 있도록 설탕처럼 달았다. 그리고 그들이 물을 마시고 나면 그 바닷물은 다시 굳고 단단해지므로, 그들은 발이 젖지도 않고 진흙탕에 빠지지도 않았다. 열째 기적은 그 물의 삼 분의 일만이 그 백성이 걸을 수 있도록 단단해졌다. 만일 모든 물이 단단해졌다면, 깊은 협곡이 생겨서 그들이 내려가고 올라오기가 쉽지 않았을 것이다. 그들이 걸어가는 물은 다리처럼 되어 쉽게 걸을 수 있었다.

여하튼, 홍해가 마른 것은 전무후무한 기적인데, 참으로 기적 중의 기적이라고 할 수 있다. 구약성경에 들어있는 모든 기적은 홍해의 기적과 비교하면 참으로 작은 것들이다. 마치 홍해의 기적이 주연이고 나머지 기적들은 조연인 것처럼 말이다. 그 기적에 버금가는 기적이 하나 있긴 있는데, 그것은 예수 그리스도가 십자가에서 죽으셨다가 삼 일만에 다시 살아나신 기적이다. 실제로 그 기적은 홍해의 기적을 능가하는, 그래서 인류의 역사를 바꾼 기적이다.

구속사적 조명 ⑤

기적의 책

천지를 창조하신 창조주가 세상에 개입하신 초자연적인 역사가 많고 많은데, 그런 것들이 바로 기적이다. 그렇다고 하나님은 닥치는 대로 기적을 일으키시는 분이 아니다. 그분은 분명한 목적을 가지고 기적을 베푸신다. 자연의 질서를 초월하는 기적을 일으키실 때는 반드시 목적이 있다. 위로는 하나님께서 능력을 과시하므로 그분이 자연과 과학을 초월하는 분이심을 계시하시고, 아래로는 그분의 사랑과 거룩을 자연스럽게 드러나게 하신다.

창세기에 기록된 바와 같이, 임신할 수 없었던 사라가 이삭을 낳은 것은 하나님의 사랑이 담긴 기적이었다 (창 21:2). 반면, 성적으로 타락한 소돔과 고모라를 심판하신 것은 그분의 거룩을 드러낸 기적이었다 (창 19장). 이처럼 하나님의 사랑과 거룩이 내재한 기적들을 통해 사람들은 하나님을 깊이 신뢰하게 된다. 그들은 자신의 필요를 하나님께서 채워주실 것을 믿게 되고, 세상의 불의가 결국 심판받게 될 것을 확신하게 된다.

출애굽기에는 하나님께서 행하신 많은 기적이 기록되어 있다 (출 11:10). 그 이유는 간단하다! 이스라엘 백성으로 하나님을 깊이 신뢰하게 하기 위함이었다. 그들의 나라가 우연이 세워진 것이 아니라, 기적을 통해 능력을 나타내신 하나님에 의해 세워졌다는 믿음을 심어주려는 것이었다. 이스라엘 백성이 애굽에 들어갔다가 나오는 모든 과정은 하나님의 기적 때문에 가능했다. 결국, 출애굽기는 기적의 책이라고 할 수 있다.

모세의 생존과 성장이 기적이 아니라고 할 수 있을까? 하나님께서 모세를 부르실 때는 타지 않는 떨기나무를 통해서였으며, 모세가 바로를 처음 대면했을 때도 지팡이와 손이 뱀과 나병으로 변하는 기적을 통해 하나님의 능력을 보이셨다. 출애굽이 가능토록 하나님은 10가지 재앙이라는 기적을 더하셨다. 이 재앙들은 이스라엘의 구원을 위한 사랑의 표현이었고, 바로와 애굽 백성에게는 하나님의 거룩과 심판을 나타낸 사건이었다.

10가지 재앙의 절정은 애굽의 장자와 동물의 첫 새끼를 죽이는 사건이었다. 그때도 하나님은 거룩과 사랑의 기적을 동시에 베푸셨다. 애굽 사람들에게는 하나님의 거룩을, 이스라엘 백성에게는 사랑을, 각각 나타내셨다. 애굽의 장자가 죽임을 당할 때 이스라엘의 장자가 죽음을 피할 수 있었던 것은 어린 양이 장자를 대신해서 죽었기 때문이다. 이 사건이 기적이 아니라면 도대체 무엇이 기적이겠는가?

이스라엘 백성이 마침내 애굽을 떠난 후, 하나님은 구름 기둥과 불 기둥으로 그들을 인도하셨다. 그러나 그들이 다다른 곳은 홍해였고, 앞에는 바다가, 뒤에는 애굽 군대가 추격해오고 있었다. 그때 하나님은 출애굽기에서 가장 놀라운 기적을 베푸셨다. 바로 하나님께서 어마어마한 능력으로 홍해를 가르신 것이다! 이스라엘 백성은 무사히 건넜지만, 애굽의 군대는 바닷물에 휩쓸려 사라졌다.

그 후에도 하나님은 계속해서 기적을 베푸셨다. 쓴 물을 단물로 바꾸셨고, 아침저녁으로 만나와 메추라기를 주셨다. 특히 만나의 기적은 하루 이틀로 끝난 것이 아니라, 40년 동안 지속되었다. 그 만나의 기적은 하나님께서 친히 구원해내신 이스라엘 백성을 사랑으로 돌보셨음을 보여준다. 그들로 출애굽을 하게 하신 후, 광야에서 굶어 죽도록 내버려 두시는 무자비한 하나님이 아니었다.

그 외에도 바위에서 물이 샘솟게 하신 기적, 모세의 두 손이 올라가면 아말렉을 이기게 하시는 기적, 돌판에 십계명을 새겨주신 기적, 그리고 성막 위에 임재하신 하나님의 영광 등, 출애굽기는 기적으로 가득한 책이라 할 수 있다. 특히, 홍해를 가르신 기적은 출애굽기의 핵심이자 이스라엘의 역사를 완전히 바꿔놓은 사건이었다. 그 기적을 통해 이스라엘은 하나님의 백성과 나라로 세워졌다.

홍해의 사건은 기적 중의 기적이었다. 2~3백만 명의 이스라엘 백성과 많은 동물이 지나갈 수 있도록, "큰 동풍이 밤새도록 바닷물을 물러가게 하시니 물이 갈라져 바다가 마른 땅이 된지라" (14:21). 한 번에 천명이 횡대를 이루고 건너려면 적어도 80m의 넓은 길이 형성되어야 하는데, 그런 기적을 하나님께서 이루신 것이다. 그들이 밤 9시에 건너기 시작했다면 8시간 이상 걸려서 새벽 5시경에 반대편에 도달했을 것이다.

'홍해의 기적'은 구약의 어떤 기적보다도 위대한 기적이었는데, 그 기적을 통해 이스라엘이 출애굽을 완전히 이루었기 때문이다. 하나님의 사랑과 거룩을 행동으로 나타낸 그 기적이야말로 이스라엘의 역사에서 가장 중요했다. 그 이유는 그 후 이스라엘 백성은 하나님과 언약 관계로 들어갈 수 있었기 때문이다. 이스라엘의 역사에서 그 기적이 주연이라면, 출애굽기에는 물론 구약성경 전체에 기록된 다른 기적들은 모두 조연이다.

　홍해의 기적이 중요한 다른 이유는 그 사건이 예수 그리스도의 죽음과 부활을 가리키는 모형이기 때문이다. 바울 사도는 홍해의 이 사건을 세례로 해석하면서, "모세에게 속하여 다 구름과 *바다에서 세례를 받고*"라고 말했다 (고전 10:2). 세례는 죽음과 부활을 상징한다 (롬 6:4). 따라서 홍해의 사건은 죽음과 부활로 상징되는 기적이었다. 이스라엘 백성이 홍해 속으로 들어간 것은 죽음을, 그들이 바다 건너편에 이른 것은 부활을, 각각 상징한다.

　죄인이 애굽과 같은 세상에서 해방되어 하나님의 나라로 옮겨지는 것은 예수 그리스도의 십자가 위에서의 죽음과 부활을 통해서만 가능하다. 예수님은 유월절의 어린 양으로 죽으셨고, 삼 일만에 부활하셨다. 신약성경에서 그리스도의 부활은 가장 중요한 기적이다. 그 기적을 통해 구원받은 그리스도인들이 교회를 이루었기 때문이다. 이스라엘 백성이 홍해를 건넌 후 국가가 이루어진 것처럼, 예수 그리스도의 부활로 교회가 탄생하였다.

Exploring Exodus

8장

승리의 여정

Exploring Exodus

 이스라엘 백성이 홍해를 무사히 건넌 것은 기적 중의 기적이었다. 그것은 하나님의 두 가지 도덕적 속성, 곧 거룩과 사랑이 표출된 기적이기도 했다. 그들을 추적한 애굽 군대가 홍해에 수장된 것은 하나님의 거룩, 곧 그분의 공의이며, 이스라엘 백성이 그 홍해를 무사히 건넌 것은 하나님의 사랑이었다. 하나님께서 이스라엘 백성을 사랑하지 않으셨다면, 그래서 그 사랑으로 그들을 돕지 않으셨다면, 어떻게 그들이 홍해를 걸어서 건널 수 있었겠는가?

 그 두 가지를 동시에 요약적으로 묘사한 말씀이 있는데, 출애굽기 14장 30절의 말씀이다. "그 날에 여호와께서 이같이 이스라엘을 애굽 사람의 손에서 구원하시매, 이스라엘이 바닷가에서 애굽 사람들이 죽어 있는 것을 보았더라." 이스라엘 사람들이 애굽 군인들의 시체를 본 것도 중요한데, 그들이 섬기던 주인들로부터 완전히 해방되어 자유를 누리게 되었다는 것을 확인해 주었기 때문이다. 그들은 애굽의 주인들을 더는 두려워할 필요가 없게 되었다.

 이스라엘 백성이 본 것은 애굽 군인들의 시체만이 아니라, 하나님의 '큰 능력도 보았다.' "이스라엘이 여호와께서 애굽 사람들에게 행하신 그 큰 능력을 보았다" (출 14:31a). 그 결과 그들은 하나님의 뜻대로 하나님과 모세를 믿게 되었다. 말씀으로 확인하자: "백성이 여호와를 경외하며, 여호와와 그의 종 모세를 믿었더라" (14:31b). 하나님께서 그들을 애굽에서 건져내어 구름/불 기둥으로 인도하여 홍해를 건너게 하시므로, 하나님에 대한 그들의 믿음이 생성되었다.

이스라엘 백성은 홍해를 건넌 후, 시내산에 이르기까지 일곱 번의 크고 작은 일을 겪었는데, 첫째는 찬송이었는가 하면, 둘째는 마라의 쓴 물로 원망한 것이었다. 셋째는 물샘 열둘과 종려나무가 일흔 그루가 있는 엘림에 머문 것이었다. 넷째는 굶주린 이스라엘 백성에게 만나와 메추라기가 주어졌다. 다섯째는 목마른 그들을 위하여 바위에서 물이 나왔다. 여섯째는 아말렉과의 싸움이었고, 그리고 마지막으로 이드로의 출현이었다. 이런 것들을 차례로 알아보자.

1. 노래

이스라엘 백성은 승리의 개가를 울리며 하나님께서 약속하신 산을 향한 승리의 여정을 시작했다. 다시 그 약속을 상기해 보자: "하나님께서 이르시되, '내가 반드시 너와 함께 있으리라; 네가 그 백성을 애굽에서 인도하여 낸 후에 너희가 이 산에서 하나님을 섬기리니, 이것이 내가 너를 보낸 증거니라'" (3:12). 그 산은 하나님께서 모세를 부르신 호렙산, 곧 시내산이었다. 모세와 이스라엘 백성은 그 약속의 산을 향해 찬송하며 발걸음을 옮겼다.

모세와 이스라엘 백성은 여호와를 찬양하며 노래했는데, 그처럼 큰 구원을 베푸신 분을 찬양하는 것은 너무나 당연했다. 그들의 찬양은 다섯 부분으로 구성되는데, 첫 번째는 출애굽기 15장 1-3절로 전적으로 여호와를 기리는 찬송이다. 그 부분을 대표할 수 있는 것은 2절의 내용일 것이다: "여호와는 나의 힘이요 노래시며 나의 구원이시로다. 그는 나의 하나님이시니 내가 그를 찬송할 것이요;

내 아버지의 하나님이시니 내가 그를 높이리로다" (15:2).

두 번째 부분은 4-10절로 그 내용은 권능의 하나님께서 바로와 그 군대를 바다에 수장시킨 역사를 찬양하는 내용이다. 그 부분을 요약할 수 있는 찬양을 인용해보자: "주께서 주의 큰 위엄으로 주를 거스르는 자를 잎으시니이다" (15:7a). 세 번째 부분은 11-13절로, 주님의 구원을 기리는 찬송이다. 그 핵심은 13절의 찬송이다: "주의 인자하심으로 주께서 구속하신 백성을 인도하시되, 주의 힘으로 그들을 주의 거룩한 처소에 들어가게 하시나이다."

넷째 부분은 14-16a절인데, 주변의 국가들도 하나님의 기적에 떨고 놀랐다는 것이다. 그 부분을 대표하는 말씀인 16절을 보자: "놀람과 두려움이 그들에게 임하매, 주의 팔이 크므로 그들이 돌 같이 침묵하였사오니." 다섯 번째 부분은 16b-18절인데, 하나님께서 구원하시고 인도하시는 이스라엘 백성이 '주의 처소'이며 '주의 성소'라는 것이다. 그 노래의 핵심을 인용해보자: "이것이 주의 손으로 세우신 성소로소이다" (17절b).

2. 원망

하나님을 찬양하는 사람들은 모세와 백성만 아니라, 미리암도 포함됐다. 미리암의 찬양은 모세와 백성의 찬양을 요약한 내용이었다. 여하튼 이스라엘 백성은 모세를 위시한 모든 사람이 한편 그들을 건져내시고, 또 한편 애굽 군대를 전멸시키신 하나님을 찬양하며 앞으로 나아가고 있었다. 그들은 한 번도 가보지 않았던 사막을 구름/불 기둥의 인도를 받으면서 발걸음을 옮기고 있었다. 모르긴 몰라도 넘치는 감사와 찬양의 발걸음을 옮기고 있었을 것이다.

그렇게 찬양하며 승리의 여정을 하던 이스라엘 백성에게 문제가 생겼다. "모세가 홍해에서 이스라엘을 인도하매, 그들이 나와서 수르 광야로 들어가서 거기서 사흘 길을 걸었으나 물을 얻지 못했다" (15:22). 이스라엘 백성은 지금까지 사막에서 사흘씩 걸어본 적이 없었다. 비록 그들이 애굽에서 벽돌을 굽고 성을 쌓는 중노동에 시달렸지만, 지금처럼 사흘씩 물을 마시지 못한 적은 없었다. 위에서 쏟아지는 불볕 태양과 아래서 올라오는 열기로 그들은 헐떡였다.

그렇게 헐떡일 때 물을 만났으니, 얼마나 반가웠겠는가? 그런데 그 물이 써서 마실 수 없다니, 얼마나 황당했겠는가? 그 백성은 더 참지 못하고 그들의 영도자인 모세를 *원망*하기 시작했다. 그 백성을 친자식처럼 돌보고 아끼는 모세도 그들의 처지를 보고 '여호와께 부르짖었다' (15:25). 하나님도 즉각적으로 응답하셨고, 그 응답에 따라 모세는 한 나무를 물에 던졌다. 하나님께서는 또 기적을 베푸셔서 쓴 물을 단물로 바꾸셨다.

하나님께서는 마라의 기적을 통해 이스라엘 백성에게 중요한 가르침을 주셨는데, 그들이 그분의 계명에 귀를 기울이고 규례를 지키면, 애굽 사람에게 임한 질병이 임하지 않게 하겠다고 약속하셨다. 그것은 사람에게 생기는 어떤 질병도 내리지 않겠다는 약속이 아니라, 애굽 사람에게 임한 재앙을 내리지 않겠다는 것이다 (15:26). 그러므로 그 재앙 외의 질병이 생기면, 그 병에 대해선 치료자이신 여호와께 기도할 수 있다는 뜻도 내포된 말씀이라고 하겠다.

이스라엘 백성은 물 샘과 종려나무로 둘러싸인 엘림에서 휴식을 취한 후, 여정을 계속했다 (15:27). 그들이 애굽을 떠난 날이 15일인데, 꼭 한 달이 지난 둘째 달 15일에 먹거리가 떨어졌다. 그때까지 그들은 애굽에서 가지고 나온 반죽으로 버텼으나, 이제는 먹을 것이 없어서 굶어 죽게 되었다. 허기진 배를 움켜잡고 뜨거운 모래 바다인 신 광야에서 그들은 다시 모세를 원망하기 시작했다. 그들이 생각할 수 있는 것은 애굽에서 먹던 양식뿐이었다 (16:1-3).

이번에는 모세가 여호와에게 부르짖기도 전에 그분이 말씀하셨는데, 그 말씀은 백성이 광야를 지나는 동안 아침저녁으로 그들에게 먹거리를 주시겠다는 것이다. 그렇게 말씀하신 여호와는 영광 가운데 임하셔서 아침에는 만나를, 그리고 저녁에는 메추라기를, 각각 부어주셨다 (16:13). 특히 만나의 기적은 홍해를 가르신 기적보다 어떤 의미에선 더 놀라운데, 그들이 가나안에 들어간 후, 니산월 15일까지 계속되었기 때문이다 (수 5:11-12).

만나의 기적은 일회적인 다른 기적들보다 위대한데, 40년이나 계속되었기 때문이다. 어느 유대인 학자는 그 기적의 특징을 10가지로 묘사했다: (1) 만나가 내려왔다, (2) 이스라엘 진에만 내렸다, (3) 그들이 가는 곳에 내렸다, (4) 그들이 거둔 것은 스러지지 않았다, (5) 모든 사람의 양이 같았다, (6) 금요일에는 두 배가 내렸다, (7) 그날의 만나는 이틀간 유지됐다, (8) 갓씨 같았다, (9) 맛은 꿀 섞은 과자 같았다, (10) 언약궤 안의 만나는 변하지 않았다.

마라의 기적을 통해 여호와께서 이스라엘 백성에게 중요한 것을 가르치신 것처럼, 이곳 신 광야에서도 중요한 가르침을 주셨는데, 안식일에 관한 것이었다. 사실 그들은 애굽에서 노역에 시달리면서 안식일을 전혀 누릴 수 없었다. 그러나 이제부터는 일주일에 하루는 반드시 안식하라는 놀라운 가르침이었다. 심지어 안식일에는 만나를 거두지 말고, 전날에 이틀분을 거두라는 것이다 (16:22). 이스라엘 백성은 안식일에 쉬면서 광야의 여정을 마칠 수 있었다.

　이스라엘 백성의 여정은 계속되어 르비딤에 이르렀는데, 또 문제가 생겼다. 그들은 물을 구할 수가 없었고, 다시 모세를 원망했다. 얼마나 목이 말랐으면 돌을 던져서 모세를 죽이려고까지 했겠는가? (17:4). 여호와 하나님께서는 모세에게 그의 지팡이로 '호렙산에 있는 반석을 치라'고 명하셨고, 그렇게 순종할 때 그 반석에서 물이 쏟아져 나왔다 (17:6). 그곳 이름을 맛사 또는 므리바라고 했는데, 그들이 여호와와 다투면서 시험했기 때문이다 (17:7).

　이스라엘 백성은 광야를 지나면서 원망을 일곱 번이나 더했다 (민 11:1, 4, 12:1, 14:2, 16:2, 41, 20:3). 하나님은 그들이 원망할 때마다 혹독하게 징계하셨다. 그러나 한 번은 달랐는데, 마지막 원망으로 인해 하나님께서 불뱀으로 징계하셨을 때였다 (민 21:5-9). 그 징계로 인해 이스라엘 백성이 회개했는데, 지금까지는 징계받을 때 회개한 적이 없었다. 그들이 회개하자 그때부터 이스라엘 백성은 하나님과 동행하면서 전투마다 엄청난 승리를 누렸다.

　한편, 이스라엘 백성이 홍해를 건넌 후 세 번이나 원망했는데, 하나님은 그들을 채찍으로 때리지 않고 그들의 필요를 채워주셨다. 하나님은 왜 원망을 받아주셨는가? 하나님께서 아직은 그들과 언약을 맺지 않으셨기 때문에, 그들을 어린애처럼 다루시면서 그들의 요구를 들어주셨으나, 언약을 맺은 후에는 장성한 사람처럼 대하시고 그들에게 책임을 물으셨다. 계명과 율법이 포함된 언약을 맺은 후, 그들은 하나님의 뜻을 알게 된 장성한 사람들이 되었기 때문이다.

3. 전쟁

이스라엘 백성이 여호와께서 은혜로 주신 물을 마시고 있을 때, 갑자기 아말렉이 쳐들어왔다. 그들이 물밀듯 몰려왔는데, 그들은 전쟁에 능한 군인들이었다. 반면, 이스라엘 백성은 전쟁을 치른 적이 없는 오합지졸이었다. 그들이 쳐들어온 이유를 몇 가지 생각할 수 있는데, 첫째는 이스라엘 백성이 모세와 다투며 '여호와께서 우리 중에 계신가 안 계신가?'라고 하면서, 지금까지 그들과 신실하게 함께하시며 도우신 하나님을 향한 불신에 대한 징계였다.

둘째 이유는 야곱과 에서의 갈등이 후대에 이르러 폭발된 것이다. 그들의 아버지 이삭이 야곱은 축복했으나, 에서는 동생 야곱을 섬기게 되리라는 유언을 남기자, 이에 에서는 야곱을 죽이기로 마음먹었다 (창 27:39-41). 세월이 흘러 에서의 손자인 아말렉은 마치 할아버지 에서의 원망을 풀어주려는 듯, 야곱의 후손을 공격하였다 (민 36:12). 아말렉은 다른 부족들을 침공하여 그들의 재물을 약탈하곤 했으며, 그렇게 약탈한 것으로 살아가는 유목민이었다.

셋째 이유는 이스라엘 백성이 애굽으로부터 많은 금과 은, 값비싼 의복과 가죽들을 가지고 나왔다. 그 소문을 들은 아말렉이 그렇게 좋은 기회를 놓칠 이유가 없었다. 더군다나 이스라엘 백성은 전쟁을 해 본 적이 없었으며, 무기도 없는 노동자와 목동으로 이루어진 무리에 지나지 않았다. 게다가 노인들과 유아들을 대동하고, 수없이 많은 가축을 이끌고 있었다. 아말렉으로선 그들의 재물과 가축도 약탈하고, 할아버지의 원한도 갚을 기회 중의 기회였다.

아말렉 군인들의 기대와는 달리 그들은 이스라엘 백성에게 철저하게 패배를 당했다. 어떻게 그것이 가능했는가? 한마디로 말해서 여호와 하나님께서 도우셨기에 가능했다. 그분은 애굽 군인들이 추적할 때 하신 것처럼, 이스라엘 백성을 구름/불 기둥으로 감싸셨다. 그뿐 아니라, 그때도 모세는 지도력을 발휘하여 역할 분담을 하게 하셨다. 여호수아는 용감한 사람들을 이끌고 앞장서서 싸웠고, 모세는 뒤에서 기도했다.

모세는 산꼭대기에서 이스라엘 백성이 치열하게 싸우는 모습을 내려다보면서 심혈을 다한 중보기도를 드렸다. 그는 두 손을 하늘을 향해 올리며 기도했는데, 두말할 필요도 없이 열 손가락이 위를 가리키고 있었다. 어느 유대인 학자는 열 손가락이 하나님의 10가지 속성을 가리키는데, 그 놀라운 속성으로 하나님께 그 전쟁에 개입해달라는 기도를 했다는 것이다. 참고로 그 속성은 다음과 같다: 왕관, 지혜, 이해, 자비, 엄격, 아름다움, 영원, 영광, 기반, 왕국.

그러나 모세는 두 손을 계속 들고 있을 수 없었다. 아론과 훌이 모세를 돌 위에 앉히고, 좌우편에서 모세의 두 손을 올렸다 (17:12). 그렇게 위로 올린 기도를 응답하신 하나님께서는 여호수아에게 '칼날로 아말렉과 그 백성을 쳐서 무찌르도록' 도우셨다 (17:13). 그때 모세의 손을 들어준 사람은 아론과 훌이었다. 지금까지 한 번도 등장하지 않았던 훌이 갑자기 나타났는데, 유대 전통에 따르면 그는 갈렙과 미리암의 아들로 상당히 알려진 인물이었다.

그때 아말렉이 전멸된 것은 아니었다. 살아남은 후손들을 여호와가 '대대로 싸우시겠다'고 하셨는데 (17:16), 그 이유는 출애굽한 이스라엘 백성을 가장 먼저 공격해온 족속이었기 때문이다. 모세는 그렇게 기적적으로 승리한 곳에 제단을 쌓고, *여호와 닛시*(여호와 나의 기)라고 명명했다. 그 전쟁은 이스라엘 백성에게는 놀라운 경험이었는데, 우선 그들이 전쟁을 실제로 해보았다는 것이다. 그다음, 결국에는 전쟁도 하나님께서 도우셔야 승리한다는 사실이다.

4. 위임

모세의 장인인 이드로(다른 이름: 르우엘, 호밥, 헬크, 게니, 헷 슈리, 베나)가 아내 십보라와 두 아들 게르솜과 엘리에셀을 데리고 모세에게 왔다 (18:1-4). 그 전에 모세가 애굽으로 돌아갈 때, 게르솜의 무할례 때문에 죽을 뻔했었다 (4:25). 모세는 장인과 아내 때문에 아들들에게 할례를 행할 수 없었던 것 같다. 장인이 데리고 온 두 아들이 할례를 받았는데, 8일밖에 안 된 둘째의 이름을 첫째 아들과는 달리 엘리에셀, 곧 "하나님께서 나의 도움이시다"로 지었다.

그때 하나님의 지시로 모세에게 온 아내와 두 아들을 데려가지 말라고 아론은 설득했고, 또 아들들이 할례에서 회복되려면 시간도 필요하기에, 모세는 그들을 돌려보냈다. 그래서 이드로는 그들을 데리고 미디안으로 돌아갔다. 그런데 이드로가 그들을 데리고 모세에게 다시 온 이유는 '여호와께서 이스라엘을 애굽에서 인도하여 내신 모든 일을 들었기' 때문이다 (18:1b). 틀림없이 10가지 재앙과 홍해가 갈라진 전대미문의 기적들에 대해서 들었을 것이다.

이드로는 그때까지 우상을 섬기는 제사장이었지만 그런 기적들에 대해 들으면서, 또 하나님께서 그의 사위 모세를 엄청나게 사용하신 내용을 들으면서, 모세의 하나님을 믿게 되었다. 그렇지 않다면 "여호와는 모든 신보다 크시므로 이스라엘에게 교만하게 행하는 그들을 이기셨도다"고 고백하지 않았을 것이다 (18:11). 행동으로도 고백했는데, 그는 '번제물과 희생제물들을 하나님께 가져왔던' 것이다 (18:12).

그 이튿날 이드로는 '모세가 재판하느라고 앉아 있고, 백성은 아침부터 저녁까지 모세 곁에 서 있는 것'을 보았다 (18:13). 당연히 재판관은 앉아 있고 재판받는 백성은 서 있었는데, 그런 상태가 온종일 계속되었다. 그런 모습을 보면서 이드로가 중요한 제안을 했는데, 그 제안은 이스라엘의 재판 집행과 조직을 완전히 바꾼 획기적인 것이었다. 그의 제안에 의하면, 모세는 혼자 재판을 감당하지 말고 신뢰할 수 있는 사람들에게 위임하라는 것이다.

이드로의 제안은 천부장과 백부장과 오십부장과 십부장을 세워 그들로 재판하게 하라는 것이다. 그들이 재판할 수 없을 경우만 모세가 개입해서 재판하라는 것이다. 출애굽한 장정의 수가 대략 600,000명이니, 천부장의 수는 600명이고, 백부장의 수는 6,000명이고, 오십부장의 수는 12,000명이고, 십부장의 수는 60,000명이 되는 셈이다. 지금까지 지리멸렬한 상태에 있던 이스라엘 백성에게 갑자기 생각지 못했던 중간 지도자가 78,600명이나 생긴 것이다.

이드로는 그 제안으로 끝낸 것이 아니다! 그 조직체의 성공은 각 부장에게 달려있기에, 그들을 엄격하게 선발해야 한다는 것이다. 선발 기준도 제시했는데, 첫째 능력 있는 사람들, 둘째 하나님을 두려워하며, 셋째 진실하며, 넷째 불의한 이익을 미워하는 자들이어야 한다는 것이다. 그 기준을 눈여겨보면 결국 두 가지로 요약할 수 있는데, 하나는 위로 하나님을 경외해야 하고 아래로 사람들에게는 깨끗하고 진실해야 한다는 것이다.

이드로는 이어서 한 가지를 더 제안했는데, 그런 조건들을 갖춘 사람들을 모세가 직접 선발해야 한다는 것이다. 모세가 '살펴서' 선발하고 부장으로 '삼아'야 한다는 것이다. 그런데 '살피다'라는 동사는 '영적 안목으로 보아서 하나님의 뜻을 분별한다'는 뜻이다. 히브리어로 *하자*(חזה)인데, 그런 안목은 하나님께서 허락하시는 은사이기도 하다. 그러니까 그 충고는 서둘러서 지도자들을 선발하지 말고, 한 사람 한 사람을 영적으로 분별하면서 선발해야 한다는 것이었다.

구속사적 조명 6

안식일

　안식일의 시작은 하나님의 천지창조로 거슬러 올라간다. 하나님께서 엿새 동안 천지와 그 안에 있는 것들을 모두 창조하시고 일곱째 날에 안식하시면서 시작되었기 때문이다. "천지와 만물이 다 이루어지니라. 하나님이 그가 하시던 일을 일곱째 날에 마치시니, 그가 하시던 모든 일을 그치고 일곱째 날에 안식하시니라"(창 2:1-2). 이 말씀에서 '안식하다'가 원어인 히브리어로 *샤밧*(שָׁבַת)인데, 그 어원語原에 따라 안식일Sabbath이 *샤밧*이 되었다.

　하나님께서는 일곱째 날을 다른 엿새와 다르게 취급하셨는데, 그 이유는 그날을 거룩하게 하셨기 때문이다. "하나님께서 그 일곱째 날을 복되게 하사 *거룩하게* 하셨으니, 이는 하나님께서 그 창조하시며 만드시던 모든 일을 마치고 그 날에 안식하셨음이니라"(창 2:3). 하나님께서 그렇게 구별하셨기에 일곱째 날은 다른 날들과는 달랐다. 그때부터 날짜는 7일 주기로 정해졌는데, 그렇지 않다면 노아는 칠일을 강조하지 않았을 것이다.

　노아의 행적에서 칠일이 언급된 말씀을 인용해보자. "하나님이 노아에게 명하신 대로 암수 둘씩 노아에게 나아와 방주로 들어갔으며, 칠 일 후에 홍수가 땅에 덮이니"(창 7:9-10). 노아는 홍수가 끝날 무렵에도 역시 칠일 간격으로 비둘기를 내보냈다. "또 칠 일을 기다려 다시 비둘기를 방주에서 내놓으매"(창 8:10). "또 칠 일을 기다려 비둘기를 내놓으매 다시는 그에게로 돌아오지 아니하였더라"(창 8:12).

하나님께서 창조를 마치시고 안식하신 본을 따라 아담과 하와도 그날에 안식했을 것이다. 그러나 그들이 불순종한 후부터는 일곱째 날에 안식하는 사람도 있고 그렇지 않은 사람도 있었을 것이다. 아담의 아들들 가운데는 하나님을 경외하는 아벨과 그 자손도 있고, 그렇지 않은 가인의 자손도 있었기 때문이다. 하나님의 창조 원리가 더는 모든 사람의 기준이 되지 못했다. 사람들은 각자가 결정한 대로 안식일을 지키기도 했고 지키지 않기도 했다.

그렇게 어수선한 세월이 흘러 하나님의 사람 모세가 나타나서 안식일을 회복시켰다. 출애굽 후 광야를 지나던 이스라엘 백성을 위하여 하나님께서 아침마다 만나를 내려주셨고, 그들은 그 만나를 거두어들였다. 그러나 안식일에는 거둘 수 없었는데, 그 이유는 그날에는 만나가 내리지 않았기 때문이다. "…내일은 휴일이니 여호와께 거룩한 안식일이라…엿새 동안은 너희가 그것을 거두되 일곱째 날은 안식일인즉 그 날에는 없으리라"(출 16:23, 26).

이스라엘 백성에게 들려준 그 안식일의 가르침은 너무나 중요했다. 그 이유는 분명한데, 하나님께서 창조의 사역을 마치시며 제정하신 안식일이 마침내 이스라엘 백성을 통하여 다시 실현되었기 때문이다. 그들은 힘든 광야의 길에서 일곱째 날 안식을 지키게 되었다. 안식을 지키면서 쉼을 누렸지만, 무엇보다도 천지를 창조하셨을 뿐 아니라 그들을 애굽에서 불러내시고 매일의 양식인 만나를 내려주시는 하나님을 생각하며 감사할 수 있었다.

그렇다! 그들은 험난한 광야를 지나는 동안 안식일을 누리며 많은 유익을 얻었는데, 무엇보다도 다음 한 주간도 계속할 여행길을 육체적으로 준비할 수 있었다. 그처럼 정기적으로 안식하지 못했다면, 이스라엘 백성은 40년이나 걸린 광야의 여정을 계속할 수 있었겠는가? 그뿐 아니라, 그렇게 쉬면서 그들에게 퍼부어주신 하나님의 크고도 많은 손길을 생각하며 감사했을 것이다. 그런 안식을 통해 그들은 육체적으로는 물론 영적으로도 쉼을 누릴 수 있었다.

이스라엘 백성이 가나안으로 들어간 후, 만나가 공급되지 않았을 때도 안식일을 지켜야 했는가? 물론이다! 하나님께서는 만나와 상관없이 안식일을 지켜야 한다고 십계명에서 못 박으셨다. "안식일을 기억하여 거룩하게 지키라" (20:8). 그런데 이 계명에는 '기억하라'는 명령이 포함되었는데, '지키라'는 명령으로는 충분하지 않단 말인가? 창조주를 *기억하며* 창조의 안식을 지키고, 조상의 필요를 공급하신 분을 *기억하며* 만나의 안식을 지키라는 명령이다.

출애굽기에는 16장과 20장 외에도 안식일이 세 번 더 언급되는데, 곧 23장 12절, 31장 12-17절 및 35장 1-3절에서이다. 23장에서는 일곱째 날에 사람만이 아니라 동물과 종들도 쉬게 하라는 확대된 명령이다. 31장과 35장에서는 성막을 지을 때 안식해야 한다는 명령이다. 하나님께서 좌정하실 거룩한 성막을 지을 때도 예외 없이 안식일을 지키라는 명령이다. 자칫하면 거룩한 성막을 짓기에 안식일을 어겨도 괜찮다는 오해를 예방하기 위해 주신 명령이다.

안식일은 하나님의 천지창조 때 시작되었다가, 먼 훗날 이스라엘 백성이 출애굽 후에 다시 확인되었다. 그렇게 확인된 안식일은 계속해서 발전에 발전을 거듭했다. 그런 발전의 시발점이 출애굽기

16장에 기록된 안식일이다. 그리고 출애굽기의 다섯 장에서 언급된 안식일은 이스라엘 백성에게는 말할 수 없이 중요했다. 그때부터 안식일은 한편 일손을 멈추고, 또 한편 그들을 창조하셨고 또 그들의 필요를 채워주시는 하나님께 감사하는 날이 되었다.

한발 더 나아가서, 이스라엘 백성에게 안식일은 언약이며 표징이었다. "이같이 이스라엘 자손이 안식일을 지켜서 그것으로 대대로 영원한 언약을 삼을 것이니, 이는 나와 이스라엘 자손 사이에 영원한 표징이며, 나 여호와가 엿새 동안에 천지를 창조하고 일곱째 날에 일을 마치고 쉬었음이니라" (31:16-17). 안식일은 그들이 하나님에 대해서는 그분의 백성이라는 언약이며, 세상에 대해서는 그들이 하나님께 속해 있다는 표징이었다.

안식일의 전통은 신약 시대에도 계속되어, 예수님과 제자들도 안식일을 지켰다. 그들은 그날 회당에 들어가서 하나님의 말씀을 가르치며 복음을 전했다 (마 4:23, 막 6:2, 행 6:9, 9:20). 그러나 예수 그리스도가 십자가에서 죽으셨다 다시 사신 후부터는 그리스도인들이 토요일의 안식일을 주일로 바꾸어서 육체적으로나 영적으로 쉼을 가졌다. 그 이유는 그분의 부활로 그분이 안식일의 주인이시며 (막 2:28), 동시에 창조주로 확인되셨기 때문이다 (히 1:2).

Exploring Exodus

9장

언약의 백성

Exploring Exodus

1. 시내산 도착

하나님께서 모세를 부르셔서 이스라엘 백성의 지도자로 삼으셨는데, 그를 부르신 목적도 제법 상세하게 알려주셨다. 그 목적은 그들로 시내산에서 하나님을 섬기게 하기 위함이었다. 그런 구체적인 목적을 보기 위해 다시 출애굽기 3장 12절을 인용해보자. "하나님이 이르시되, '내가 반드시 너와 함께 있으리라; 네가 그 백성을 애굽에서 인도하여 낸 후에 너희가 *이 산*에서 하나님을 섬기리니, 이것이 내가 너를 보낸 증거니라.'"

여호와 하나님께서 모세를 부르신 여러 가지 증표가 있었다. 그의 지팡이가 뱀이 된 변화, 나병이 된 그의 손, 그를 통해서 애굽에 내려진 10가지 재앙, 홍해의 갈라짐, 쓴 물이 단물이 되는 변화, 무기력한 이스라엘 백성이 막강한 아말렉을 이긴 승리, 바위에서 솟아난 물 등 얼마나 증표가 많았는가! 그러나 하나님은 그런 것들은 언급하지 않으시고, 한 가지만 말씀하셨다. 그것은 모세와 이스라엘 백성이 *이 산*, 곧 시내산에서 그분을 섬기게 하신다는 것이었다.

모세가 이스라엘 백성을 애굽에서 구출하여 이 산에 이르기까지, 위에서 열거한 모든 증표가 기적으로 나타났다. 그러니까 하나님께서 모세를 부르실 때, 모든 증표와 기적을 일일이 거론하지 않으시고 최종적인 목적 한 가지만 언급하셨다. 그 목적을 이루기 위해서는 그런 증표들과 기적들이 필연적으로 일어날 수밖에 없었다. 하나님께서 모세를 보내셨다는 궁극적인 증표는 다름 아니라, 이스라엘 백성이 *이 산*에서 하나님을 섬기게 된다는 것이었다.

모세가 이스라엘 백성을 이끌고 시내산에 도착한 사실을 확인하기 위해 하나님의 말씀을 인용해보자. "이스라엘 자손이 애굽 땅을 떠난 지 삼 개월이 되던 날, 그들이 시내 광야에 이르니라" (출 19:1). 이 묘사를 원어로 직역하면 다음과 같다: "이스라엘 자손이 애굽 땅을 떠난 지 셋째 달 그날에 그들이 시내 광야에 이르니라." '셋째 달 그날'은 셋째 달이 되는 첫째 날을 가리킴으로, 3월 1일을 뜻한다. 그러니까 그들은 출애굽 후 45일이 지난 3월 1일에 도착했다.

모세는 시내산에 도착하기에 앞서 르비딤을 떠났다고 했는데, 르비딤이란 장소의 이름이 세 번씩이나 나온다. 첫 번째는 마실 물이 없어서 백성이 모세를 원망하던 곳으로 나온다 (17:1-3). 두 번째는 아말렉과 싸우던 곳이다 (17:8). 그러니까 이스라엘 백성에게 르비딤은 두 가지를 상기시키는데, 하나는 그들이 그렇게 쉽게 영도자를 원망한 부족한 인간들이라는 사실이다. 또 하나는 그렇게 부족한데도 하나님께서 승리를 허락하신 사실이다.

이스라엘 백성은 물이 부족한 르비딤을 떠나게 된 것을 한편 기뻐했으나 또 한편 송구한 마음도 있었을 것이다. 유대인 학자들은 그들이 원망한 사실을 회개하면서, 동시에 바위에서 물도 주시고 아말렉 군대를 이기게 하신 하나님께 감사하면서 르비딤을 떠났다고 해석했다. 르비딤에서 시내산까지는 가까운 거리인데, 역시 하나님의 구름/불 기둥으로 인도하시며 하나님께서 모세를 부르실 때 약속하셨던 곳에 드디어 도착하게 하셨다.

2. 여호와의 강림

이스라엘 백성이 시내산에 도착한 3월 1일은 월요일이었다. 모세는 화요일인 2일에 '하나님 앞으로 올라가서' 언약에 대한 말씀을 들었다 (19:3, 5). 모세가 수요일인 3일에 하나님의 말씀을 백성에게 전했고, 그들은 "일제히 응답하여 이르되, '여호와께서 명령하신 대로 우리가 다 행하리이다'라고 하면서" 적극적으로 반응했다 (19:8). 그렇다! 여호와께서는 약속을 주시고, 백성은 그 약속을 성취하기 위해 그 약속과 연루된 명령에 순종해야 했다.

목요일에 모세는 여호와께 백성의 결단을 아뢰었고, 여호와께서는 말씀하셨다: "…너는 백성에게로 가서 오늘과 내일 그들을 성결하게 하며, 그들에게 옷을 빨게 하고, 준비하게 하여 *셋째* 날을 기다리게 하라; 이는 셋째 날에 나 여호와가 온 백성의 목전에서 시내산에 강림할 것임이니, 너는 백성을 위하여 주위에 경계를 정하고 이르기를, '너희는 삼가 산에 오르거나 그 경계를 침범하지 말지니 산을 침범하는 자는 반드시 죽임을 당할 것이라'" (19:10-12).

거룩하신 여호와께서 이스라엘 백성에게 임하실 때, 그들이 그분을 맞이할 수 있는 준비를 해야 하는데, 그것도 아주 철저하게 갖추어야 한다는 명령이었다. 실제로 여호와 하나님께서 *쉐키나*의 영광으로 임하셨는데, 일곱 가지로 나타난 그 현상은 놀랍고도 놀라웠다 (19:16-18). 첫째의 현상은 우레였는데, 천둥소리가 얼마나 컸는지 모른다. 둘째는 번개였는데, 천둥과 함께 내리치는 번개는 두려움을 자아내었다. 셋째는 **빽빽한** 구름이 그 산을 덮고 있었다.

넷째 현상은 나팔 소리였는데, 그 소리는 갈수록 커졌고 백성은 하나같이 떨었다. 다섯째는 '시내산에 연기가 자욱했고', 여섯째는 여호와 하나님께서 불 가운데 임하셨다. 일곱째 현상은 연기가 자욱한 가운데 '온 산이 크게 진동했다'고 기록되었다. 그와 같은 일곱 가지 현상과 더불어 여호와 하나님께서 산 정상에 강림하셨다. 여호와께서는 모세를 그곳으로 부르신 후, 백성과 제사장들에게 그들의 몸을 성결하게 하라고 명령하셨다 (19:22).

셋째 날은 토요일이자 3월 6일이었다. 그날 여호와께서 그 백성 가운데 강림하셔서 그들에게 *토라*를 주셨다. 마침 그날이 안식일이기 때문에 이스라엘 후손은 그날을 *모세의 안식일*이라고 부르는데, 여호와께서 그 안식일 날 모세를 통해 *토라*를 주셨기 때문이다. 놀랍게도 그날은 이스라엘 백성이 출애굽한 날로부터 50일째 되는 날이었다. 유대인은 50일째 되는 날을 *샤부오트*(שבועות)라고 하는데, 그 단어는 후에 오순절을 뜻하는 단어가 되기도 했다.

3. 언약의 백성

이미 언급한 것처럼, 모세는 여호와 앞으로 올라가서 여호와의 말씀을 듣고, 그 내용을 이스라엘 백성에게 전한 바 있었다. 그 내용을 들은 이스라엘 백성이 적극적으로 응답했고, 모세는 여호와께 그들의 적극적인 응답을 전해 올렸다. 여호와께서도 만족하시고 엄청난 현상 중에 강림하셨는데, 그런 그분의 강림은 두말할 필요도 없이 *쉐키나*의 영광이었다. 그분이 그렇게 강림하셔서 저 유명한 '십계명'과 '율법'을 주셨다.

그런데 이스라엘 백성이 시내산에 도착한 다음 날, 그러니까 3월 2일인 화요일에 모세는 여호와 앞에 올라가서 그분의 말씀을 들었고, 그 말씀을 백성에게 전했다. 비록 모세를 통해서였지만, 그래도 여호와께서 직접 이스라엘 백성에게 최초로 주신 말씀이었다. 여호와께시는 이렇게 모세에게 말씀하셨다: "모세가 하나님 앞에 올라가니 여호와께서 산에서 그를 불러 말씀하시되, '너는 *이같이* 야곱의 집에 말하고 이스라엘 자손들에게 말하라'"(19:3).

'야곱의 집과 이스라엘 자손'에게 전하라는 '이같이'는 너무나 중요한데, 백성에게 주시는 첫 번째 말씀이었기 때문이다. 그 말씀을 주시기에 앞서 하나님께서는 그들이 어떻게 여기까지 오게 되었는지를 상기시키셨다; "내가 애굽 사람에게 어떻게 행하였음과 내가 어떻게 독수리 날개로 너희를 업어 내게로 인도하였음을 너희가 보았느니라"(19:4). 하나님께서는 그들을 당신 앞, 곧 '내게로' 인도하기 위해 당신의 거룩한 속성과 사랑의 속성을 나타내셨다는 것이다.

거룩한 속성은 하나님의 공의로서, 그렇게 오랫동안 하나님의 자녀들인 이스라엘 백성을 괴롭힌 애굽 사람들을 심판하신 것이었다. 그들이 심판을 받지 않았다면 하나님의 공의는 땅에 떨어졌을 것이다. 동시에 하나님께서는 이스라엘 백성에 대한 당신의 사랑을 부어주셨는데, 그들을 당신 앞으로 인도하시기 위해 독수리가 새끼들을 업어서 옮기는 것처럼, 그들을 업어서 약속의 산인 시내산으로, 곧 하나님께서 그들을 만나주시는 '내게로' 데리고 오셨다.

그와 같은 불가사의한 구원과 인도하심을 경험한 이스라엘 백성은 하나님 앞에서는 존귀한 존재가 되었고, 세상에서는 특별한 존재가 되었다는 것이다. 그 사실을 확인해보자. "세계가 다 내게 속하였나니 너희가 내 말을 잘 듣고 내 언약을 지키면 너희는 모든 민족 중에서 내 소유가 되겠고, 너희가 내게 대하여 제사장 나라가 되며, 거룩한 백성이 되리라; 너는 이 말을 이스라엘 자손에게 전할지니라" (19:5-6).

원어인 히브리어성경에 의하면, '세계가 다 내게 속하였나니'는 끝에 나오고 '너희가 내 말을 잘 듣고 내 언약을 지키면'이 처음에 나온다. 여호와 하나님께서는 애굽의 노예였던 이스라엘 백성을 건져내셨을 뿐 아니라, 그들을 노예로 엄하게 착취한 애굽을 심판하셨다. 그리고 이스라엘 백성에게는 엄청난 하나님의 은혜를 경험하게 하셨다. 그뿐 아니라, 그들의 신분을 엄청나게 상승시키시겠다는 것이다. 그러니 하나님의 '말씀을 잘 듣고 언약을 지켜야' 하지 않겠는가?

하나님께서는 명령을 내리시기 전에 먼저 구원과 인도하심의 은혜를 경험하게 하신 뒤에, 그 은혜에 대한 반응으로 순종할 것을 요구하신다. 그리고 하나님의 백성이 순종하게 되면, 그들을 더 깊은 은혜로 인도하신다. 하나님의 언약을 지켜야 하는 하나님의 백성에게 주어진 공식은 너무나 간단하다: 은혜 → 순종 → 동행과 신분의 상승. 하나님은 이스라엘 백성을 언약의 백성으로 승격시키기 위하여 '내 말을 잘 듣고 내 언약을 지키라'고 명령하셨다.

놀랍게도 하나님께서는 그 약속의 명령을 강요하지 않으신다는 것이다. 인격적인 하나님께서는 당신의 형상대로 지음을 받은 인간이 인격적으로 반응하기를 원하신다. 그런 까닭에 이스라엘 백성은 순종할 수도 있고 그렇지 않을 수도 있다는 것이다. 인격적인 하나님께서는 '만일 너희가 내 말을 잘 듣고 내 언약을 지키면' 하고 말씀하셨다. 한글성경에는 '만일'이 없는데, '지키면'에 '만일'이 전제되어 있기 때문이다. 그러나 원문에는 '만일'이 분명하게 나와 있다.

이스라엘 백성이 하나님의 언약을 지키면, 당연히 언약의 백성이 된다. 그렇다면 '언약의 백성'은 구체적으로 무엇을 뜻하는가? 그 뜻은 세 가지인데, 하나는 하나님의 소유이고, 둘은 제사장 나라이며, 셋은 거룩한 백성이다. 이 세 가지를 차례로 살펴볼 터인데, 우선 첫 번째에 대해 하나님께서는 이렇게 말씀하셨다; '너희는 모든 민족 중에서 내 소유가 되겠고….' 이미 위에서 본대로 '소유'의 원어는 *세굴라*(סְגֻלָּה)인데, 그 의미는 '소유'도 되지만 '보물'이기도 하다.

'소유'는 그 주인에게 속한 특별한 관계를 강조하며, '보물'은 하나님께서 불러내어 존귀한 존재가 된 사실을 강조한다. '모든 민족 중에서'라는 표현이 들어간 것은 언약의 백성은 그렇지 않은 여타 모든 민족과는 다르다는 것을 강조한다. 이스라엘 백성도 '모든 민족' 중 하나였는데, 하나님께서 그들을 선택하여 뽑아내셔서 다른 민족들과는 다르게 만드셨다는 것이다. 그뿐만 아니라, 하나님께 그 언약의 백성은 보물처럼 귀하게 되었다는 것이다.

언약 백성의 두 번째 특권은 하나님께서 말씀하신 대로, '너희가 내게 대하여 제사장 *나라*가 되며'이다. 이 말씀은 이스라엘 백성을 한없이 승격시키는 내용이었다. 그들은 지금까지 애굽이란 나라에 종속된 부족에 지나지 않았다. 그런데 하나님께서는 느닷없이 선언하셨는데, 그들이 *나라*가 된다는 것이다. 그들이 하나님의 언약을 지키기만 하면 그들을 하나의 *나라*로 건국시키겠다는 말씀이고 동시에 약속이다. 그들도 애굽과 같은 독립 국가가 된다는 말씀이다.

그것도 애굽과 같은 나라, 다시 말해서, 많은 나라 중 하나가 된다는 말씀이 아니라, *제사장 나라*가 된다는 엄청난 약속이다. 이스라엘 백성은 제사장에게 주어지는 많은 특권을 애굽에서도 보았고, 모세의 장인을 통해서도 보았다. 애굽에서 제사장은 바로 앞에 언제나 나갈 수 있으며, 그 왕을 위해 제사도 지내고 축복도 해주는 엄청난 지위였다. 모세의 장인은 그들의 지도자인 모세를 가르치며 훈계하는 지위에 있다는 것도 보았다.

그런데 이스라엘 백성이 '제사장 나라'가 된다니, 믿기지 않을 만큼 놀라운 약속이었다. 그들이 하나님께 언제라도 나아갈 수 있는 특권을 갖는다니…! 하나님의 약속을 다시 인용해보자; "너희가 *내게* 대하여 제사장 나라가 되며…!" 그뿐 아니라, 그렇게 친밀하게 만난 하나님을 언약 백성이 아닌 밖에 있는 다른 백성들에게 그들이 만난 그 하나님을 소개하는 특권도 갖게 된다는 것이다. 그들이 경험한 진리와 사랑과 능력의 하나님을 전할 수 있다는 것이다.

언약 백성의 세 번째 특권은 그들이 '거룩한 백성이 된다'는 것이다. '거룩하다'는 단어에는 다르다는 뜻이 담겨있다. 언약의 백성은 다른 사람들과는 다른데, 하나님의 공의도 보았고 하나님의 사랑도 경험했기 때문이다. 그들은 '제사장 나라'가 되어 그 하나님을 '모든 민족'에게 전해야 하는데, 그 사명을 감당하기 위해서는 다른 민족들과 달라야 했다. 하나님께서 거룩하신 것처럼, 그들도 거룩해야 한다. 그렇지 않으면 어떻게 그 하나님을 소개할 수 있겠는가?

하나님께서는 그 언약 백성에게 다음과 같은 부탁을 하면서 말씀을 끝내셨다. "…너는 이 말을 이스라엘 자손에게 전할지니라." (19:6b) 하나님께서 지금까지 열거하신 세 가지 특권은 모세와 더불어 출애굽한 사람들에게만 주어진 것이 아니라, 그들의 자손에게도 영원토록 적용된다는 것이다. 그들의 자손도 하나님의 '말씀을 잘 듣고 그분의 언약을 지키면', 그들도 언약 백성의 특권을 똑같이 누리게 된다는 약속이었다.

이미 언급한 대로, 원문에는 '세계가 다 내게 속하였나니'가 마지막에 나온다. 그 표현은 이스라엘 백성을 구원하고 인도하시는 하나님만이 유일신이라는 선언이었다. '모든 민족'이 그분의 피조물이기에 하나님께서는 그들도 사랑하신다. 그러나 그 사랑을 소개할 수 있는 사람은 이스라엘 백성뿐인데, 그들만이 하나님을 경험했기 때문이다. 따라서 이스라엘 백성에겐 그들을 창조하시고, 구원하시고, 구속하신 하나님을 '모든 민족'에게 소개해야 하는 책임이 있다.

구속사적 조명 ⑦

호데쉬

호데쉬(חֹדֶשׁ)는 히브리 단어인데 한글로는 '달' 또는 '월^月'을 의미한다. 유대인은 특정한 달을 강조할 때, 이 단어를 사용했다. 출애굽기에는 이처럼 특정한 달을 강조한 곳이 네 군데나 되는데, 열거하면 다음과 같다: (1) 12장 2절, (2) 16장 1절, (3) 19장 1절, (4) 40장 17절. 처음 세 구절은 한 해 동안 발생한 첫째 달과 둘째 달과 셋째 달의 역사를 차례로 기록한 것이다. 그러나 마지막 구절은 그다음 해 첫 달의 역사를 기록한 것이다.

그러면 첫 번째로 언급된 출애굽기 12장 2절의 '달'을 살펴보자. "이 달을 너희에게 달의 시작, 곧 해의 첫 달이 되게 하고." 이 구절에서 달이 세 번이나 나오는데, 원어에는 대명사를 포함해서 네 번 나온다. 그 원어를 직역하면 다음과 같이 된다: "이 달을 너희에게 달들의 시작이 되게 하고, 그것[달]이 너희에게 해의 첫 달이 되게 하라." 달리 표현하면 '이 달을 한 해의 첫 달로 정하여 나머지 열한 달이 따르게 하라'는 것이다.

놀랍게도 이처럼 짧은 구절에서 달이 네 번씩이나 나오는데, 무슨 특별한 이유라도 있는가? 물론 특별한 이유가 있으며, 그 이유는 그만큼 중요하다는 것이다. 그렇다면 그 달에 어떤 일이 있었길래 그처럼 중요하단 말인가? 두 가지 엄청난 역사가 있었는데, 첫째는 이스라엘 백성이 그 사건을 통해서 애굽의 종살이에서 벗어난 것이다. 다시 말해서, 그들이 출애굽을 성취할 수 있는 시발점이 된 계기였다.

둘째는 그 달에 한 작은 부족에 지나지 않던 이스라엘 백성이 한 나라를 이루게 되었다는 것이다. 아브라함의 자손이 430년 전 애굽에 들어갔을 때는 고작 70명에 지나지 않던 한 가족이었다. 야곱과 그의 자손들을 다음과 같이 묘사한 것을 보면 분명하다. "야곱의 허리에서 나온 사람이 모두 칠십이요, 요셉은 애굽에 있었더라" (출 1:5). 그런데 출애굽을 한 사람의 수는 적어도 이백만, 많으면 삼백만에 이르렀다 (민 1:45-46).

'달'이 네 번이나 언급된 이유가 여기에 있다. 그달을 기점으로 이스라엘 민족의 구원과 건국이 시작되었다. 무에서 유를 창조하신 하나님의 사랑과 능력으로 구원과 국가를 이룬 시발점이었다. 다른 나라에게는 그 달이 첫 달이 아니지만, 이스라엘 백성에게는 그 달에 구원을 받았고, 국가를 이룬 대전기의 역사였다. 또 그때부터 이스라엘 백성은 신앙 공동체로도 발전하기 시작했다. 그 달을 전환점으로 이스라엘 백성은 그들의 구원자이신 하나님을 예배하기 시작했다.

다음으로 출애굽기 16장 1절에 언급된 두 번째 달의 사건을 보자. "이스라엘 자손의 온 회중이 엘림에서 떠나 엘림과 시내산 사이에 있는 신 광야에 이르니, 애굽에서 나온 후 둘째 달 십오 일이라." 그들이 애굽을 떠난 날도 15일이었으니, 꼭 한 달이 지났다. 그때까지는 애굽에서 가져온 '발교되지 못한 반죽'으로 연명했는데 (12:34), 결국 그 반죽도 다 소진하게 되었다. 이스라엘 백성이 겪은 굶주림은 컸고, 따라서 지도자들을 원망했다 (16:2).

하나님은 굶주림으로 원망하는 그 백성을 향해 또다시 구원의 손길을 펼치셨는데, 아침에는 만나로 그리고 저녁에는 메추라기로 그 백성을 먹이셨다. 메추라기는 이미 창조된 피조물 중 하나였지만, 만나는 지금까지 없었던 그래서 새롭게 창조된 떡이었다. 그처럼 먹이시면서 하나님은 당신의 옛 창조와 새 창조의 역사를 동시에 사용하셨다. 어쩌면 그 기적은 홍해를 가르신 일회성의 기적보다 위대할 수 있는데, 40년이나 지속하였기 때문이다.

이스라엘 백성이 아침마다 만나를 주우면서 놀라운 가르침도 받았는데, 그것은 안식일을 지키지 않으면 안 된다는 것이었다. 첫 달에 일어난 유월절의 사건을 통해 구원받은 그들은 이제부터 하나님의 뜻을 따르는 그래서 거룩한 백성이 되어야 하는데, 그렇게 되기 위해서는 안식일을 지켜야 했다. 모세의 명령을 보자: "…내일은 휴일이니 여호와께 거룩한 안식일이라…그 나머지는 다 너희를 위하여 아침까지 간수하라" (16:23).

이제 세 번째 달에 일어난 역사를 말씀에서 찾아보자. "이스라엘 자손이 애굽 땅을 떠난 지 삼 개월이 되던 날, 그들이 시내 광야에 이르니라" (19:1). 이 말씀에서 '삼 개월이 되던 날'은 애굽을 떠난 이후 셋째 달이라는 뜻이다. 셋째 달도 이스라엘 백성에게 말할 수 없이 중요한데, 그때 하나님과 언약을 맺었을 뿐 아니라, 하나님의 말씀인 토라를 받았기 때문이다. 이스라엘 백성이 목숨보다 소중하게 여기는 하나님의 율법인 토라를 그 셋째 달에 받은 것이다.

네 번째로 소개할 달의 역사는 이스라엘 백성이 출애굽한 다음 해 첫 달에 일어났다. 그때 마침내 성막이 완성되었는데, 모세는 그 날

짜도 알려주었다. "둘째 해 첫째 달 곧 그 달 초하루에 성막을 세우니라" (40:17). 하나님께서 이스라엘 백성을 애굽에서 건져내시고, 안식일을 지키게 하시고, 토라를 주신 궁극적인 목적은 당신이 그 백성 가운데 임하시기 위함이었다. 그런데 마침내 성막이 완성되면서 하나님께서 그 성막의 지성소에 좌정하신 것이다.

이스라엘 백성에게 이 네 가지 역사, 곧 애굽에서의 해방, 안식일의 준수, 토라의 수여, 성막의 완성은 너무나 중요하기에 단순히 사건으로만 언급된 것이 아니라, 그 역사가 일어난 달을 일일이 특정하여 기록한 것이다. 그렇게 기록된 역사를 설명할 때 자세히 보겠지만, 그런 역사는 이스라엘 백성에게 국한된 것이 아니다. 그 역사는 기독교에 그대로 전수되어서, 그리스도인들에게도 너무나 중요한 역사가 되었다.

간단히 말해서, 첫째 유월절의 역사는 예수 그리스도의 죽음의 모형이 되었다. 둘째 안식일의 역사는 그리스도인들이 드리는 주일 예배의 모형이었다. 셋째 이스라엘 백성이 토라를 받은 사건은 기독교에서 오순절로 연결되었다. 넷째 성막이 완성되자 하나님께서 구름 가운데 영광으로 임하신 것은 그리스도의 재림에 대한 모형이기도 하다. 그러니까 이스라엘 백성에게 주어진 네 번의 역사는 예수 그리스도의 초림과 재림 그리고 예배와 성령 충만의 모형이었다.

Exploring Exodus

10장

언약의 진수

Exploring Exodus

    여호와 하나님께서는 모세를 통해서 이스라엘 백성에게 언약의 말씀을 주셨는데, 그 언약에는 많은 것들이 포함되어 있다. 그 언약에는 십계명도 있고 법규도 있다. 그리고 법규에도 많은 세부적인 법들이 포함되어 있다. 예를 들면, 종에 관한 법, 폭행에 관한 법, 배상에 관한 법, 공평에 관한 법, 관계에 관한 법, 안식일에 관한 법, 절기에 관한 법 등 많은 법들이 있는데, 그 모든 법 중에 가장 핵심이 되는 것은 역시 '십계명'이다.

    여호와의 말씀으로 확인하자. "…너는 이 말들을 기록하라. 내가 이 말들의 뜻대로 너와 이스라엘과 언약을 세웠음이니라…여호와께서는 언약의 말씀 곧 십계명을 주셨더라" (출 34:27-28). 많은 언약의 말씀 중에서 십계명을 콕 찍어서 '언약의 말씀'이라고 하셨다. 그다음 세대에게도 똑같이 말씀하셨다: "여호와께서 그의 *언약을* 너희에게 반포하시고 너희에게 지키라 명령하셨으니, 곧 십계명이며 두 돌판에 친히 쓰신 것이라" (신 4:12).

    결국, 십계명이 모든 언약의 진수眞髓이다! 그런데 히브리어에 의하면 십계명은 "열 말씀"이다. 십계명을 주실 때, "하나님께서 이 모든 *말씀*으로 말씀하여 이르시되"로 시작하셨다 (20:1). 여기에서 '말씀'과 "열 말씀"은 히브리어로 *다바르*(דָּבָר)인데, 어느 유대인 학자는 재판관의 말이라고 하면서 하나님을 재판관으로 묘사했다. 다시 말해서, 백성이 "열 말씀"을 지키면 보상을 받으나, 지키지 않으면 형벌을 받게 된다는 의미가 들어있다는 것이다.

하나님께서 이스라엘 백성과 언약을 맺으면서 "열 말씀", 곧 십계명을 주신 가장 근본적인 이유는 사랑이었다. 그 사랑은 "나는 너를 애굽 땅, 종 되었던 집에서 인도하여 낸 네 하나님 여호와니라"고 묘사되었다 (20:2). 모세는 후에 그 해방을 사랑으로 묘사했다; "여호와께서 다만 너희를 *사랑*하심으로 말미암아…자기의 권능의 손으로 너희를 인도하여 내시되, 너희를 그 종 되었던 집에서 애굽 왕 바로의 손에서 속량하셨나니" (신 7:8).

하나님께서는 이스라엘 백성을 사랑으로 속량하시고 시내산으로 인도하신 후, 그 사랑을 근거로 십계명을 주셨다. 한 가지 조건이 있는데, 그들도 그 사랑에 대한 반응으로 사랑해야 했다. 그들의 사랑은 이중적인 것으로, 위로는 하나님을 사랑하고 아래로는 이웃을 사랑해야 한다. 십계명 중 처음 다섯 계명은 하나님에 대한 사랑이고, 그다음 다섯 계명은 이웃에 대한 사랑이다. 따라서 처음 다섯 계명에는 하나님이 들어있으나, 나머지 계명에는 들어있지 않다.

1. 하나님 사랑

하나님을 사랑하는 사람은 그분 외에는 다른 신들을 두지 않는데, 그것이 첫 번째 언약의 내용이다 (20:3). 하나님의 '열 말씀'을 이스라엘 백성에게 전한 모세는 '다른 신들을 두지 않아야' 하는 이유를 후에 이렇게 설명했다. "이스라엘아, 들으라! 우리 하나님 여호와는 오직 유일한 여호와이시니, 너는 마음을 다하고 뜻을 다하고 힘을 다하여 네 하나님 여호와를 사랑하라" (신 6:4-5). 여호와만이 유일하신 하나님이시기에 그분만을 사랑해야 한다는 것이다.

하나님께서 이스라엘 백성을 애굽에서 건져내실 때, 어떤 애굽의 신도 그분을 대적하지 못했다. 그 이유는 분명한데, 그분만이 여호와 하나님이시기 때문이다. 그분이 그렇게 그들을 신실하게 사랑하시고, 애굽에서 건져내시고, 시내산으로 인도하셨는데, 그들도 역시 그분의 그런 사랑에 신실한 사랑으로 반응해야 한다. 그분에게만 충성해야 하고, 그분만을 사랑하라는 명령이다. 다른 신들을 둔다는 것은 그분과의 관계가 방해되거나 깨어질 수밖에 없다.

하나님을 사랑하면, 그분의 형상을 만들지도 않는다. 하나님은 창조주이시며 구속자이신데, 그분의 형상을 만든다는 것은 그분을 피조물의 위치로 끌어내리는 행위이다. 우상을 만들지 말라는 것은 결국 하나님의 위대하심과 신비하심을 지켜야 한다는 명령이다 (20:4). 세 번째로 그분을 사랑하면 그분의 이름을 망령되이 부르면 안 된다 (20:7). 그들에게만 특별히 주어진 그분의 이름을 자신을 위해서 오용하거나 남용하지 말라는 명령이다.

하나님의 사랑을 듬뿍 받은 이스라엘 백성은 안식일을 지킴으로써 그분을 사랑해야 한다. 왜 안식일을 지키는 것이 그분에 대한 사랑인가? 두 가지 이유인데, 하나는 하나님의 창조와 연관되어 엿새 동안 천지를 창조하시고 일곱째 날 안식하셨다. 그 창조를 기억하면서 이스라엘 백성은 안식일을 지켜야 한다. 둘은 애굽에서 해방된 사실을 기념하고 기억하라는 목적이다. 하나님께서 그들을 애굽에서 건져내셨기에 그들이 존재하게 되었기 때문이다 (20:8).

모세는 다음 세대에게 안식일의 중요성을 가르치면서, 출애굽과 안식일을 다음과 같이 연결하였다. "일곱째 날은 네 하나님 여호와의 안식일인즉…너는 기억하라; 네가 애굽 땅에서 종이 되었더니, 네 하나님 여호와가 강한 손과 편 팔로 거기서 너를 인도하여 내었나니, 그러므로 네 하나님 여호와가 네게 명령하여 안식일을 지키라 하느니라"(신 5:14-15). 하나님께서 개입하셔서 그들을 건져내지 않으셨다면, 그들은 언약의 하나님을 만날 수 없었다.

다섯 번째 계명은 네 번째 계명처럼 적극적인 명령이다. 나머지 다섯 가지 계명이 모두 '말라'라는 소극적인 명령이나, 이 계명은 적극적인 행위를 요구하는 계명이다. 그뿐 아니라, 다섯 번째 계명, 곧 "네 부모를 공경하라"는 앞에 나오는 네 가지 계명과 뒤에 나오는 다섯 가지 계명을 연결해주는 연결고리가 된다. 앞의 네 계명은 근본적으로 하나님과의 관계에서 갖추어야 할 사랑이고, 뒤의 다섯 계명은 이웃과의 관계에서 실천해야 할 사랑이다.

"네 부모를 공경하라"는 계명은 인간관계에서 적용되는 사랑처럼 보이지만, 그것만은 아니다 (20:12). 물론 자녀는 부모를 공경하고 존경해야 한다. 그러나 이 명령에는 더 심오한 뜻도 함축되었는데, 자녀가 부모를 공경할 수 있도록 부모가 자녀교육을 잘 해야 한다는 것이다. 이스라엘 백성에게 자녀 교육의 핵심적인 내용은 두말할 필요도 없이 하나님께서 그 조상을 애굽에서 건져내시고, 나라를 세우게 하신 출애굽의 사건이다.

그런 근간이 되는 역사를 후손에게 교육하지 않는다면, 결국 이스라엘 백성은 그들의 조상을 속량하시어 위대한 나라로 만드신 여호와 하나님을 잊게 될 것이다. 그런 이유로 그분은 모세에게 이렇게 말씀하셨다; "모세가 하나님 앞에 올라가니, 여호와께서 산에서 그를 불러 말씀하시되, '너는 이같이 야곱의 집에 말하고, *이스라엘*

자손들에게 말하라'" (19:3). 하나님은 신앙의 전수가 가정에서부터 이루어져야 하는 중요성을 모세에게 들려준 것이다.

하나님께서 이스라엘 백성에게 생명을 주셨기에 그 하나님을 하나님 아버지라고 부르며 섬기는 것과 마찬가지로, 하나님께서는 부모를 통해 생명을 주셨기에 하나님을 공경하듯 부모를 공경해야 한다. 그러면 '네게 준 땅에서 네 생명이 길리라'고 약속하셨다. 그 약속은 장수의 약속이므로, 가정에는 필연적으로 연로한 부모가 있게 마련이다. 따라서 자녀들은 연세가 많은 부모를 끝까지 공경하는 것이 마땅한 일이다. 언젠가는 그들도 그렇게 늙을 테니 말이다.

2. 이웃 사랑

여호와 하나님과 언약을 맺은 이스라엘 백성은 언약의 백성답게 살아야 하는데, 그 방법이 바로 사랑이다. 그들은 위로 하나님을 사랑하고 아래로 하나님의 형상대로 지음을 받은 이웃을 사랑해야 한다. 모세는 다른 사람에 대한 사랑을 이렇게 묘사했다; "원수를 갚지 말며, 동포를 원망하지 말며, 네 이웃 사랑하기를 네 자신과 같이 사랑하라; 나는 여호와이니라" (레 19:18). 이웃을 사랑하되, 자신을 사랑하듯 사랑하라는 명령이다.

이웃을 사랑한다면, 이웃을 살해하지 않는다 (20:13). 특히 자신의 유익이나 소득을 위해 이웃을 죽이면 안 된다는 것이다. 그렇게 서로의 생명을 존중하는 백성은 언약의 백성답게 서로 사랑하는 공동체를 이룰 것이다. 그 공동체에서 높은 삶의 질을 만끽하게 된다.

그러나 "살인하지 말라"는 명령은 전쟁터에서 일어나는 살상이나 중대 범죄자의 처형까지 포함하지는 않는다. 하나님의 법을 어기고 싸움을 일으킨 적이나 심각한 죄를 범한 사람은 죽일 수도 있다.

그다음으로, 이웃을 사랑한다면 "간음할 수 없다"는 명령이다 (20:14). 이스라엘 백성은 그들의 창조주와 구속자이신 여호와 하나님을 신실하게 사랑해야 한다. 마찬가지로, 그들은 배우자를 하나님께 하듯 신실하게 사랑해야 한다. 그들이 다른 신을 섬긴다면 신실하지 못한 것처럼, 자기의 배우자 외의 다른 사람에게 몸을 내준다면 절대로 신실하지 않은 것이다. 부부 사이의 사랑이 깨어져서 가정이 무너지며, 가정이 무너지면 궁극적으로 사회가 무너진다.

"도둑질하지 말라"는 계명은 일차적으로는 다른 사람에게 속한 재산을 자신의 치부나 유익을 위해 훔치는 행위를 금지하는 명령이다 (20:15). 그런 행위는 언약의 백성들이 함께하는 공동체를 깨뜨리는 것이다. 그런데 그보다 더 심각한 도둑질은 이웃의 자유를 빼앗는 행위이다. 하나님의 형상대로 지음을 받은 존귀한 인간의 인권을 탈취하는 것은 몹쓸 범죄이다. 다른 사람의 재산이나 자유를 도둑질하는 행위는 결단코 사랑의 행위일 수 없다.

"네 이웃에 대하여 거짓 증거하지 말라"는 근본적으로 이스라엘의 법적 체계에서 사용하는 표현이다 (20:16). 만일 법정에서 거짓말과 위증이 난무한다면, 법정에 불려온 사람의 자유와 인권이 짓밟히게 된다. 그렇게 되면 궁극적으로 사회의 질서가 깨어지고, 마침내 나라가 무너지게 될 것이다. 하나님과 언약을 맺어서 그분 중심으로 엮어진 백성들의 공동체 자체가 흔들리게 된다. 진정한 사랑은 진리와 진실이 동반되어야 한다.

마지막으로 열 번째 '탐내지 말라'는 말씀은 앞의 아홉 가지 말씀과는 성격이 다르다 (20:17). 아홉 가지는 겉으로 나타나는 행위를 강조하는데, '탐내지 말라'는 내적 욕망을 겨냥한 말씀이다. 이 열 번째 계명으로 인해 히브리법은 다른 국가의 법이 모방할 수 없는 온전한 차원의 법으로 존중받아야 한다. 그 이유도 분명한데, 모든 법은 밖으로 드러난 불법과 범죄를 다루나 히브리법은 그런 불법과 범죄의 근원을 다루고 있다. 모든 죄는 마음속에 있는 욕망에서 시작된다.

두말할 필요도 없이 이스라엘 나라에는 불법과 범죄를 심판하는 경찰도 있고, 검찰도 있고, 재판관도 있을 것이다. 그러나 그들은 사람의 마음속에 자리한 죄의 근원, 곧 욕망을 절대로 심판할 수가 없다. 그런데 인간의 어떤 법체계에서도 심판하지 못하는 욕망을 제재하시는 분이 있는데, 곧 이스라엘 백성을 애굽에서 구원해내시고 나라를 이룩하게 하신 여호와 하나님이시다. 그 하나님은 인간의 모든 불법과 범죄의 뿌리가 되는 잘못된 욕망을 심판하시는 거룩한 하나님이시다.

열 번째 계명에는 이스라엘 백성이 탐내는 순서가 나온다. 첫째는 집인데, 젖과 꿀이 흐르는 약속의 땅에 들어가면 제일 먼저 필요한 것은 그들의 주거지이기 때문이다. 둘째는 이웃의 아내인데, 사람들이 생활이 안정되면서 눈길이 여자에게로 향하기 때문이다. 그 다음은 이웃의 소유를 탐내기 시작한다. 그런데 모세는 자녀 세대에게 십계명을 가르치면서 이웃의 집보다 이웃의 아내를 먼저 언급했는데, 그 가르침을 받는 사람들이 젊은이들이었기 때문이다 (출 20:17, 신 5:21).

3. 사랑의 실천

여호와 하나님께서는 이스라엘 백성과 언약을 맺으실 때도 *쉐키나*의 영광으로 강림하셨다 (출 19장). 그 하나님께서 그들에게 "열 말씀"을 주실 때도 역시 *쉐카나*의 영광으로 임하셨다. 우레와 나팔 소리와 같은 장엄하게 들리는 하나님의 음성은 물론, 번개와 연기 가운데 임하신 하나님의 모습은 이스라엘 백성으로 두려움에 사로잡히게 했다. 그들은 하나님으로부터 직접 말씀을 듣기를 원하지 않고, 모세를 통해 듣기를 원했다 (20:18-21).

그렇다면 이스라엘 백성을 두려움에 휩싸이게 만들면서 임하신 여호와 하나님께 그들은 어떻게 나아올 수 있는가? 그들을 너무나 사랑하시는 하나님께서는 이제 그들이 당신 앞에 나아올 수 있는 길을 알려주셨다. 그런데 그 길은 이스라엘 백성을 이방인들의 우상숭배로부터 보호하기 위함이기도 했다. 그들이 들어갈 가나안 땅에는 많은 우상과 제단과 제물이 있었다. 이스라엘 백성이 잠시라도 한눈을 팔면 여지없이 그들의 우상에 빠져들 수 있었다.

여호와 하나님께서는 이렇게 시작하셨다; "…내가 하늘로부터 너희에게 말하는 것을 너희 스스로 보았으니" (20:22b). 그렇다! 그 하나님은 하늘에 계신 분이지만, 특별히 이스라엘 백성을 위하여 시내산에 우레와 번개로 임하셨다. 그분은 시내산에 계신 그런 신이 아니라, 하늘에 계신 분이시다. 시시때때로 이스라엘 백성에게 영광으로 임하시는 능력의 여호와 하나님이시다. 그분은 하늘에서 말씀하셨고, 그리고 그들은 땅에서 그분의 영광을 보았다.

"너희는 나를 비겨서 은으로나 금으로나 너희를 위하여 신상을 만들지 말라"는 여호와의 말씀은 (20:23) "나 외에는 다른 신들을 두지 말라"는 첫째 계명과 "너를 위하여 새긴 우상을 만들지 말라"는 둘째 계명을 한꺼번에 언급하신 명령이다. 그들은 어떤 환경에서도 이방인들이 섬기는 우상 숭배에 빠져서 은과 금으로 하나님의 형상을 만들거나 아니면 신들의 형상을 만들면 안 된다는 말씀이다. 얼마 지나지 않아서 아론이 금송아지 우상을 만든 것을 보라 (32:4).

이스라엘 백성이 제단과 제물을 통해 하나님께 나아올 수 있는데, 하나님께서 말씀하신 제단은 너무나 간단하며 소박하다. 흙이나 돌로 제단을 만들 때, 특히 돌 제단을 만들 때, '다듬은 돌로 쌓지 말라'고 명령하셨다. 그 이유도 언급하셨는데, '네가 정으로 그것을 쪼면 부정하게 함이니라' (20:24-25). 그러니까 이스라엘 백성이 하나님께 나아올 때, 하나님께서 창조하신 흙이나 돌로 제단을 만들어야지, 인간이 다듬은 인간의 작품으로는 안 된다는 엄한 말씀이다.

제단을 만들 때, 이방인들처럼 높은 제단을 만들어서 층계를 사용해야만 오를 수 있는 그런 제단은 만들지 말라는 것이다. 그 이유도 언급하셨는데, 층계를 오를 때 '네 하체가 그 위에서 드러날까 함이라' (20:26). 후에는 제사장들이 속옷을 입으므로 하체가 드러나지 않았지만 (28:40), 그때는 속옷을 입지 않았던 것 같다. 거룩한 하나님 앞에 나와서 '양과 소로 속죄제와 속건제를 드림으로' 그들이 거룩해지는데, 거룩하지 않으면 나올 수 없다는 말씀이다.

다른 이방인의 신들과는 달리, 이스라엘 백성을 애굽에서 건져내시고 시내산까지 인도하신 하나님은 사랑과 능력의 하나님이시다. 그분은 이처럼 놀라운 약속도 주셨다. "…내가 내 이름을 기념하게 하는 모든 곳에서 네게 임하여 복을 주리라" (20:24b). 이스라엘 백성은 그들을 이처럼 사랑하시는 그들의 하나님을 신실하게 사랑해야 한다. 그리고 사랑의 표출과 실천은 위로는 하나님을 사랑하며, 아래로는 이웃을 사랑하되 내 몸처럼 사랑해야 한다.

Exploring Exodus

11장

언약의 법규

Exploring Exodus

하나님 사랑과 이웃 사랑이 "열 말씀"의 진수이다. 그 진수는 신약성경에서 예수 그리스도도 그대로 받아들이셨다. 율법 중에서 어느 계명이 크냐는 율법사의 질문에 그분은 아주 명료하게 이렇게 대답하셨다: "네 마음을 다하고 목숨을 다하고 뜻을 다하여 주 너의 하나님을 *사랑하라* 하셨으니, 이것이 크고 첫째 되는 계명이요; 둘째도 그와 같으니 네 이웃을 네 자신 같이 *사랑하라* 하셨으니, 이 계명이 온 율법과 선지자의 강령이니라" (마 22:37-39).

그런데 그중 둘째 계명인 이웃 사랑은 간단하지 않다. 살인과 간음과 도적질과 거짓 증거와 탐심의 죄를 범하지 않으면, 이웃을 자신의 몸처럼 사랑한다고 할 수 있는가? 그렇지 않다! 복잡한 인간관계에서 이웃을 자신처럼 사랑한다는 것은 그 계명들을 지키기만 하면 저절로 이루어지지 않는다. 이를 위해 이웃을 자신처럼 사랑할 수 있는 구체적인 규례가 추가되었고, 이를 통해 언약의 공동체 안에서 일어날 수 있는 여러 가지 갈등을 해결할 수 있게 했다.

출애굽기 21장에서 23장에 들어있는 내규 또는 법규는 28가지나 된다. 장별로 보면 21장에 10개, 22장에 10개, 23장에 8개의 법규가 각각 들어있다. 물론 그 법규들을 분류하는 방식에 따라 그 숫자가 다소 다를 수 있지만, 여하튼 하나님은 그렇게 많은 법규를 이스라엘 백성에게 주셨다. 이번에도 모세를 통해 주셨다. "네[모세]가 백성 앞에 세울 법규는 이러하니라" (출 21:1). 두말할 필요도 없이 이 법규들은 주로 이스라엘 백성에게 해당하는 법규이다.

1. 공동체 community

이스라엘 백성은 하나님의 도우심으로 약속의 땅인 가나안에 들어가서 정착하게 될 것이다. 하나님은 28가지의 규례를 주시면서 이런 약속도 포함하셨다. "내가 네 경계를 홍해에서부터 블레셋 바다까지, 광야에서부터 강까지 정하고, 그 땅의 주민을 네 손에 넘기리니 네가 그들을 네 땅에서 쫓아낼지라" (23:31). 그렇게 넓고도 광활한 땅이 '네 땅'이 된다는 약속이다. 그 땅에서 이스라엘 백성은 자연스럽게 공동체를 이루게 될 것이다.

그런데 그 공동체에 속한 백성은 사랑을 유지해야 한다. 그 이유는 그들이 언약의 백성답게 살아야 하기 때문이다. 이미 살펴본 대로, 언약의 백성은 안으로는 하나님의 사랑으로 서로 사랑하며, 밖으로는 그 하나님을 알지 못하는 주변의 뭇 사람들에게 그 하나님을 전해야 하기 때문이다. 이스라엘 백성만이 하나님의 사랑과 능력을 경험했기 때문이다. 물론, 하나님의 사랑은 유월절 양의 희생을 통해, 그리고 하나님의 능력은 홍해의 갈라짐을 통해 나타났다.

이스라엘 백성 이외에는 그러한 하나님의 사랑과 능력을 보거나 경험한 백성이 없었다. 게다가 하나님께서는 그런 사랑과 능력을 무시로 나타내지도 않으신다. 따라서 사람들이 보거나 만난 적이 없는 그 하나님을 경험하기 위해서는 그런 하나님을 몸소 경험한 사람들의 증거를 의지할 수밖에 없다. 그런데 그중에서 가장 강력한 증거는 두말할 필요도 없이 개인적으로는 이스라엘 사람들의 거룩한 삶이고, 집합적으로는 공동체 안에서 나누는 사랑의 삶이다.

그 공동체가 조화와 사랑을 나타내려면, 그 공동체에는 필연적으로 내규 또는 법규가 있어야 한다. 비록 그들이 하나님의 사랑과 능력을 경험했지만, 그들에게는 여전히 인간에게 남아있는 많은 약점이 있다. 그들은 조금만 잘못하면 서로를 미워하면서 상해를 입히거나 죽일 수 있으며, 상대방의 소유에 탐심을 품을 수 있다. 그들은 시시때때로 그와 같은 갈등에 빠져들 수 있으며, 그럴 적마다 문제들을 해결해줄 수 있는 법규가 필요했다.

출애굽기 후반부에서 보겠지만, 이스라엘 백성을 출애굽하게 하셨고, 또 약속의 땅으로 인도하실 여호와 하나님께서 그들 가운데 상주常住하실 것이다. 거룩하신 하나님께서 그들 가운데 좌정하시기 위해서는 그 공동체가 반드시 조화와 사랑의 공동체가 되어야 한다. 따라서 이스라엘 사람들은 공동체 안에서 서로 사랑해야 하는데, 그것이 하나님에 대한 사랑의 방증이 되기 때문이다. 그처럼 고귀한 목적을 위해 하나님은 그처럼 많은 법규를 주셨다.

2. 공의 justice

하나님께서 이스라엘 백성에게 많은 법규를 주셨을 당시는 원시시대로 공의에 대한 인식과 규례가 참으로 미미했다. 그때는 약육강식의 시대였는데, 노예의 예를 들어보자. 그 당시 어떤 주인이 노예를 6년간 부리다가 자유를 주었는가? 그 주인은 노예를 동물처럼 취급하면서 마음대로 상해할 수도 있고, 죽일 수도 있었다. 더군다나 여종은 십중팔구 주인의 성 노리개였다. 그런 시대에 '여종을 아들에게 주면 딸같이 대우하라'는 법규는 가히 혁명적이었다 (21:9).

그 못지않게 혁명적으로 명령한 규례를 인용해보자. "만일 상전이 다른 여자에게 장가들지라도, 그 여자의 음식과 의복과 동침하는 것은 끊지 말 것이요, 그가 이 세 가지를 시행하지 아니하면, 여자는 속전을 내지 않고 거저 나가게 할 것이니라"(21:10-11). 그 당시 이런 내규는 세상 어디에서도 찾기 어려운 것이었다. 다른 여자에게 장가간 주인이 그 여종에게 음식과 의복과 동침을 계속하라니, 그렇지 않으면 자유를 주라니, 얼마나 놀라운가!

"사람을 쳐죽인 자는 반드시 죽일 것이나"를 보자 (22:12). 이 법규는 공의를 얼마나 잘 나타내는 것인지 모른다. 어떤 사람도 법의 심판 앞에 예외가 될 수 없다는 하나님의 엄중한 말씀이다. 누구든지 사람을 죽이면 그도 신분의 고하를 막론하고 반드시 죽어야 한다는 법규이다. 이 법규로 인해 많은 사람이, 특히 낮고 천한 사람들이 죽임을 면할 수 있었을 것이다. 그 이유가 분명한데, 그들을 죽이면 죽인 자들도 죽을 것이기 때문이다.

공의를 잘 드러내는 또 다른 법규를 보자. "그러나 다른 해가 있으면 갚되 생명은 생명으로, 눈은 눈으로, 이는 이로, 손은 손으로, 발은 발로, 덴 것은 덴 것으로, 상하게 한 것은 상함으로, 때린 것은 때림으로 갚을지니라"(22:23-25). 얼른 보기에 이 법규는 너무나 잔인한 보복의 명령처럼 여겨질 수 있다. 그러나 조금만 눈을 크게 떠서 보면 공의로운 법 정신을 대표한다고 할 수 있는 놀라운 법규임을 알 수 있다.

약육강식의 시대에 권력과 재물이 많은 사람은 무소불위無所不爲의 위치에 있었다. 그런 사람들에게 공의란 찾아보기 어려웠다. 그들이 사람들을 상해傷害하여 병신을 만들어도 그들은 법망에 걸리지 않

11장 언약의 법규

았다. 그러나 이 하나님의 법규로 인해 그런 작자들도 다른 사람을 상해하면, 예외 없이 그들도 상해를 받아야 한다는 것이다. 얼마나 공의로운 법인가! 법 앞에 만인이 평등하다는 놀라운 사실을 인류 역사상 최초로 알려주신 하나님의 법규였다.

다른 말씀을 통해 이 법규에 포함된 공의로운 정신을 살펴보자. "사람이 매로 그 남종이나 여종을 쳐서 당장에 죽으면 반드시 형벌을 받으려니와" (21:20). 남녀를 불문하고 종은 주인의 소유이기에 주인 마음대로 처리할 수 있는 시대였다. 그런데 주인이 그 종을 때려서 죽으면 그 주인도 '반드시 형벌을 받으라'는 엄명이다. 이 말씀에서 '반드시'를 첨가하므로, 그 주인의 지위 고하를 막론하고 예외 없이 처벌을 받아야 한다는 것이다. 얼마나 놀라운 법규인가!

이스라엘의 공동체 안에는 반드시 공의가 있어야 한다는 법규를 더 보자. "다수를 따라 악을 행하지 말며, 송사에 다수를 따라 부당한 증언을 하지 말며, 가난한 자의 송사라고 해서 편벽되이 두둔하지 말지니라" (23:2-3). '다수'가 범하는 악에 대해 그 '다수'에게 유리하도록 거짓으로 증언해서는 안 된다는 명령이다. 그뿐 아니라, '가난한 자의 송사'라고 해서 그 가난한 자를 두둔하는 재판을 하면 안 된다는 공의의 법규이다.

3. 자비 mercy

이스라엘 백성에게 이처럼 많은 법규를 주신 또 다른 이유는 그들이 서로에게 자비를 베풀라는 데 있다. 그 이유도 분명한데, 그들에게 법규를 주신 하나님께서 자비로우신 분이기 때문이다. 하나님께서 직접 하신 말씀을 인용해보자, "나는 자비로운 자임이니라" (22:27). '자비'는 히브리어로 하눈(חנון)인데, 영어로는 mercy 내지 grace의 형용사이다. 하나님께서 자비로우신 분이기에 이스라엘 백성도 서로를 향해 자비를 베풀어야 한다는 것이다.

다시 말해서, 하나님께서 이스라엘 사람들에게 주신 법규에 담긴 정신은 서로를 대할 때, 하나님의 자비로우신 속성을 드러내야 한다는 것이다. 자비를 베풀어야 하는 법규들의 실례를 들어보자. "만일 상전이 다른 여자에게 장가들지라도, 그 여자의 음식과 의복과 동침하는 것은 끊지 말 것이요" (21:10). 비록 여종을 아내로 삼지 않을지라도, 그 여종에게 자비를 삼중적으로 베풀라는 명령이다. 그 당시 그처럼 여종에게 자비를 베풀라는 법이 또 있었겠는가?

그 당시의 종들은 주인의 소유로서 사람으로 대우를 거의 받지 못했다. 그런데 하나님께서 이스라엘 백성에게 주신 법규는 그들도 주인으로부터 자비를 받아야 할 사람이라는 것이다. "사람이 그 남종의 한 눈이나 여종의 한 눈을 쳐서 상하게 하면,…이를 쳐서 빠뜨리면 그 이에 대한 보상으로 그를 놓아 줄지니라" (21:26-27). 그 당시 눈이나 이를 상하게 했다고 그 종에게 자유를 주는 법은 주변 국가에서 찾아볼 수 없고, 하나님의 백성에게만 있는 법이었다.

놀랍게도 그런 자비를 이스라엘 백성이 그들의 공동체 안에서만 베풀 것이 아니라, 이방인에게도 베풀어야 한다는 것이다. "너는 이방 나그네를 압제하지 말며, 그들을 학대하지 말라; 너희도 애굽 땅에서 나그네였음이라" (22:21). 그들은 과거의 아픔을 기억하면서 현재에 똑같은 아픔을 겪는 이방인들에게 하나님의 자비를 베풀라는 말씀이다. 그렇게 할 때, 이방인들 가운데서 이스라엘 백성이 섬기는 여호와 하나님께로 돌아올 사람이 생길 것이다.

이스라엘 백성에게 자비의 손길을 그렇게 많이 베푸신 하나님께서는 그들도 역시 그 주변에 있는 사람들에게 자비를 베풀라고 요청하신 것이다. 불쌍한 사람들 가운데는 과부나 고아나 가난한 자들도 있는데, 그들에게 자비를 베풀라는 말씀이다. "너는 과부나 고아를 해롭게 하지 말라"(22:22). "네가 만일 너와 함께 한 내 백성 중에서 가난한 자에게 돈을 꾸어주면…이자를 받지 말 것이며…이웃의 옷을 전당 잡거든 해가 지기 전에 돌려보내라"(22:25-26).

이스라엘 백성은 안식일과 안식년에도 자비를 베풀어야 한다. 그런데 그들의 자비는 가난한 사람들과 종들과 나그네뿐 아니라, 동물과 토지에게도 베풀어야 한다는 것이다. "너는 엿새 동안에 네 일을 하고 일곱째 날에는 쉬라; 네 소와 나귀가 쉴 것이며, 네 여종의 자식과 나그네가 숨을 돌리리라"(23:12), "일곱째 해에는 갈지 말고 묵혀두어서, 네 백성의 가난한 자들이 먹게 하라. 그 남은 것은 들짐승이 먹으리라"(23:11). 이것은 전대미문의 법규이다!

4. 거룩 holiness

이스라엘 백성은 하나님의 속성에 따라 주변의 사람들에게 자비를 베풀어야 한다. 그뿐 아니라 하나님의 법규를 지켜야 하는 그들은 하나님처럼 거룩해야 한다. 하나님은 아주 분명하게 말씀하셨다: "너희는 내게 *거룩한 사람이 될지니*"(22:31). 이 명령이 들어있는 말씀에 의하면, 거룩한 사람은 '들에서 짐승에게 찢긴 동물의 고기를 먹지 말고 그것을 개에게 던지라'는 것이다. 그런 동물은 부정하기에 이스라엘 백성에게는 합당하지 않다는 것이다.

　이스라엘 백성은 거룩해야 하는데, 그런 거룩함은 크게 두 가지로 나타내야 한다. 첫째는 이웃과의 관계에서, 그리고 둘째는 하나님과의 관계에서, 각각 나타내야 한다. 하나님께서 주신 법규도 크게 둘로 나눌 수 있는데, 하나는 이웃과의 관계를 강조하고, 둘은 하나님과의 관계를 강조한다. 출애굽기 21장 2절부터 23장 13절에 들어있는 법규는 이웃과의 관계에서, 그리고 23장 14절부터 33절까지는 하나님과의 관계에서, 각각 나타내어야 하는 거룩함이다.

　결국, 하나님의 법규는 십계명을 삶의 현장에서 구체적으로 시행하는 방법이다. 두말할 필요도 없이 하나님과의 관계를 강조하는 법규들은 십계명 중 첫 번째 다섯 계명의 시행령施行令이라 할 수 있으며, 이웃과의 관계를 강조하는 법규들은 십계명 중 두 번째 다섯 계명의 시행령이라고 할 수 있을 것이다. 그런데 그 법규들을 시행하는 근본적인 자세는 거룩해야 한다는 것이다. 재론의 여지 없이, 거룩하신 하나님을 드러내기 위함이다.

　하나님과의 관계에서 첫 번째 법규는 일 년에 세 번씩 하나님께 절기를 지키라는 것이다. "너는 매년 세 번 내게 절기를 지킬지니라"(23:14). 세 번의 절기 중 첫 번째 드리는 무교병의 절기로, 다른 말로 하면 유월절이다. 무교병이 뜻하는 대로 유교병과 함께 드리면 안 된다 (23:18). 두 번째 절기는 맥추절인데, "네 토지에서 처음 거둔 열매의 가장 좋은 것을 여호와의 전에 드려야 한다"(23:19). 세 번째는 "연말에 밭에서부터 거두어 저장하는" 절기이다 (23:16).

이스라엘 백성은 하나님의 인도와 보호로 결국 가나안 땅에 이를 텐데, 그곳으로 인도하신 여호와 하나님의 '목소리를 청종하고' 그분의 '말대로 행하면, 내가 네 원수에게 원수가 되고 네 대적에게 대적이 되시겠다'고 약속하셨다 (23:21-22). 그뿐 아니라, "내 사자가 네 앞서 가서 너를 아모리 사람과 헷 사람과 브리스 사람과 가나안 사람과 히위 사람과 여부스 사람에게로 인도하고, 나는 그들을 끊으시겠다"는 것이다 (23:23).

이스라엘 백성은 그렇게 인도하실 하나님 앞에서 거룩해야 하는데, 그 방법까지도 알려주셨다. 소극적으로 "너는 그들의 신을 경배하지 말며, 섬기지 말며, 그들의 행위를 본받지 말고, 그것들을 다 깨뜨리며, 그들의 주상을 부수어야" 한다 (23:24). 적극적으로는 "네 하나님 여호와를 섬기라"는 것이다 (23:25). 그러면 여호와 하나님께서 양식과 물을 충분히 주시며, 질병도 제거하시며, 해산의 축복을 내려서 낙태하는 자가 없게 하시겠다는 것이다 (23:26).

이스라엘 백성이 그렇게 한편 하나님을 섬기며, 또 한편 '그들과 그들의 신들과 언약하지' 않으면, '홍해에서부터 블레셋 바다까지, 광야에서부터 강까지' 모든 주민을 쫓아내고 그들에게 그 광활한 땅을 선물로 주시겠다는 것이다 (23:31). 그처럼 놀라운 약속을 받기 위해서 이스라엘 백성은 죄를 범하지 말고, 도리어 거룩하게 살라는 것이다. 그들이 거룩한 하나님을 그렇게 거룩하게 드러낼 때, 거룩하신 하나님은 그들을 마음껏 축복하시겠다는 것이다.

구속사적 조명 ⑧

토라와 출애굽기

토라^{Torah}는 모세오경을 가리키는데, 곧 창세기, 출애굽기, 레위기, 민수기, 신명기이다. 이 다섯 권의 책은 유대인의 신앙과 삶을 결정짓는 근거가 되었다. 그 이유도 분명한데, 그 안에는 십계명을 비롯한 모든 율법이 들어있기 때문이다. 율법은 유대인의 현재를 지배할 뿐 아니라 죽음 너머까지도 결정하는 가르침과 지혜라고 믿었다. 그런 믿음을 따라 유대인은 토라를 귀하게 여기면서 많은 해석을 내놓기도 했다.

토라의 첫 번째 책인 창세기는 그 이름대로 하나님의 창조와 인간 역사의 시작을 묘사한다. 그런 이유로 창세기를 두 단어로 표시한다면, 창조^{creation}와 역사^{history}가 될 것이다. 그리고 그 초기의 역사에 등장하는 중요한 인물은 아담, 노아, 아브라함, 이삭, 야곱, 요셉 등이다. 창세기에서는 이처럼 개인들을 다루었다. 그 역사에서 마지막으로 등장하는 요셉으로 인해 아브라함의 자손이 어떻게 애굽으로 들어갔는지 그 과정도 제법 소상하게 기록하고 있다.

애굽이라는 나라의 우산 밑에서 430년이나 지낸 이스라엘 백성은 번성에 번성을 거듭했는데, 70명으로 들어간 그들이 2~3백만 명에 이르게 되었다. 비록 그들이 종으로 전락하여 벽돌을 만들며 성을 쌓는 일에 내몰렸지만, 그들을 해방할 수 있는 하나님의 사람인 모세가 나타났다. 그 모세는 이스라엘 백성을 구출하여 출애굽을 이루었을 뿐 아니라, 나라를 일구는 쾌거를 이루었다. 그러니까 창세기는 개인 인물들을, 출애굽기는 이스라엘 백성을, 각각 다루고 있다.

하나님께서 모세를 통해 이스라엘 백성을 해방하신 목적은 그들과 언약 관계를 맺기 위함이었다. 그때부터 이스라엘 백성에게는 그들이 경험한 해방의 하나님을 열방에 전해야 하는 사명도 주어졌다. 그처럼 귀한 사명을 위해 하나님께서는 그 백성과 긴밀한 관계를 유지하고 또 그들을 정기적으로 만나셨는데, 그 하나님과 만남의 방법을 상세하게 알려준 책이 레위기이다. 그 책에서 제시한 방법은 간단히 말해서 제사를 통한 것이었다.

이스라엘 백성이 출애굽 이후 하나님을 정기적으로 만나면서 약속의 땅, 곧 젖과 꿀이 흐르는 가나안을 향해 진군하기 시작했다. 그 진군을 통해서 그들이 깊이 경험한 것은 그들 속의 죄의 성품이 있는 그대로 드러난 것이었다. 그들은 지도자를 원망했고, 다투었고, 거부했다. 그런 경험을 통해 그들의 죄의 성품이 깊이 다루어지는 과정을 그린 책이 민수기이다. 그렇지만, 그들은 우여곡절 끝에 가나안 땅의 코앞에 이르게 되었다.

그때는 여호수아와 갈렙을 제외한 출애굽의 첫 세대가 광야를 지나는 40년 동안 하나씩 하나씩 모두 죽은 후였다. 이제 약속의 땅으로 들어가게 된 그다음 세대는 육신적으로는 준비가 되었지만, 신앙적으로는 준비가 되지 못했다. 그들을 신앙적으로 준비시키기 위해 지도자 모세는 율법은 물론 기타 중요한 것들을 요약해서 가르쳤다. 모세는 다음 세대를 그렇게 준비시켰을 뿐 아니라, 그 세대를 이끌어갈 지도자로 여호수아를 세웠다. 그런 것들이 신명기의 내용이다.

토라의 핵심 메시지는 출애굽기에 기록된 대로 '해방'이다. 창세기는 그 해방 이전의 이야기이고, 레위기와 민수기와 신명기는 그 해방 이후의 이야기이다. 그 해방은 이중적인데 한편 애굽에서 나와야 하나, 또 한편 가나안으로 들어가야 한다. 그렇지 않으면 출애굽은 절반의 해방으로 전락할 것이다. 모세는 이와 같은 이중적인 해방을 단 한 구절로 표현했다: "우리 조상들에게 맹세하신 땅을 우리에게 주어 들어가게 하시려고 우리를 거기서 *인도하여 내시고*" (신 6:23).

'인도하여 내시고'는 출애굽을 묘사한 것이다. 왜 하나님은 아브라함의 후손이 애굽에서 별처럼 번성하게 하신 후, 그들을 그곳에서 건져내셨는가? 하나님은 그 목적을 분명히 언급하셨는데, 곧 '우리 조상들에게 맹세하신 땅을 우리에게 주어 들어가게 하심이다.' 이 묘사에서 '우리'는 이스라엘 백성을 뜻하고--더는 개인이 아니다!--'조상들'은 아브라함과 이삭과 야곱이다. 하나님은 그 조상들에게 약속의 땅을 주겠다고 거듭 말씀하셨고 마침내 이루셨다.

토라를 순서대로 보면 우리의 신앙 성장 과정도 함축하고 있다. 창세기는 하나님께서 사람에게 허락하신 큰 은혜의 시작을 보여준다. 인간이 알기도 전에 천지를 창조하셔서 그 인간이 '번성하고 생육할' 수 있게 하셨다. 그뿐 아니라, 아브라함을 선택하셔서 그 후손 가운데 세상의 구주이신 예수 그리스도를 준비시키셨다. 그런 은혜야말로 인간의 시작에 앞서 내리신 선행은총先行恩寵: prevenient grace인데, 창세기는 그런 은총의 시작을 드러낸 귀한 책이다.

그 선행은총에 의하여 아브라함의 후손은 애굽으로 갔고, 거기에서 큰 무리를 이루었다. 그러나 그들이 출애굽을 경험하지 않으면 영원히 애굽 나라의 노예로 남았을 것이다. 하지만 하나님께서 은혜로 개입하셔서 그들을 구원하셨는데, 그 은혜야말로 *구원의 은총* saving grace이었다. 결국, 그처럼 엄청난 구원을 이루기 위하여 하나님께서는 이스라엘 백성에게 선행은총을 베푸셨고, 마침내 그들을 구원하셨다. 출애굽기는 그런 구원의 은총을 보여주는 책이다.

토라의 그다음 두 책은 거룩한 삶을 살 수 있도록 은혜를 베푸신 *성화의 은총* sanctifying grace에 대한 말씀이다. 레위기는 거룩한 삶을 위해 드려야 하는 예배의 절차와 규례를 알려주는 책이다. 하나님은 그렇게 예배드리는 유대인을 거룩하게 여기시는데, 그것은 신분상의 성화 positional sanctification라 할 수 있다. 민수기는 삶의 현장에서 경험적으로 거룩하게 사는 법을 구체적으로 보여주기에 실제적 성화 practical sanctification라 할 수 있다.

토라의 마지막 책인 신명기는 새로 등장한 신세대가 약속의 땅 가나안으로 들어가게 된다는 엄청난 희망을 들려주는 책이다. 하나님께서 이스라엘 백성의 조상들에게 주신 약속을 마침내 이루시고, 영광스러운 은혜를 누리게 될 것이라는 희망을 불어넣어 주고 있다. 그러므로 신명기는 *영광의 은총* glorifying grace을 예언한 책이라 할 수 있다. 그런 영광이 토라의 절정이며, 그 절정을 향한 관문은 뭐니 뭐니 해도 출애굽기에 기록된 이스라엘 백성의 구원이다.

Exploring Exodus

12장

언약의 체결

Exploring Exodus

여호와 하나님께서 그렇게 오랫동안 종살이하던 이스라엘 백성을 기적에 기적을 더하면서 애굽에서 건져내셨다. 그 후에도 역시 불가사의한 능력으로 그들을 시내산으로 인도하셨다. 그분이 처음 모세를 부르시면서 약속하신 대로 (출 3:12), 이스라엘 백성을 그곳까지 인도해 오셨다. 그렇게 하신 목적도 분명한데, 당신이 이스라엘 백성의 하나님이 되시고, 그들이 당신의 백성이 되게 하기 위해서였다.

그런 관계를 한마디로 정의한다면, 이스라엘 백성이 하나님과 언약을 맺은 언약의 백성이 된다는 뜻이다. 그러니까 하나님은 이스라엘 백성을 언약의 백성으로 삼으시기 위하여 그처럼 많은 공을 들여서 그들을 구원하시고 또 인도하셨다. 그뿐 아니라, 그 하나님께서는 이스라엘 백성이 보는 가운데, *쉐키나*의 영광으로 강림하셨다. 그 백성이 두려워 떨고 있을 때, 하나님께서는 그들에게 차원 높은 은혜의 말씀을 주셨는데, 곧 "열 말씀"과 "법규"였다.

그 "열 말씀"과 "법규"는 하나님께서 이스라엘 백성과 맺고자 하시는 언약의 내용으로, "언약의 진수"이며 "언약의 법규"였다. 이제 남은 것은 그 언약을 체결하는 것이다. 언약의 당사자들인 하나님과 이스라엘 백성이 있고, 당사자들을 연결해주는 모세도 있었다. 그뿐 아니라, 그 언약의 성사를 위해 증언해 줄 삼자가 있어야 하는데, 그 삼자는 피를 제공한 소였다. 이제 하나님께서는 그처럼 오래 기다리셨던 언약을 이스라엘 백성과 체결할 준비를 마치셨다.

1. 은혜의 언약

이스라엘 백성과 언약을 체결하기 위해 하나님께서는 오랫동안 준비하시고 기다리셨다. 하나님께서 이스라엘과 맺은 언약의 역사 가운데 최초의 주인공은 아브라함이었다. 물론 하나님께서는 그 전에도 노아와 언약을 맺으신 적이 있었다 (창 6:8-22). 그러나 노아와 세우신 언약은 이스라엘 백성과 직접적인 연관이 없기에, 이스라엘의 조상인 아브라함과의 언약이 시초였다. 그 언약의 내용은 '너로 큰 민족을 이루시겠다'는 것이다 (창 12:2).

그 후손이 큰 민족이 되기 위해서 아브라함은 무슨 공적이라도 쌓았는가? 어떤 노력이라도 했는가? 물론 그는 공적도 없었고 노력도 하지 않았다. 그렇다면 75세나 된 그에게 '큰 민족'을 이루게 할만한 인간적인 능력이 있었던가? 물론 없었다! 아무런 자격도 능력도 없는 아브라함에게 하나님께서 그와 같은 파격적인 언약을 주신 것 자체가 전적인 하나님의 은혜였다. 하나님께서 약속하시고 하나님께서 알아서 그것을 성취하시겠다는 것이다.

아브라함에게 별처럼 많은 자손을 주며 동시에 그들이 거주할 땅도 주겠다는 언약은 전적으로 은혜의 언약이었다 (창 15:5, 18). 도대체 아브라함이 무슨 수로 별처럼 많은 자손을 생산할 수 있으며, 무슨 수로 그렇게 별처럼 많은 자손이 거처할 땅을 얻을 수 있겠는가? 절대로 불가능하다! 그러므로 그 언약은 전적으로 하나님께서 은혜로 주신 약속이었다. 절대적인 하나님께서 연약한 인간과 언약을 세우신다는 것 자체가 은혜로 주어지는 약속이었다.

이스라엘 백성이 마침내 시내산에 이르러서 여호와 하나님과 언약을 맺게 되었다. 이번에도 역시 은혜의 언약이었다. 그 하나님께서 "보이는 하나님"과 "보이지 않는 하나님"으로 애굽의 종인 이스라엘 백성을 구원하신 것은 두말할 필요도 없이 그분의 크나큰 은혜였다. 그분의 은혜는 거기에서 그치지 않고 그들을 시내산까지 인도하셨는데, 역시 그분의 크나큰 은혜 때문에 가능했다. 하나님께서 이스라엘 백성에게 "열 말씀"과 "법규"를 주신 것도 역시 은혜였다.

그렇다! 하나님께서 이스라엘 백성과 언약을 맺기 원하실 때, 절대로 그들의 공적이나 행위를 근거로 하지 않으셨다. 은혜의 하나님께서 은혜로 그들에게 임하셔서 은혜의 언약을 맺으신 것이다. 그 은혜는 이렇게 시작되었다, "또 모세에게 이르시되, '너는 아론과 나답과 아비후와 이스라엘 장로 칠십 명과 함께 여호와께로 올라와 멀리서 경배하고, 너 모세만 여호와께 가까이 나아오고…'"(24:1-2).

어떤 사람도 여호와 하나님께 가까이 갈 수 없었다. 그런데도 그분은 모세와 이스라엘 백성의 대표가 되는 사람들을 부르셨고, 그리고 부르신 것도 큰 은혜인데 한발 더 나아가서 그들이 '하나님을 보게' 하셨다 (24:10). 이처럼 큰 은혜를 달리 어디에서 찾을 수 있겠는가? 이제 이스라엘 백성이 그들의 구원자이며 인도자이신 여호와 하나님과 언약을 맺게 된 것이다. 이스라엘 백성은 이만큼 큰 은혜를 그 전에도 경험하지 못했고, 그 후에도 경험하지 못했다.

2. 언약의 백성

그렇게 언약을 맺으면, 이스라엘 백성은 하나님과 특별한 관계로 접어들게 된다. 이미 살펴본 대로, 그들은 '하나님의 소유가 되며, 제사장 나라가 되며, 거룩한 백성이 될 것이다' (19:5-6). 지금까지는 세상을 정처 없이 떠도는 부족이었다가 애굽의 종이 되었지만, 이제부터는 하나님과 언약을 맺은 하나님의 백성이 된다는 것이다. 마치 남녀가 언약을 통해 부부가 된 것처럼, 이스라엘 백성도 하나님과 그렇게 밀접한 관계를 맺게 될 것이다.

부부관계에서 금이 가 서로 헤어질 수도 있는 것처럼, 이스라엘 백성도 하나님을 저버릴 수 있다. 그러나 그들과 언약을 맺으신 하나님께서는 그들을 절대로 버리지 않으신다. 어떤 때는 하나님께서 아픈 마음으로 징계하실 수도 있다. 물론 그 징계도 역시 하나님께서 그들을 사랑하신다는 소극적인 표현이다. 이스라엘 백성이 언약을 맺은 하나님을 떠나가도 하나님께서 내버려 두신다면, 그것은 사랑이 아니다. 그런 이유로 하나님께서는 사랑의 매를 드실 수 있다.

그 이유도 분명하다! 하나님께서는 일단 작정하시면, 그 작정을 영원히 변개치 않으시는 분이다. 그런 이유로 하나님께서는 이스라엘 백성이 애굽에서 그렇게 오랜 기간 고통과 억압을 당하는 모습을 눈여겨보시면서도 기다리셨다. 하나님께서 작정하신 때에, 작정하신 곳에서, 작정하신 언약을 맺기 위함이었다. 마침내, 하나님께서는 이스라엘 백성을 권능의 손길로 구원하셨고 인도하신 후, 언약을 체결하시기로 작정하셨다.

그렇게 언약을 체결한 후, 이스라엘 백성은 하나님께서 주시는 온갖 축복을 누렸다. 그런 무한한 축복에도 불구하고 그들은 하나님을 등졌고, 이에 하나님의 징계를 심하게 받았다. 그들은 징계를 받으면서 하나님께서 그들을 영원히 잊으셨다고 생각했는데, 그런 불신은 하나님을 그들의 변덕스러운 태도의 안목으로 보았기 때문에 일어난 것이다. 그러나 하나님께서는 한순간이라도 그들을 잊거나 버린 적이 없으셨다. 그들과 언약을 맺으셨기 때문이다!

3. 피 언약

여호와 하나님께서 이스라엘 백성을 시내산으로 인도하신 궁극적인 목적은 그들과 언약을 체결하시기 위함이었다. 그 언약을 통해 이스라엘 백성은 하나님의 백성이 되고, 하나님께서는 그들의 하나님이 되시는 특별한 관계로 접어들었다. 그때부터 여호와 하나님께서는 이스라엘 백성을 값비싼 보석처럼 소중하게 여기시고 품에 품으신다. 얼마나 존귀하게 보호하시는지, 심지어는 그들이 그 하나님을 등질 때도 그분은 변함없이 그들을 소중하게 살피신다.

그런데 이처럼 중요한 언약을 체결하는데 왜 소의 피 가운데 반은 제단에 뿌리고 반은 백성에게 뿌렸는가 (24:6, 8)? 그렇게 중요한 사실을 알아보기 위해 하나님께서 아브라함과 맺으신 언약을 들어보자. "그 날에 여호와께서 아브람과 더불어 *언약을 세워* 이르시되, '내가 이 땅을 애굽 강에서부터 그 큰 강 유브라데까지 네 자손에게 주노니'" (창 15:18). 이 말씀에서 '언약을 세워'를 눈여겨보기 위해 원어를 찾아보자.

히브리어에 의하면 '언약을 세워'에서 '언약'은 *브리트*(ברית)이고, '세워'는 *카라트*(כרת)이다. 이 카라트의 뜻을 알면 언약의 체결에 대해 더 구체적으로 알 수 있게 된다. *카라트*는 "자르다, 끊다, 훼손하다, 없애다" 등의 뜻인데, 구태여 영어로 표현하면 cut, damage, destroy 등이다. 그러면 아브라함은 하나님과 언약을 맺으면서 무엇을 cut 했나? 여호와가 아브라함에게 가져오라는 동물은 '암소와 암염소와 숫양' 등이었다 (창 15:9).

아브라함이 그 동물들의 중간을 쪼갠 후, 그 쪼갠 것을 마주 대하게 했는데, 물론 그곳은 그 동물들의 피로 물들여져 있었을 것이다. 횃불이 쪼개진 동물들 사이로 지나갔다. 그리고 하나님께서 아브라함과 언약을 체결했는데, 그렇게 피를 흘리며 언약을 체결한 이유는 언약의 신성함과 엄중함을 강조하기 위해서였다. 그렇게 언약하는 당사자들은 서로에게 충성을 맹세하며, 그 언약을 어기면 그들이 자른 동물처럼 될 것이라는 경고도 포함되어 있었다.

그런 사실을 잘 설명해준 예레미야 선지자의 묘사를 인용하면서 설명해보자. "송아지를 둘로 쪼개고 그 두 조각 사이로 지나매 내 앞에 언약을 맺었으나, 그 말을 실행하지 아니하여 내 계약을 어긴 그들을 곧 송아지 두 조각 사이로 지난 유다 고관들과 예루살렘 고관들과 내시들과 제사장들과 이 땅 모든 백성을 내가 그들의 원수의 손과 그들의 생명을 찾는 자의 손에 넘기리니, 그들의 시체가 공중의 새와 땅의 짐승의 먹이가 될 것이며" (렘 34:18-20).

그 말씀에서도 '언약을 맺었으나'는 똑같이 브리트 카라트인데, 놀라운 사실은 '송아지를 둘로 쪼개고'에서 '쪼개고'도 역시 카라트이다. 그러니까 이중적으로 쪼개고 쪼개어 언약을 맺었는데, 그처럼 신성하고도 엄중한 언약을 유다의 왕과 고관과 제사장들과 모든 백성이 어겼다는 것이다. 그 결과 그 언약이 포함하고 있는 대로, 그들은 쪼개지고 또 쪼개졌다는 것이다. 유다의 멸망을 지켜본 예레미야 선지자의 해석이었다.

　하나님께서 아브라함과 할례를 행하면서 언약을 맺으신 경우도 보자. 하나님께서는 아브라함과 언약을 맺으시면서 포피를 베라고 명령하셨다. "너희 중 남자는 다 할례를 받으라; 이것이 나와 너희와 너희 후손 사이에 지킬 내 언약이니라" (창 17:10). 이 말씀에서 '자르다'의 뜻인 *카라트*라는 단어는 나오지 않지만, *카라트*를 뜻하는 행위가 포함되어 있는데, 곧 포피를 베는 할례이다. 당연히 포피를 베면 피가 나오기에 역시 "피 언약"이다.

　하나님께서는 아브라함에게 할례의 언약을 세우시면서 이렇게 약속하셨다. "내가 내 언약을 나와 너 및 네 대대 후손 사이에 세워서 영원한 언약을 삼고, 너와 네 후손의 하나님이 되리라" (창 17:7). 이 약속에 따라, 먼 훗날 하나님께서는 이스라엘 백성과 시내산에서 다시 언약을 세우신다. 그러니까 개인적으로는 포피를 베게 하시므로 언약을 맺으시고, 민족적으로는 소의 피를 백성에게 뿌리므로 언약을 체결하셨다.

　하나님께서 아브라함과 언약을 맺으면서 약속하신 대로 그 자손이 큰 민족이 되어 시내산에 이르렀고, 거기에서 이스라엘 자손과 민족적으로 언약을 체결하셨다. 이스라엘 민족과의 언약을 강조하기 위해 그들의 대표인 "모세와 아론과 나답과 아비후와 이스라엘 장로 칠십 인이 올라가서 하나님을 뵈었다" (24:9-10). 그뿐 아니라, 이스라엘과 민족적으로 언약을 체결하시는 사실을 강조하기 위해 '이스라엘 열두 지파대로 열두 기둥을 세웠다' (24:4).

　그처럼 엄숙한 언약의 체결에서 모세는 두 양푼에 소의 피를 담았는데, 한 양푼의 피는 제단에 뿌렸고 다른 양푼의 피는 백성에게 뿌렸다 (24:6, 8). 두말할 필요도 없이 이 언약은 여호와 하나님과 이스라엘 백성 사이의 피 언약이었다. 결국, 제단에 뿌린 피는 하나님에 대한 것이고, 나머지 피는 이스라엘 백성에 대한 것이었다. 그렇게 피 언약이 체결되는 순간, 하나님께서는 이스라엘 백성의 하나님이 되시고, 그들은 하나님의 백성이 된 것이다.

이스라엘 백성에게 뿌려진 피는 정결과 헌신을 강조했다. 구약성경에서 사람에게 피를 뿌린 경우가 두 번 있었는데, 한 번은 제사장을 위임할 때였다 (29:20). 또 한 번은 나병 환자였다가 그 병에서 치유된 사람의 경우였다 (레 14:14). 제사장에게 피를 바른 것은 백성을 위해 살겠다는 헌신의 표였으나, 나병 환자의 경우는 모든 죄와 불결로부터 정결해진 기적을 증언하기 위함이었다. 따라서 언약을 체결한 순간부터 백성은 순종과 정결의 삶을 살아야 했다.

4. 순종의 언약

하나님의 언약은 은혜의 언약이었다. 그들의 조상 아브라함이나 그의 후손인 이스라엘 백성이 언약을 체결하기 위해 노력한 것은 전혀 없었다. 아브라함이 할례를 받으면서 언약을 맺을 때도 역시 마찬가지였다. 할례는 하나님과 언약을 맺기 위한 조건이 아니라, 언약을 맺은 표징이었다 (창 17:11). 언약의 표징인 할례를 받지 않으면, "백성 중에서 끊어지는데" (창 17:14), 하나님의 백성이 아니기 때문이다. '끊어진다'는 언약을 맺는 동사 *카라트*임으로, 언약의 엄중함을 간접적으로 나타냈다.

하나님께서는 이스라엘 백성과 언약을 체결하시면서 어떤 조건도 제시하지 않으셨다. 전적으로 하나님의 선택이었다! 하나님께서 아브라함을 선택하셨고, 하나님께서 그 후손인 이스라엘 백성을 선택하셨다. 선택하셨을 뿐 아니라, 그렇게 선택하신 백성을 구원하셨고 인도하셨다. 그리고 마침내 시내산에서 그 백성과 언약을 체결하셨다. 그 언약의 체결을 위해 하나님께서 그들에게 요구하신 것은 아무것도 없었다. 다시 말해서, 무조건적인 언약 체결이었다.

그런데 이스라엘 백성은 그 언약의 내용을 전하자 이렇게 반응했다: "모세가 와서 여호와의 모든 말씀과 그의 모든 율례를 백성에게 전하매, 그들이 한 소리로 응답하여 이르되, '여호와께서 말씀하신 모든 것을 우리가 준행하리이다'" (24:3). 모세가 그 말씀을 기록하고 제단에 피를 뿌리고, 그리고 모세가 "언약서를 가져다가 백성에게 낭독하여 듣게 하니, 그들이 이르되, '여호와의 모든 말씀을 우리가 준행하리이다'"라고 적극적으로 반응했다 (24:7).

하나님의 말씀을 준행하겠다는 이스라엘 백성의 다짐은 하나님의 강요로 나온 것이 아니었다. 그들은 여호와의 "열 말씀"과 "법규"를 자발적으로 지키겠다고 한 것이다. 그들은 하나님께서 요구하지도 않으셨는데, 왜 그렇게 헌신의 반응을 했는가? 번개와 천둥 속에 임하신 하나님이 두려워서인가? 그들에게 전해진 언약의 말씀을 받아들이고 또 순종할 수 있다고 믿었는가? 그렇게 적극적으로 반응하지 않으면 심판을 받을지도 모른다는 두려움 때문인가?

시내산의 언약 체결을 통해서 이스라엘 백성은 하나님의 백성이 되는 특권을 누리게 되었다. 그런데 그 특권은 당연히 그에 상응하는 책임도 따르게 마련이다. 그들은 이제부터 '하나님의 소유이며',

'제사장 나라이며', '거룩한 백성'이 되었다 (19:5-6). 그들은 언제 어디서나 무엇을 하든지 하나님의 백성이며, 따라서 하나님의 백성다운 삶을 영위해야 한다. 그런 삶을 유지할 때만이 그들은 하나님과 맺은 언약의 백성임을 실증^{prove}하게 된다.

여호와 하나님께서는 언약의 백성인 이스라엘 자손에게 이렇게 말씀하신 적이 있다: "너희가 내 말을 잘 듣고 내 언약을 지키면…" (19:5). 이 말씀은 이스라엘 백성에게 주신 엄중한 명령이었다. 그러나, 그런 순종을 조건으로 하나님께서는 그들과 언약을 체결한 것이 아니다. 그런 순종은 그들이 하나님과 언약을 체결한 결과 따르게 된다. 이스라엘 백성은 하나님과 언약을 체결한 하나님의 백성다운 삶을 영위해야 하는데, 그런 삶은 그들의 특권이자 의무가 되었다.

구속사적 조명 ❾

"피 언약"

　이스라엘 백성은 시내산에서 여호와 하나님과 언약을 체결한 후, 그들의 하나님이 되신 그분의 인도와 축복으로 마침내 광야의 방랑을 끝내고 젖과 꿀이 흐르는 가나안 땅에 들어가게 되었다. 그들에 대한 하나님의 사랑은 크고도 넓었다. 하나님께서는 가나안에 살고 있던 이방 족속들로 물러가게 하시고, 당신의 백성이 그 기름진 땅을 차지하게 하셨다. 두말할 필요도 없이 이스라엘 백성의 생활방식은 그 땅에 살던 사람들과는 전혀 달랐다.

　그들에게는 "열 말씀", 곧 십계명과 "법규"가 있었다. 그런 것들은 이스라엘 백성이 시내산에서 여호와 하나님과 언약을 체결할 때 주신 선물이었는데, 곧 "언약의 진수"와 "언약의 법규"였다. 그런 말씀들을 개인과 국가에 적용하는 이스라엘 백성의 삶의 방식은 너무나 훌륭했다. 그들은 조금도 주저하지 않고 위로는 하나님을 섬기고, 아래로는 이웃을 사랑했다. 그뿐 아니라, 그 하나님을 섬기는 징표로 성전도 건축했다.

　이스라엘 백성의 하나님 여호와께서도 약속대로 그들과 함께하시면서 그들에게 많은 복을 안겨주셨다. 한때는 애굽의 종이었던 그들이 이제는 번듯한 나라도 세우고, 그들에게 복을 주신 하나님을 성전에서 예배하는 등, 말로 다 할 수 없는 번영과 풍요를 누렸다. 그뿐 아니라, 하나님께서는 그들에게 주변의 여러 나라를 넘겨주셔서 그들로부터 추앙과 조공을 받게까지 하셨다. 그런데 불행하게도 이스라엘 자손은 그들과 피로 언약을 맺은 하나님을 등지기 시작했다.

피 언약이 내포하고 있는 엄중한 경고를 완전히 무시했다. 그들은 그들과 언약을 맺은 그 하나님을 저버리고 그 대신 가나안 족속들의 우상들을 섬기기 시작했다. 언약의 하나님께서는 그들을 사랑하시기에 많은 선지자를 보내어 경고하시면서 돌아오라고 권면하고 또 권면하셨다. 그러나 더는 참으실 수가 없어서 마침내 하나님께서는 사랑의 매를 들지 않을 수 없으셨다. 그 매는 이방 나라들인데, 그 나라들이 이스라엘을 무너뜨렸다.

언약을 '맺는다'는 동사는 *카라트*인데, 그 동사의 뜻은 '자르다'^cut, '망하게 하다'^destroy 등이다. 그만큼 피 언약이 엄중하고 신성하다는 뜻을 내포하고 있는데, 이스라엘 자손은 그 언약을 깨뜨리므로 마침내 그들이 깨어지고 멸망한 것이다. 피 언약이 엄중한 것처럼, 그들에게 쏟아진 심판도 준엄했다. 그들은 나라와 모든 것을 잃고, 이방 나라의 종이 되었다. 그들이 그렇게 나락으로 떨어졌을 때 여호와 하나님께서는 그들을 버리셨는가? 물론 아니다!

비록 그들을 징계하셨지만, 그들을 버리지는 않으셨다. 그들과 맺은 "피 언약"으로 그들은 하나님의 백성이 되었고, 하나님께서는 그들의 하나님이 되셨기 때문이다. 하나님께서는 당신의 백성인 이스라엘 자손이 이방 나라에서 말할 수 없는 고통을 감수하는 것을 아셨다. 마치 그들의 조상이 애굽에서 430년 동안이나 억압과 고통당한 것을 아셨던 것처럼 말이다. 그래서 하나님께서는 그들의 조상 아브라함과 맺은 언약을 기억하시고 그들을 애굽에서 건져내셨다.

마찬가지로 이스라엘 자손이 이방 나라들에서 말할 수 없는 견디기 힘든 압제를 당하고 있는 것을 다 보시고 또 아셨다. 그뿐 아니라, 그 하나님께서는 그들의 조상이 시내산에서 그분과 체결한 피 언약을 기억하셨다. 그 언약 때문에 여호와 하나님께서는 그들을 여전히 당신의 귀한 백성으로 여기셨다. 그리고 다시 사랑의 손길을 내미셨는데, 그것이 바로 저 유명한 "새 언약"이다. 그 언약은 시내산에서 맺은 옛 언약과는 달랐다.

언약의 하나님께서는 그렇게 고통받고 있는 언약의 백성과 다시 언약을 체결하기를 원하셨다. 그러나 이번에는 옛 언약과 다른 "새 언약"이었다. 어떻게 다른가? 옛 언약은 외적인 의무와 책임을 강조하지만, "새 언약"은 내적인 은혜를 강조했다. 다시 말해서, 옛 언약은 그들이 결심하고 지켜야 하지만, "새 언약"은 성령님이 마음 안으로 들어오셔서, 그들을 도와서 그들로 언약의 내용을 준행할 수 있는 능력을 주시겠다는 것이다.

이번에도 이스라엘 백성의 반응과 상관없이 하나님께서 일방적으로 맺으신 언약이었다. "여호와의 말씀이니라, '보라! 날이 이르리니, 내가 이스라엘 집과 유다 집에 *새 언약*을 맺으리라" (렘 31:31). 그들에게 "새 언약"이 필요한 이유도 알려주셨다. "이 언약은 내가 그들의 조상들의 손을 잡고 애굽 땅에서 인도하여 내던 날에 맺은 것과 같지 아니할 것은, 내가 그들의 남편이 되었어도 그들이 내 언약을 깨뜨렸음이라 여호와의 말씀이니라" (렘 31:32).

비록 그들이 하나님의 언약을 깨뜨렸지만, 하나님께서는 여전히 그들을 사랑하시면서 "새 언약"을 주셨는데, 그 언약을 보자. "그러나 그 날 후에 내가 이스라엘 집과 맺을 언약은 이러하니, 곧 내가 나의 법을 그들의 속에 두며 그들의 마음에 기록하여, 나는 그들의 하나님이 되고 그들은 내 백성이 될 것이라; 여호와의 말씀이니라" (렘 31:33).

물론 마음속에 들어오실 분은 성령이었다. 그분이 마음속에서 그들을 정결하게 청소할 뿐 아니라, 그들로 언약의 내용, 곧 "열 말씀"과 "법규"를 지킬 수 있는 능력을 주신다. 여호와 하나님께서 에스겔 선지자를 통해 다음과 같이 확인하셨다. "또 내 영을 너희 속에 두어 너희로 내 율례를 행하게 하리니 너희가 내 규례를 지켜 행할지라" (겔 36:27). 참으로 놀랍고도 획기적인 언약인데, 그 언약을 이루신 분은 다름 아닌 예수 그리스도셨다.

예수 그리스도는 하나님의 언약을 이루기 위해 십자가에서 피를 흘리며 죽으셨는데, 그 피에 대한 말씀이다, "또 잔을 가지사…그들에게 주시며…'너희가 다 이것을 마시라. 이것은 죄 사함을 얻게 하려고 많은 사람을 위하여 흘리는 바 나의 피 곧 *언약의 피니라*'" (마 26:27-28). 시내산에서는 소의 피가 "언약의 피"였지만, 골고다 산에서는 예수 그리스도의 피가 "언약의 피"였다. 그 피로 인해 죄가 씻기고 성령님이 마음속에 들어오셔서 "새 언약"을 이루셨다.

Exploring Exodus

13장

여호와의 성막

Exploring Exodus

여호와 하나님께서는 이스라엘 백성과 언약을 체결하신 후, 모세에게 이렇게 말씀하셨다. "이스라엘 자손에게 명령하여 내게 예물을 가져오라 하고, 기쁜 마음으로 내는 자가 내게 바치는 모든 것을 너희는 *받을지니라*" (출 25:2). 이 명령에서 '받을지니라'는 동사를 눈여겨보자. 이 동사는 히브리어로 *라카흐*(לקח)인데, 결혼식에서 부부가 서로를 받아들이는 것처럼 언약을 체결한 후, 서로를 받아들이는 약속의 행위를 나타내는 동사이다.

여호와 하나님께서 시내산에서 이스라엘 백성과 언약을 체결하셨기에, 서로를 주고받는 관계가 되었다. 그들은 기쁜 마음으로 예물을 바쳤고, 그분은 그 예물을 받으셨다. 하나님께서는 '*내게* 바치는 모든 것을 너희는 받을지니라'고 말씀하신 대로였다. 비록 그들이 바친 것으로 모세는 성막을 지었지만, 성막을 위해 바친 것이 아니라 하나님께 바친 것이었다. 그렇지 않았다면, '*내게* 바치는 모든 것'이라고 하면서 '내게'를 강조하지 않으셨을 것이다.

왜 여호와 하나님께서는 이 시점에서 성막을 지으라고 명령하셨는가? 그 이유는 한마디로 말해서 이스라엘 백성이 하나님과 언약을 맺었기 때문이다. 그렇게 언약을 체결함으로 인해 그들은 하나님의 백성이 되었고, 여호와 하나님께서는 그들의 하나님이 되셨기 때문이다. 서로 떼려야 뗄 수 없는 관계가 되었기에, 그 하나님께서 그 백성 가운데 거하시겠다는 것이다. 그분이 거하실 처소를 마련하라는 명령인데, 그 처소가 바로 성막이었다.

1. 마련

그렇다면 광야를 지나는 이스라엘 백성이 어떻게 성막의 재료들을 바칠 수 있단 말인가? 그 문제도 역시 그들의 여호와 하나님께서 친히 해결해주셨다. 일찍이 하나님께서 아브라함과 언약을 맺으실 때, 그 재료들에 대해 이런 약속을 주셨다. "…반드시 알라. 네 자손이 이방에서 객이 되어 그들을 섬기겠고 그들은 사백 년 동안 네 자손을 괴롭히리니, 그들이 섬기는 나라를 내가 징벌할지며, 그 후에 네 자손이 큰 *재물*을 이끌고 나오리라"(창 15:13-14).

두말할 필요도 없이 여호와 하나님께서는 430년이 한순간에 지나지 않았는데, 그분은 어제와 오늘과 영원토록 변하지 않는 동일한 분이기 때문이다 (히 13:8). 달리 말하면, 하나님께서는 아브라함과 언약을 맺으실 때, 이미 이스라엘 백성과 언약을 맺고 그들의 하나님이 되기로 작정하셨다. 그때부터 그분은 이스라엘의 자손과 언약을 맺고 그들 가운데 거하시기로 계획하셨다. 그렇지 않다면 어떻게 그들의 하나님이라고 할 수 있겠는가?

당연히 그분이 거할 성막을 이스라엘 자손이 지어야 하며, 그러기 위해서는 재료들이 필요할 것을 하나님께서는 이미 아셨다. 결국, 하나님께서는 당신이 거하실 처소를 위하여 아브라함과 언약을 맺을 때부터 '이스라엘 자손이 큰 재물을 이끌고 나오리라'고 약속하셨다. 물론 그 많은 재료는 이스라엘 백성이 오랫동안 애굽 사람들을 섬긴 체불된 임금일 수 있다. 아니면 그들이 애굽과 치열하게 싸우면서 승리의 대가로 가져온 전리품일 수도 있다.

하나님께서는 한 번 약속하시면 결단코 잊지 않으신다. 그런 이유로 그분은 모세를 부르실 때도 그 약속을 상기시켜 주셨다. "내가 애굽 사람으로 이 백성에게 은혜를 입히게 할지라; 너희가 나갈 때에 빈손으로 가지 아니하리니, 여인들은 모두 그 이웃 사람과 및 자기 집에 거류하는 여인에게 은 *패물과 금 패물과 의복을* 구하여 너희의 자녀를 꾸미라; 너희는 애굽 사람들의 물품을 취하리라" (3:21-22).

하나님께서 애굽을 10가지 재앙으로 치실 때, 애굽 사람들은 작아질 대로 작아진 나머지, 이스라엘 사람을 위대하게 보기 시작했다. "백성에게 말하여 사람들에게 각기 이웃들에게 은금 패물을 구하게 하라 하시더니, 여호와께서 그 백성으로 애굽 사람의 은혜를 받게 하셨고, 또 그 사람 모세는 애굽 땅에 있는 바로의 신하와 백성의 눈에 아주 위대하게 보였더라" (11:2-3). 두말할 필요도 없이 여호와 하나님께서 일구신 역사였다.

마침내 이스라엘 백성이 애굽을 떠나면서 어떻게 큰 재물을 이끌고 나왔는지 보자. "이스라엘 자손이 모세의 말대로 하여 애굽 사람에게 은금 패물과 의복을 구하매, 여호와께서 애굽 사람들에게 이스라엘 백성에게 은혜를 입히게 하사, 그들이 구하는 대로 주게 하시므로 그들이 애굽 사람의 물품을 취하였더라" (12:35-36). 그렇다! 약속하신 분도 여호와 하나님이시요, 그 약속을 기억하시고 실현하신 분도 역시 하나님이시었다.

2. *테루마와 테누파*

테루마(תְּרוּמָה)와 *테누파*(תְּנוּפָה)는 히브리어인데, 그 단어의

뜻은 거제heave offering와 요제wave offering이다. 거제는 제물을 위로 올려 드리는 것이고, 요제는 제물을 옆으로 흔들어서 드리는 것이다. 물론 위로 올려서 드리든, 옆으로 흔들어서 드리든, 결국 제물은 하나님께 드려진다. 그러나 구태여 차이점을 끄집어낸다면, 거제는 제물을 위로 하나님께 올려드리는 방법이고, 요제는 옆에 있는 사람들을 의식하면서 옆으로 흔들어 하나님께 드리는 방법이다.

여호와 하나님께서 언약의 백성으로부터 제물을 받으실 때, 이처럼 두 가지 방법으로 받으신 것은 하나님과의 관계를 강조하는 거제의 중요성은 물론, 대인관계를 암시하는 요제도 못지않게 중요하다는 사실을 알려주는 것 같다. 그리고 그 둘이 합쳐질 때, 자연스럽게 십자가가 되면서, 비록 "열 말씀"과 "법규"가 많아도 궁극적으로는 위로 하나님을, 그리고 아래로는 이웃을, 각각 섬기는 것이 신앙의 핵심임을 가르친다.

이스라엘 백성이 예물을 가져오고 모세는 그 예물을 받아들이는 말씀을 인용하면서 설명해보자. "이스라엘 자손에게 명령하여 내게 예물을 가져오라 하고, 기쁜 마음으로 내는 자가 내게 바치는 모든 것을 너희는 받을지니라" (25:2). 이 말씀을 원어로 보면 거제물이 두 번이나 나오는데, 첫 번째는 '예물'로 번역되었고, 두 번째는 '바치는 것'으로 번역되었다. 그런데 '바치는 모든 것'에서 원어에는 '모든'이 없는데, 의역하면서 덧붙인 것 같다.

이스라엘 백성이 실제로 예물을 드리는 모습을 알아보자. "너희의 소유 중에서 너희는 여호와께 드릴 것을 택하되, 마음에 원하는 자는 누구든지 그것을 가져다가 여호와께 드릴지니 곧 금과 은과 놋과…" (35:5). 이 말씀에서 '여호와께 드릴 것'과 '여호와께 드릴지니'

에서 히브리어로는 '드리다'는 동사로 표현되지 않고, 명사인 '거제물'로 표현되었다. 21절에서도 '예물을 가져다가 여호와께 드렸으니'에서 '예물'이 아니라 '거제물'이었다.

그런데 22절에서는 거제물 대신에 요제물이 쓰였다. "곧 마음에 원하는 남녀가 와서 팔찌와 귀고리와 가락지와 목걸이와 여러 가지 금품을 가져다가 사람마다 여호와께 금 예물을 드렸으며." 이 말씀에서는 '예물'이 아니라 '요제물'이었다. 이스라엘 백성은 거제인 *테루마*와 요제인 *테누파*를 너무나 중요하게 여기기에 그 용어들을 의도적으로 사용하면서, 하나님께 올려진 제물을 강조했다. 실제로 일곱 번째 *파라샤*(parasha)의 제목은 *테루마*였다.

이스라엘 백성이 하나님과 언약을 체결한 후, 그들의 가장 두드러진 신앙 행위는 하나님께 바치는 것이었다. 그 사실을 확인이라도 하듯, 출애굽기 25-40장의 16장에서 *테루마*가 17번이나 나온다. 이스라엘 백성은 하나님께 바치고 또 바쳤다. 한글성경에는 '거제물'이 3번밖에 나오지 않으니 (29:28), *테루마*가 드러날 리가 없다. 참고로 원어에 포함된 *테루마*를 보자: 25:2 (2회), 3, 29:27, 28 (3회), 30:, 14, 15, 35:5 (2회), 21, 24 (2회), 36:3, 6(2회).

*테루마*와 *테누파*가 함께 사용된 적도 있는데, 제사장 직분을 위임할 때였다. 그 말씀을 보면서 설명해보자. "너는 그 흔든 요제물 곧 아론과 그의 아들들의 위임식 숫양의 가슴과 넓적다리를 거룩하게 하라" (29:27). 하나님께 드려진 숫양의 가슴과 넓적다리는 제사장의 소득이 되었는데, 가슴은 요제물이고 넓적다리는 거제물이었다. 위의 말씀에서 가슴이 요제물인 것은 본문의 말씀대로이며, 넓적다리가 거제물인 것은 레위기에서 설명하고 있다 (레 7:32).

제사장은 백성을 위하여 그의 마음을 주는 사람이므로, 숫양의 가슴(마음)은 사람을 가리키는 요제물이다. 그러나 제사장은 그의 모든 힘을 여호와 하나님께 바쳐야 하므로 사람의 어깨에 해당하는 넓적다리는 하나님께 드려지는 거제물이다. 이스라엘 백성은 그들이 귀하게 여기는 것들을 하나님께 기꺼이 바쳤는데, 그것이 바로 거제물이다. 동시에 그들은 '팔찌와 귀고리와 가락지와 목걸이와 여러 가지 금품을 가져다가…여호와께 요제물로 드렸다' (35:22).

그처럼 이스라엘 백성이 기꺼이 그리고 넘치도록 거제물과 요제물을 하나님께 드렸는데, 그 모든 것은 그들과 언약을 맺으신 하나님께서 거하실 성막의 재료가 되며, 동시에 그들을 하나님과 연결해줄 제사장의 예복의 재료가 되었다. 그들이 그들의 구원자이시며, 공급자이시며, 인도자이신 언약의 하나님께 바친 여러 가지 품목은 출애굽기 25장과 35장에 상세히 열거되었는데, 그 품목들이 그만큼 중요하기 때문이었다.

3. "보이는 모양대로"

언약의 백성은 그들의 하나님께서 거하실 성막을 짓기 위하여 그들이 드릴 수 있는 것은 다 드렸다. 그들은 자원하여 그리고 기뻐하면서 모세가 열거한 물품들을 바쳤다. 그들 중 지혜가 있는 자들은 모세가 묘사한 것들을 손수 만들어서 바쳤는데, 여인들도 손으로 실을 뽑아서 바쳤다 (35:25-26). 그들이 아침마다 물품들을 가지고 몰려들었기에, 그것들이 넘쳐나서 모세는 백성들에게 더는 만들지도 말고 가져오지도 말라고 공포하기에 이르렀다 (36:5-6).

　모세는 성막과 그에 연루된 모든 것을 만들 수 있는 브살렐과 오홀리압을 불렀는데, 그들은 하나님의 영으로 특별한 지혜와 총명과 지식으로 정교한 것들을 만들 수 있었다. 물론 그 두 사람만으로는 그처럼 장엄하고도 아름다운 성막과 성소에 쓸 모든 것을 만들 수 없었다. 그런 까닭에 "마음이 지혜로운 사람, 곧 여호와께서 지혜와 총명을 부으사, 성소에 쓸 모든 일을 할 줄 알게 하신 자들"도 붙여주셨다 (36:1).

　이제 재료도 넘쳐났고, 그 재료로 성막과 모든 것을 만들 수 있는 일꾼들도 갖춰졌다. 그렇다면 바로 성막을 짓기 시작할 수 있었는가? 물론 아니다! 그들에게 설계도가 있어야 했다. 그들이 아무리 성령으로 충만하여 지혜와 지식이 넘쳐나도, 그들의 생각대로 성막을 지을 수 없었다. 만일 그렇게 한다면, 그것은 인간의 작품이지 하나님의 작품은 아니다. 하나님께서 친히 거하실 거룩하고도 거룩한 성막을 짓는데 거룩하신 하나님의 설계도가 없을 수 없었다.

　그 설계도에 대한 말씀을 인용해보자: "무릇 내가 네게 보이는 모양대로 장막을 짓고, 기구들도 그 모양을 따라 지을지니라" (25:9). 이 말씀은 모세에게 주어진 것으로, 하나님께서 그에게 보여주신 모양대로만 성막도 짓고 기구도 만들어야 한다는 엄한 명령이다. 그렇게 엄하게 명령하신 이유도 분명한데, "내가 그들 중에 거할 성소를 그들이 나를 위하여 짓기" 때문이었다 (25:8). '성소'는 거룩하신 하나님께서 친히 거하시기 위해 구별된 거룩한 곳이다.

　그러니까 성막은 거룩하시고 거룩하신 여호와 하나님께서 거하실 거룩한 곳이기에, 한 치의 어긋남도 없이 하나님께서 보여주신 대로 지어야 했다. '모양'만 아니라, '양식'도 보인 대로 지어야 했다. "너는 삼가 이 산에서 네게 보인 양식대로 할지니라" (25:40). 하나님께서는 성막 전체도 보여주셨고, 기구도 하나씩 보여주셨다. 제단의 예를 들어보자: "제단은 널판으로 속이 비게 만들되 산에서 네게 *보인 대로* 그들이 만들게 하라" (27:8).

다른 곳에서는 하나님께서 명령하신 대로 성막을 지어야 한다고도 말씀하셨다. "제사직을 행할 때에 입는 정교하게 짠 의복 곧 제사장 아론의 성의와 그의 아들들의 옷과 관유와 성소의 향기로운 향이라; 무릇 내가 네게 *명령한 대로* 그들이 만들지니라" (31:10-11). 그러니까 하나님께서는 모세에게 성막과 기구들을 보여주셨을 뿐 아니라, 말씀으로도 설명하셨다. 그렇지 않다면 '명령한 대로'라고 하지 않으셨을 것이다.

여호와께서 모세에게 성막에 대해 보여주셨고, 모세는 하나님의 명령대로 완성하지 않으면 안 되었다. 그런 사실을 강조하기 위하여 하나님께서는 모세에게 출애굽기에서 4번씩이나 '보인 대로' 만들라고 하셨고 (25:9, 40, 26:30, 27:8), 3번씩이나 '명령한 대로' 만들라고 하셨다 (31:11, 39:32, 42). 하나님께서 그처럼 7번이나 반복하셨다는 사실은 누구도 오해할 수 없도록 철저하게 지시하셨다는 것이며, 모세와 일꾼들도 완전하게 순종했다는 사실을 함축한다.

마침내 여호와의 성막이 완성되어 세우기 시작했는데, 세우기를 마쳤을 때 "여호와의 영광이 성막에 충만했다" (40:34). 그뿐만 아니라, 출애굽기의 기나긴 여정도 끝이 났다. 그런데 놀랍게도 성막을 봉헌할 때도 '여호와께서 명령하신 대로' 이루어졌다는 강조가 7번이 나온다 (40:16, 19, 21, 23, 25, 27, 29). 결국, 하나님께서 친히 기획하시고, 계획하신 대로 완성된 것이다. 여호와 하나님께서 이스라엘 백성을 구원하시고, 성막을 짓게 하시고, 거기에 임하심으로 끝난 것이다.

완성된 성막의 모습

Exploring Exodus

14장

지성소

Exploring Exodus

  지성소는 지극히 거룩한 곳인데, 그렇게 불린 이유가 그곳에는 하나님의 *쉐키나* 영광이 자리하고 있기 때문이다. 지성소는 성막의 서쪽 끝에 위치하는데, 그 앞에는 성소가 있고, 그리고 성소 밖에는 번제단과 물두멍이 있었다. 그것들을 거꾸로 그려보자. 성막의 입구는 동쪽에 있는데, 그 안으로 들어가면 번제단이 자리하고, 그다음에 물두멍이 있다. 물두멍 다음에는 휘장으로 된 문이 있으며, 그 휘장 안으로 들어가면 그곳이 성소이다.

  성소 안에는 떡 상과 등대와 분향단이 있는데, 그 분향단 뒤쪽으로는 또 다른 휘장이 성소와 지성소 사이를 가르고 있었다. 그러니까 그 휘장 이편은 성소이고 그 휘장 너머는 지성소이다. 그 지성소에는 하나님의 *쉐키나*가 자리하기에 아무나 들어갈 수 없었다. 결국, 성소와 지성소를 가르는 휘장은 일반인이 지성소 안으로 들어가지 못하도록 막아주는 은혜의 문이다. 그 휘장이 은혜의 문인 이유는 그 안으로 들어가는 자는 반드시 죽기 때문이다.

  여호와 하나님께서 모세에게 성막을 지으라고 지시하면서 제일 먼저 보여주신 것은 다름 아닌 언약궤였다. 쉽게 말해서 궤[box]를 보여주셨는데, 그 궤 안에 언약의 말씀, 곧 "열 말씀"이라고 불리는 "십계명"이 들어갈 것이기 때문이다. 이스라엘 백성과 언약을 맺으신 여호와 하나님께서 가장 먼저 보여주신 것은 언약의 말씀이 들어갈 궤였다. 그 이유도 분명한데, 언약의 하나님께서 그곳에 좌정하시어 언약의 백성을 만나시기 위해서였다.

1. 언약궤

여호와께서는 언약궤 위에 *쉐키나*의 영광으로 임하셨다. 그렇게 임하시기 위하여 그분은 모세에게 제일 먼저 만들라고 명령하신 것은 언약의 말씀이 들어갈 궤, 곧 언약궤였다. 그 궤의 크기는 $2.5 \times 1.5 \times 1.5$ 규빗인데, 1규빗은 팔꿈치에서 긴 손가락까지의 길이로 대략 45cm이다 (출 25:10). 그것을 환산하면 $112.5 \times 67.5 \times 67.5$cm의 크기이다. 그 궤 안에 "언약의 진수"인 십계명을 넣어두었기에, 그 언약궤 위에 좌정하신 여호와 하나님께서는 언약의 하나님이시다.

그 궤는 조각목으로 만든 후 안팎을 금으로 둘러쌌는데, 위쪽 가장자리로 돌아가며 금테를 둘렀다. 역시 조각목과 금으로 만든 두 개의 채를 네 개의 고리에 꿰어 넣어 고정했다. 네 개의 고리는 한쪽에 두 개씩 나누어서 양쪽에 달았다 (25:11-15). 성막은 한 곳에 고정되어 있지 않고, 이스라엘 백성이 구름/불 기둥이 이동할 때마다 함께 이동해야 했다. 그렇게 이동할 때, 양쪽에 달린 두 개의 채로 들어서 이동했다.

후에 이 언약궤에 십계명이 새겨진 두 돌판과 아론의 싹 난 지팡이와 만나 한 오멜을 넣어두었다 (출 25:16, 민 17:10, 출 16:33). 여호와 하나님께서는 모세에게 그 궤의 뚜껑을 만들어 덮으라고 명령하셨는데, 무엇보다도 "열 말씀"을 덮어서 가리기 위해서였다. 그뿐 아니라 그 뚜껑 위에 하나님의 *쉐키나* 영광이 머무셨다. 그런 이유로 언약궤의 뚜껑은 말할 수 없이 중요하며, 구원론의 열쇠 중 하나가 될 수 있다.

히브리어로 뚜껑은 "덮는다"는 동사, *카파르*(כָּפַר)의 명사형인 *카포렛*(כַּפֹּרֶת)이다. 만일 뚜껑으로 십계명을 가리지 않으면, 누가 하나님 앞에 나올 수 있겠는가? 십계명을 항상 지킬 수 있는 이스라엘 백성은 없다. 그러므로 뚜껑은 그들의 죄를 덮어주는 역할을 하기도 했다. 그뿐 아니라, 그 뚜껑 위에 좌정하신 여호와 하나님 앞에 어떤 사람이 나올 수 있겠는가? 이스라엘의 대제사장만이 일 년에 한 번, 속죄일에 그곳에 나올 수 있는 것은 그 뚜껑 위에 뿌려진 피 때문이었다.

그처럼 중요한 역할을 하는 뚜껑을 그냥 뚜껑이라고 하지 않고, 그 의미를 담아서 "시은좌"Mercy Seat 또는 "속죄소"라고 명명했다. "시은좌"는 은혜를 베풀어 주는 곳이고, "속죄소"는 죄를 덮어주는 곳이다. 그런데 순금으로 된 그 뚜껑은 그룹이란 두 천사를 양 끝에 붙여서 만들었다. 그러니까 뚜껑과 두 그룹은 한 덩어리였다. 두 그룹은 날개를 위로 펴서 뚜껑을 덮고, 두 얼굴은 마주 대하며 아래를 내려다보게 하였다 (25:20).

유대인 학자 사무엘 메이어Samuel Meir는 그룹들의 펼쳐진 날개 끝에서 뚜껑까지의 길이가 25.4cm라고 했다. 그런데 여호와 하나님께서는 '속죄소 위 곧 증거궤 위에 있는 두 그룹 사이에' 머무시겠다고 약속하셨다 (25:22). 언약의 하나님께서 언약의 백성 가운데 머무시면서 그들과 맺은 언약을 이루어가시겠다는 것이다. 실제로 이 한 가지 목적을 위하여 여호와 하나님께서는 모세에게 이스라엘 백성의 물품을 거두게 하셨고, 그리고 모세에게 그것으로 성막을 만들라고 하셨다.

언약궤와 그 안에 넣어둔 세 가지 기물

2. 모습

이처럼 중요한 언약궤가 들어갈 지성소는 어떻게 만들어졌으며 어떤 모양인가? 지성소와 성소를 합친 성막은 길이와 넓이가 각각 10규빗과 1.5규빗인 널판으로 만들었다. 그 널판은 조각목으로 만든 후, 언약궤처럼 금으로 둘러쌌다. 남쪽과 북쪽에 각각 20개씩 세우므로 넓이는 모두 30규빗이 된다 (26:18, 20). 그 30규빗의 넓이를 다시 10규빗과 20규빗으로 나누어서, 그 사이에 휘장을 드리웠다 (26:33). 그 휘장 서쪽은 지성소가 되고 동쪽은 성소가 된다.

지성소의 서쪽 벽에는 6개의 널판을 세워서 넓이가 9규빗이 되며, 양쪽 끝에 하나씩 겹으로 더 세워서 10규빗을 채운다. 그러니까 그 널판의 두께는 0.5규빗이 된다. 양쪽 끝에 0.5규빗의 두께를 더하므로, 넓이가 모두 10규빗이 된다. 그리고 모든 널판을 고정하기 위하여, 널판마다 두 촉씩 내어 서로 연결한다 (26:17). 그뿐 아니라, 띠를 만들어서 널판에 고착된 고리에 집어넣어서 단단하게 하는데, 그 띠는 자그마치 5개나 되었다 (26:26-29).

거룩한 성막의 널판들을 땅에 그대로 박지 않고 한 달란트나 되는 은전으로 만든 받침 위에 세웠다 (38:27). 한 널판에 은 받침 두 개씩 받치게 했는데, 그 받침과 널판이 움직이지 않도록 널판에 촉을 두 개씩 만들어서 받침에 박았다. 그러니까 은 받침의 수는 남쪽에 40개, 북쪽에 40개, 서쪽에 16개 등 96개가 필요했다 (26:19-25). 거기다가 지성소와 성소 사이에 있는 네 기둥에 은 받침을 하나씩 두었기에, 은 받침은 모두 100개였다 (26:32).

그 받침을 만들 은전은 이스라엘 백성이 처음에 드린 거제물에 포함되어 있지 않았다. 후에 여호와 하나님께서 20세 이상 된 남자로 반 세겔씩 속전으로 바치게 한 의무적인 거제물이었는데, 이스라엘 자손의 수효를 계수할 때 질병이 없게 하기 위함이었다 (30:12). 장정의 수가 603,550이므로 모두 301,775세겔이었는데, 3,000세겔이 1달란트이므로 100달란트+1,775세겔이었다. 100달란트는 받침으로 쓰였고, 1,775세겔은 뜰에 있는 기둥 머리와 기둥 가름대로 쓰였다 (38:25-28).

지성소의 크기는 넓이와 높이와 길이가 모두 10규빗으로 이루어진 정육면체였는데, 거룩하시고 완전하신 여호와 하나님께서 거하시는 곳인 지성소는 거룩하고도 완전한 공간이었다는 사실을 알려주기 위하여 정육면체로 만들었다. 그리고 지성소와 성소를 가르는 휘장은 '청색, 자색, 홍색 실과 가늘게 꼰 베 실로 짜서' 만들어야 하며, 그 휘장 '위에 그룹들을 정교하게 수 놓아서 금 갈고리를 네 기둥 위에 늘어뜨려야' 한다 (26:31-32).

지성소의 천장도 여호와 하나님께서 모세에게 보여주시고 가르쳐주신 대로 덮어야 했는데, 다음과 같다. "너는 성막을 만들되, 가늘게 꼰 베 실과 청색 자색 홍색 실로 그룹을 정교하게 수 놓은 휘장을 만들지니" (26:1). 그 휘장만으로는 충분하지 않은지, 그 위에 염소털로 만든 휘장을 덮고, 다시 그 위에 붉은 물들인 숫양의 가죽을 덮고, 그리고 마지막으로 해달의 가죽으로 그 윗 덮개를 만들어 덮었다 (26:7, 14).

결국, 지성소의 모습은 휘황찬란할 수밖에 없었다. 남쪽과 서쪽과 북쪽 벽은 황금빛이 발하고, 휘장은 네 가지 색으로 엮어 만들었는데, 그 휘장에는 그룹들이 정교하게 수놓아져 있었다. 천장도 네 가지 색깔, 곧 베 실과 청색, 자색, 홍색 실로 정교하게 수 놓은 그룹이 새겨진 휘장이었다. 그 안에는 황금빛의 언약궤와 두 그룹이 달린 속죄소가 있었다. 마지막으로, 하나님의 *쉐키나* 영광이 속죄소 위에 그리고 두 그룹 사이에서 빛을 발하고 있었다.

성막(지성소와 성소)의 모양

3. 목적

여호와 하나님께서 성막을 지으라고 하신 목적은 놀랍고도 놀랍다. 그 엄청난 목적을 알아보기 위해 하나님께서 모세에게 하신 약속을 인용해보자. "거기서 내가 너와 만나고, 속죄소 위 곧 증거궤 위에 있는 두 그룹 사이에서 내가 이스라엘 자손을 위하여 네게 명령할 모든 일을 네게 이르리라" (25:22). 이 약속은 이스라엘 백성에게뿐 아니라, 모든 인간에게 새로운 전기를 마련해주었다.

창조주 하나님께서 아담과 하와를 창조하신 목적은 교제를 위함이었다. 다시 말해서, 창조주 하나님께서 창조물인 아담과 하와와 대화하고, 사랑을 나누고, 정겨운 관계를 유지하시기 위해서였다. 그런데 그들은 그 하나님의 명령을 어기고 그분의 계명을 깨뜨렸다. 그때부터 하나님과 인간관계가 단절되는 불행과 비극을 겪게 됐다. 그들에게 주어진 하나님의 영이 그들을 떠나갔기 때문이다. 그래서 그들은 영적으로 하나님과 단절된 죽음을 맛보게 되었다.

그 후 하나님께서는 시시때때로 인간을 찾아와서 대화하셨지만, 그런 대화는 정기적인 것이 아니었다. 하나님께서는 노아, 아브라함, 이삭, 야곱, 모세 등과 대화하셨지만, 그런 만남과 대화는 간헐적이었다. 그러다가 하나님께서 이스라엘 백성을 시내산에서 특별한 방법으로 만나시고 언약을 맺으셨다. 그때부터 그들은 하나님께 특별한 존재가 되었다. 하나님께서는 그들과 더는 간헐적으로 만나시지 않고 정기적으로 대면하시겠다는 것이다.

그런 만남을 위해 하나님께서는 이스라엘 백성에게 성막을 지으라고 하시면서 그 성막 안에 있는 지성소에 상주하셨다. 두말할 필요도 없이 그들을 일정한 장소에서, 일정한 때에, 그리고 일정한 방법으로 만나시겠다는 것이다. 그처럼 정기적인 만남을 약속하시는 말씀이, 곧 출애굽기 25장 22절이다. 그런데 그런 약속을 하시기 전에 하나님께서는 이스라엘 백성과의 언약 관계라는 사실을 상기시키기라도 하듯 '내가 네게 줄 증거판을 궤 속에 넣으라'고 하셨다 (25:21).

그뿐 아니라, 그 언약을 강조하기 위해서 하나님께서는 '증거궤' 위에서 만나시겠다고 하셨다. '증거궤'는 두말할 것 없이 '언약궤'를 뜻한다. 그러니까 궤 안에 들어있는 언약 때문에 하나님께서 이스라엘 백성을 만나주시겠다는 것이다. 물론 그들을 대표하는 모세를 만나서 말씀을 주시면, 그 말씀은 이스라엘 백성에게 주어지는 말씀이었다. 하나님의 약속을 다시 보자: "거기서 내가 너와 만나고!"

그 하나님께서는 모세를 여러 번 만나셔서 말씀과 명령과 약속을 주신 바 있었다. 그런 만남은 하나님께서 원하신 때, 하나님께서 정하신 장소에서, 그리고 하나님의 방법으로 만나주신 것이다. 그러나 이제부터는 만남의 장소가 결정되었는데, 곧 '거기서'이다. '거기서'는 여호와의 성막의 지성소 안에 있는 언약궤 위를 가리킨다. 이제부터는 하나님께서 원하시는 때에만 아니라, 이스라엘 백성이 원하는 때에도 만날 수 있다는 놀라운 약속이 함축되어 있었다.

여호와 하나님께서는 '거기서'가 어딘지도 알려주셨다. '속죄소 위 곧 증거궤 위에 있는 두 그룹 사이에서' 만나시겠다는 것이다. 만나셔서 이스라엘 백성에게 할 일을 알려주시겠다는 것이다. "내가 이스라엘 자손을 위하여 네게 명령할 모든 일을 네게 이르리라." 이 약속은 언약의 백성인 이스라엘 자손이 앞으로 할 일과 갈 곳을 일일이 지시하겠다는 사랑의 약속이었다. 그들과 언약을 체결하신 하나님께서 그들을 책임지시겠다는 엄청난 약속이기도 했다.

그 후 이스라엘 백성은 속죄일마다 하나님을 만날 수 있는 특권을 누렸다 (레 16장). 그 속죄일은 유대력으로 7월 10일인데, 히브리어로는 욤(יוֹם) 키푸르(כִּפֻּר)이다. 이스라엘 백성을 대표해서 대제사장은 일 년에 한 번씩 언약궤 앞으로 나아가서 하나님으로부터 이스라엘 백성의 죄를 용서받는데, 그냥 받는 게 아니라 염소의 피를 통해 받는다. 그러니까 언약의 하나님께서는 언약의 백성과 그렇게 정기적으로 만나주셨다.

후에는 염소의 피가 '예수 그리스도'의 피로 바뀌었다. 그 피를 의지하는 사람은 누구를 막론하고 하나님 앞으로 나아올 수 있게 되었다. 창조주요 구속자이신 전능하신 하나님을 인간이 만날 수 있다니, 이것만큼 획기적인 역사는 없을 것이다. 두말할 필요도 없이 그런 만남의 문을 연 것은 여호와의 성막이었다. 하나님께서 그 성막의 지성소에서 모세와 이스라엘 백성을 만나주셨는데, 그곳이 세상에 있는 죄인들이 하나님을 만날 수 있는 대전기를 마련한 것이었다.

Exploring Exodus

15장

성소

Exploring Exodus

　지성소와 성소가 합해서 성막을 이루었기에, 그 둘은 서로 닮은 점이 많다. 성막을 이룬 널판도 조각목에 금을 싸서 만들었기에 내부는 지성소처럼 금빛으로 찬란했다. 다른 점이 있다면, 지성소의 양면이 모두 10규빗이나 성소의 양면, 곧 남쪽과 북쪽은 똑같이 20규빗이다. 그러니까 성소의 길이는 지성소보다 2배 길다. 그러나 지성소와 성소의 높이는 공통적으로 10규빗이다. 천장도 똑같이 '베 실과 청색 자색 홍색 실로 그룹을 정교하게 수 놓았다' (출 26:10).

　또 두드러지게 다른 것은 성소의 휘장이다. 그 휘장은 '청색 자색 홍색 실과 가늘게 꼰 베 실로 수 놓아 짜서' 만들었다 (26:36). 지성소의 휘장에는 수 놓은 그룹들이 있었으나, 성소의 휘장에는 그룹들이 없었다. 지성소의 휘장은 조각목에 금으로 싼 기둥 네 개에 달았는데, 성소의 휘장의 재료도 똑같이 조각목에 금으로 싼 기둥에 달았으나, 다른 점이 두 가지나 되었다. 하나는 기둥이 4개가 아니라 5개였으며, 은 받침이 아니라 놋 받침 위에 세워졌다 (26:37).

　지성소와 성소가 다른 것이 하나 더 있다. 지성소는 여호와 하나님께서 빛이신데 반하여, 성소에는 등잔대에 있는 7잔에 저녁마다 제사장이 불을 붙여야 했다. 그러면서 그 등잔불이 아침까지 꺼지지 않도록 보살펴야 했다 (27:20-21). 또 다른 점이 있는데, 그것은 지성소와 성소의 모습이 아니라, 제사장이 들어가는 때이다. 제사장은 성소에는 언제라도 들어갈 수 있으나, 지성소는 일 년에 한 번만 들어갈 수 있었다.

그러나 가장 두드러진 차이점은 지성소와 성소에 들어있는 기물들이다. 이미 살펴본 대로, 지성소에는 언약궤와 두 그룹이 붙어있는 속죄소가 있다. 그러나 성소에는 그처럼 하나님의 *쉐키나*의 영광 대신에 제사장이 책임지고 돌보아야 하는 기물이 셋이 있다. 떡 상에는 제사장이 정기적으로 올리는 떡이 12개가 있다. 등잔대에는 7개의 등잔이 있는데, 제사장이 매일 등불을 켜야 한다. 제사장은 분향단에도 향을 정기적으로 태워야 한다.

1. 떡 상

여호와 하나님께서는 언약궤를 만들라고 하신 직후 떡 상을 만들라고 명하셨다. 그 명령을 인용하면 다음과 같다: "너는 조각목으로 상을 만들되 길이는 두 규빗, 너비는 한 규빗, 높이는 한 규빗 반이 되게 하고" (25:23). 이 시점에서 '조각목'에 대해 언급할 필요가 있는데, 그 이유는 떡 상은 물론 언약궤, 성막을 이룬 널판, 성소의 기둥 5개와 지성소의 기둥 4개, 번제단과 분향단 등 모두를 조각목으로 만들라고 지시하셨기 때문이다.

조각목은 아카시아라고도 알려졌는데, 광야와 사막 가운데서 자라기 때문에 매우 강하여서 쉽게 부패하지 않는, 내구성이 뛰어난 나무였다. 하나님께서 그 나무를 지목하여 성막의 여러 가지 중요한 널판과 기둥과 기구를 만들라고 명하신 이유가 분명해졌다. 거기다가 그렇게 조각목으로 만든 후 금으로 싸라고 하셨으니, 그것들이 얼마나 단단했겠는가? 물론 바깥 뜰에 있는 제단은 놋으로 싸라고 하셨지만 말이다.

　떡 상의 크기는 2×1×1.5규빗인데, 환산하면 90×45×67.5cm 크기의 상이다. 높이가 67.5cm 이므로 제사장들이 그 떡을 진설하고 또 먹기도 편했다. 이미 언급한 대로 떡 상도 조각목으로 만든 후 금으로 싸고, 주위에 금테를 둘렀다 (25:24). 상위에 올려진 떡이 떨어지지 않도록 "그 주위에 손바닥 넓이만한 턱을 만들고, 그 턱 주위에 금으로 테를 만들었다" (25:25). 언약궤처럼 떡 상도 이동을 위해 네 곳에 고리를 만들어서 채를 꿰어 어깨에 멨다 (25:26-28).

　출애굽기에는 떡에 관한 지침이 없으나, 여호와 하나님께서는 그것을 잊지 않으시고 레위기에서 보충하여 알려주셨다. 고운 가루로 떡을 12개를 구워서 올리라고 하시면서, 떡마다 십분의 이 에바로 하라고 가르치셨다. 1에바는 22리터이므로, 십분의 이 에바는 4,4리터가 된다. 그 양으로 떡을 만들면, 그 떡은 적지 않은 커다란 떡이 된다. 그렇게 큰 떡을 두 줄로 진설하는데, 한 줄에 6개의 떡이 쌓이게 된다 (레 24:5-6).

　제사장은 안식일마다 떡 12개를 떡 상에 올려놓았다. "여호와 앞에 항상 진설할지니, 이는 이스라엘 자손을 위한 것이요 영원한 언약이니라" (레 24:8). 그렇게 새로운 떡을 올리면서 물리게 된 떡은 제사장과 그의 자손이 거룩한 성소에서 먹었다. 12개의 떡은 이스라엘의 12지파를 위한 것이기에, 하나님과 언약을 맺은 이스라엘 백성에게는 그 언약을 상기시키는 의미 있는 떡이었다. 그 떡은 언약의 하나님과 언약의 백성을 연결하는 제사장의 양식이 되는 것은 당연했다 (레 24:8-9).

떡 상과 진설병

2. 등잔대

여호와 하나님께서 성소에 들어갈 등잔대를 순금으로 만들라고 지시하셨는데, 그 기물은 성소에 들어갈 두 번째 것이었다. 지성소나 성소는 햇볕이 전혀 들어오지 못하도록 설계되었기에, 그 어두움을 밝힐 필요가 반드시 있었다. 이미 언급한 대로, 지성소는 하나님의 *쉐키나*의 영광으로 빛을 발했다. 그러나 성소는 사람이 직접 불을 밝히지 않으면 안 되었다. 하나님께서는 성소를 밝히기 위해 등잔대를 만들라고 지시하셨다.

등잔대는 그 줄기에 붙은 등잔이 하나 있었다. 그러나 하나로는 충분하지 않기에 하나님께서는 여섯 등잔을 첨가하셨다. 하나님께서는 그 등잔대 줄기에서 양쪽으로 가지가 세 개씩 나온 모양을 보여 주셨다. 그리고 세 개의 가지 맨 위에는 등잔이 하나씩 있었다. 그러니까 본래 있던 줄기와 연결된 등잔 하나와, 그 줄기 좌우에서 나온

세 가지에 있는 등잔을 합쳐서 7개 등잔을 만들라고 명하셨다. 7은 완전을 나타내는 숫자이므로, 성소를 밝히는 등잔불도 완전했다.

그런데 이 등잔들이 특이한 것이 있는데, 그것은 살구꽃 형상으로 만들어졌다는 것이다. 그리고 모든 잔은 꽃받침이 받치고 있었다. 그뿐 아니라, 그 등잔대의 줄기에도 살구꽃 모양의 잔들이 모두 넷이나 있었는데, 꼭대기에 있는 것은 실제의 잔이나 그 밑에 있는 세 개의 살구꽃 모양의 잔은 실제의 잔이 아니라, 잔 모양을 한 형상이었다. 그런데 그 형상이 중요한 것은 거기에서 가지들이 좌우로 세 개씩 나왔기 때문이다.

왜 여호와 하나님께서는 그렇게 많은 꽃 가운데 살구꽃을 선택하셨는가? 그 이유를 알아보기 위하여 이스라엘 백성의 여정을 보자. 그들이 광야를 지나는 중 레위 족속 가운데 고라와 르우벤 지파의 다단 등이 250명과 결탁해서 하나님의 종들인 모세와 아론을 대항한 적이 있었다. 그들이 심판을 받아 죽은 후, 하나님께서는 각 지파의 족장이 지팡이를 증거궤 앞에 두게 했다. 이튿날 아론의 지팡이에 살구 열매가 열렸다 (민 17:8).

그 이후 살구 열매가 맺힌 아론의 지팡이는 이스라엘 백성에게 매우 중요한 기념물이 되었다. 그 이유는 분명하다! 이스라엘 백성과 언약을 맺으신 언약의 하나님께서 어떤 처지에서도 신실하게 그 백성을 돌보신다는 상징이 되었기 때문이다. 그렇지 않다면 그 지팡이가 언약궤에 보관되지 않았을 것이다 (민 17:10). 하나님께서 성소 안에 있는 등잔대에 붙은 등잔들을 살구꽃 형상으로 만들게 하신 것은 언약의 하나님을 상기시키게 하기 위함이었다.

그 등잔대는 순금 한 달란트로 쳐서 만들었는데, 모두 한 덩어리였다. 한 달란트는 무게가 대략 34~36kg나 되니 제법 무거웠다. 그 한 달란트를 현재의 가치로 환산하면 대략 36~38억원이나 된다. 여호와 하나님께서는 이처럼 등잔대를 찬란하게 만들도록 지시하셨는데, 거룩하신 하나님의 *쉐키나* 영광이 임하시는 곳이기 때문이었다. 물론 하나님께서는 거룩하신 분이지만, 그분을 대표하는 모든 것과 제사장은 이스라엘 백성에게 찬란하고 아름답게 나타내도록 하셨다.

유대인 학자 메이어는 그 등잔대의 높이가 45.72cm라고 하였다. 현대의 학자들 중에는 1.3m라고 제시하기도 한다. 여하튼 그곳의 7개 등잔에서 나오는 빛은 성소를 밝게 하고도 남았다. 그런데 그 등잔에는 반드시 순수한 감람 기름만을 사용해야 했다. 아론과 그 아들들은 저녁부터 아침까지 등불을 켜고, 또 보살피라는 명령을 받았다. 여호와 하나님 앞에서 그 불이 꺼지면 안 된다는 엄명이었다. 그 시대뿐 아니라 대대로 그렇게 하라는 명령이었다 (27:20-21).

등잔대

3. 분향단

성소에 들어간 세 번째 기물은 분향단인데, 여호와 하나님께서는 '분향할 제단'을 만들라고 하셨다 (30:1). 그 제단은 1×1×2규빗의 크기로 만들라고 하셨는데, 그 제단의 높이는 지성소에 있는 언약궤의 1.5규빗보다 높고, 또 성소에 있는 떡 상의 1.5규빗보다 높았다. 그러니까 분향단은 다른 기물과 달리 호리호리하면서 높았다. 그 이유는 그 제단에 향을 피우기 때문인데, 향을 피우면 향은 자연히 위로 올라가게 마련이다.

그 제단이 언약궤와 떡 상과 다른 점은 그곳에 뿔을 달라는 지시 때문이었다. 그 제단 사방에 달린 뿔은 4개나 되었는데, 모두 제단과 연결되어 있었다. 그 제단과 뿔을 조각목으로 만든 후 언약궤와 떡 상처럼 금으로 쌌다. 그 말은 금향로를 올려놓을 윗면도 역시 순금으로 쌌다는 것이다. 그리고 언약궤와 떡 상처럼 돌아가면서 금테를 둘렀다. 또 언약궤와 떡 상처럼 금고리를 2개씩 양쪽에 달고 채로 옮길 수 있도록 했다.

분향단은 지성소 바로 바깥쪽 성소에 두라고 하셨는데, 그 말씀을 보자. "그 제단을 증거궤 위 속죄소 맞은편 곧 증거궤 앞에 있는 휘장 밖에 두라; 그 속죄소는 내가 너와 만날 곳이며" (30:6). 분향단의 위치를 설정하시면서 여호와 하나님께서는 다시 모세와 만남의 장소인 속죄소를 반복하셨다. 결국, 분향단은 비록 휘장이 중간에 있지만 그래도 속죄소와 가장 가까운 곳에 자리해야 한다. '내가 너와 만날' 때, 향의 역할이 있어야 한다는 것을 시사한 것 같다.

하나님께서는 그렇게 중요한 향의 역할을 암시하시듯, 향의 제조

법도 상세히 알려주셨다. '소합향과 나감향과 풍자향'을 같은 분량으로 유향에 섞고, 또 소금을 쳐서 성결하게 해야 한다 (30:34-35). 그 향을 곱게 찧어 준비했다가 (30:36), 아론이 등불을 손질할 때와 저녁에 등불을 켤 때, 다시 말해서 12시간마다 향을 사르라고 하셨다 (30:7-8). 그런데 그 향은 하나님만을 위해 만들어야지, 사람을 위해 만들면 '백성 중에서 끊어지리라'고 하셨다 (30:37-38).

구속사적 조명 ⑩

성막

하나님께서 모세에게 명령하신 대로 성막이 완성되었다. 그 성막에서 가장 중요한 곳은 하나님께서 좌정하신 지성소였다. 지성소 위의 두 그룹 사이에 하나님께서는 *쉐키나*의 영광으로 자리하시면서 이스라엘 백성을 일 년에 한 번씩 만나셨다. 속죄일인 7월 10일에 대제사장은 이스라엘 백성이 일 년 동안 범한 죄를 양의 피를 통해 속량 받게 했다. 그들이 범한 수많은 죄에 대해 거룩하신 하나님께서는 진노하셨는데, 그 양의 피는 그 진노를 풀어드렸다.

대제사장은 언제까지 죄의 용서와 하나님의 진노를 풀어드리는 그런 이중적인 사역을 해야 했는가? 예수 그리스도가 십자가에서 피를 흘리며 죽으실 때까지였다. 그분은 딱 한 번 그렇게 피를 흘리고 죽으시면서 영원한 속죄의 길을 열어놓으셨다. 그분이 십자가에서 '다 이루었다'는 죄의 용서를 선언하시고 돌아가실 때, 성소에서 지성소로 가는 길을 막고 있던 휘장이 위에서 아래로 찢어졌는데, 놀랍게도 한가운데가 찢어졌다 (마 27:51, 눅 23:45).

그 순간부터 일 년에 한 번이 아니라, 언제라도 하나님 앞으로 나아갈 수 있게 되었다. 바울 사도는 예수 그리스도의 피가 죄인을 위한 속량이 되었고, 하나님의 진노를 풀어드린 화목제물이 되었다고 선언했다 (롬 3:24-25). 출애굽기에 의하면 속량을 위한 피가 제단에 뿌려졌고, 하나님의 진노를 풀어드리기 위한 피가 속죄소 위에 뿌려졌다. 그러니까 예수님의 피는 성막의 두 곳에서 뿌려진 양의 피와 역할이 같았다.

성막에 있는 7가지 기물--제단, 물두멍, 떡 상, 등잔대, 분향단, 언약궤, 속죄소--은 그리스도의 십자가에 대한 모형이었다. 제단은 그분의 발의 모형이고, 피가 뿌려진 속죄소는 그분의 머리의 모형이었다. 성소의 떡 상과 등잔대는 그분의 양손에 대한 모형이었다. 대제사장이 성막의 두 곳에 피를 뿌림으로 이스라엘 백성의 죄 문제가 해결된 것처럼, 대제사장이신 예수 그리스도가 속량과 화목제물의 피를 흘리심으로 모든 죄인의 죄 문제를 영원히 해결하셨다.

한발 더 나아가서, 성막 자체가 예수 그리스도의 모형이다. 그렇지 않다면 사도 요한은 이렇게 묘사하지 않았을 것이다: "말씀이 육신이 되어 우리 가운데 거하시매, 우리가 그의 영광을 보니 아버지의 독생자의 영광이요 은혜와 진리가 충만하더라" (요 1:14). 이 말씀에서 '거하시다'라는 동사는 헬라어로 *스케누*(σκηνόω)로서 '성막이 되다'의 뜻이다. 그러니까 예수 그리스도의 탄생은 성막의 재현이었다.

출애굽기에서 성막이 완성되었을 때, 하나님의 영광이 그곳에 충만하게 임하셨는데 (40:34), 예수 그리스도가 성막이 되셔서 세상에 임하셨을 때도 하나님의 영광이 충만했다. 그 영광을 '우리가 그의 영광을 보니'라고 묘사했다. 그 영광은 모세의 성막에 임했던 *쉐키나*의 영광이며, 동시에 '아버지의 독생자의 영광'이었다. 성막이 완성되었을 때, 이스라엘 백성이 그 성막 위에 임한 하나님의 영광을 보았다. 마찬가지로 예수 그리스도가 임하셨을 때, '우리가' 그분의 영광을 보았다.

'우리'는 사도 요한과 예수 그리스도의 제자들도 포함되지만, 그들만을 가리키지 않는다. 그분이 임하셨을 때, "주의 영광이 목자들을 두루 비추었다" (눅 2:9). 그러니까 '우리'에는 목자들도 포함되어 있었다. 그뿐 아니라, 수많은 천군 천사들이 이렇게 찬송했다. "지극히 높은 곳에서는 하나님께 영광이요, 땅에서는 하나님께서 기뻐하신 사람들 중에 평화로다" (눅 2:14). 이런 찬송을 들은 목자들은 다른 사람들에게 그 영광을 전하므로, 많은 사람에게 전달되었다.

그렇게 세상에 오셔서 하나님의 영광을 드러내신 예수 그리스도는 그 영광을 찬란히 드러내실 때가 올 터인데, 곧 그분이 재림하실 때이다. 바울 사도의 말을 빌려보자. "우리 생명이신 그리스도께서 나타나실 그 때에 너희도 그와 함께 영광 중에 나타나리라" (골 3:4). 하나님께서는 먼저 이스라엘 백성에게 성막을 통해 영광을 보여주셨다. 그러다가 세상에 임하셔서 하나님의 백성인 그리스도인들에게 당신의 영광을 보여주셨다.

그 영광의 절정은 예수 그리스도가 다시 세상에 오실 때인데, 그 영광을 간접적으로 나타낸 곳이 성막의 지성소이다. 그 지성소는 가로와 세로와 높이가 모두 10규빗씩으로 정육면체였다. 그 후 솔로몬의 성전에서 지성소는 모두 20규빗씩으로 역시 완전한 정육면체로, 하나님의 영광을 나타냈다 (왕상 6:20). 그런데 예수 그리스도가 재림하셔서 성을 이루실 때도 그분이 계실 곳도 역시 정육면체였다: "그 [예루살렘] 성은…길이와 너비와 높이가 같더라" (계 21:16).

더욱 놀라운 사실은 그 천국에는 성전이 존재하지 않는다는 것이다. 그 이유는 분명하고도 간단하다. 예수 그리스도가 성전이시기 때문이다! 그렇게 놀라운 사실을 말씀으로 확인하자; "성 안에서 내가 성전을 보지 못하였으니, 이는 주 하나님 곧 전능하신 이와 및 어린 양이 그 성전이심이라" (계 21:22). 결국, 천국에는 세상의 재료로 지은 성전이 있는 것이 아니라, 하나님께서 영원 전부터 예비하신 성전, 곧 예수 그리스도가 계신 것이다.

이제 하나님께서 이스라엘 백성과 언약을 맺으시고, 그들로 성막을 지으라고 하셨는지 그 목적이 드러났다. 하나님께서 처음부터 예수 그리스도를 소개하시면서 그분이 성막이라고 말씀하셨다면, 누가 그 말을 받아들이며 믿었겠는가? 그러나 하나님께서는 이스라엘 백성을 애굽에서 건져내시고 그들이 이해할 수 있을 만큼 조금씩 그리고 점진적으로 당신의 뜻을 많이 알려주셨다. 그런 점진적 계시 progressive revelation를 통해서 성막의 뜻이 마침내 드러났다.

하나님께서는 성막을 지으라고 하시면서, 재료는 물론 양식과 설계도까지 마련해주셨다. 성막이 완성되자 하나님께서 *쉐키나* 영광으로 임하셨다. 그 후 솔로몬이 성전을 완성하자 그곳에도 하나님이 *쉐키나* 영광으로 임하셨다 (대하 7:1). 세월이 흘러서 예수 그리스도가 이 세상에 성막으로 오셨을 때도 역시 하나님의 영광이 임했다. 또 세월이 흘러서 그분이 재림하시면, 하나님의 *쉐키나* 영광이 충만할 것이다. 그 모든 영광의 시발점이 출애굽기의 성막이었다.

Exploring Exodus

16장

뜰

Exploring Exodus

여호와의 성막은 크게 세 부분으로 이루어졌는데, 이미 살펴본 지성소와 성소가 두 부분이다. 그리고 지금부터 묘사하려는 뜰이 나머지 한 부분이다. 그러니까 성막을 세울 때, 뜰도 중요한 부분이 된다. 실제로 뜰 안에 있는 모든 것은 세상으로부터 분리된 거룩한 것들이다. 그 이유는 분명한데, 모든 것이 거룩하신 하나님을 위하여 바쳐졌기 때문이다. 반대로 말하면, 그 뜰 밖에 있는 것은 거룩하지 않은 세상에 속한 것들로 부정한 것으로 여겨졌다.

1. 장벽

먼저, 세상과 성역^{聖域}, 곧 성소를 가르는 장벽을 세워보자. 그 장벽은 남쪽과 북쪽에 각각 100규빗으로 하고, 동쪽과 서쪽은 각각 50규빗으로 정해서 직사각형을 만든다. 그리고 5규빗마다 기둥을 세워서, 남과 북에 20개씩 그리고 동과 서에 10개씩, 각각 세운다. 다른 기물에 대해서는 하나님께서 구체적으로 조각목으로 만들라고 하셨으나, 기둥들에 대해서는 아무런 언급도 없으나, 조각목으로 만들었으리라고 추측하기는 어렵지 않다.

그 기둥들은 맨땅에 세우지 않고, 성소의 휘장을 세운 5기둥을 놋받침 위에 세운 것처럼, 역시 놋받침 위에 세웠다. 그 기둥들의 머리는 은으로 된 갈고리와 가름대가 부착되어 있었다. 갈고리에는 휘장을 걸었고, 가름대는 기둥들을 연결하므로 그 장벽의 형태도 유지하고 또 바람에 넘어지지 않도록 고정했다. 기둥들의 높이는 5 규빗으로, 가로와 세로가 5규빗인 휘장을 달았다. 그렇게 세워진 장벽은 성소와 세상을 갈라놓았다.

그 휘장의 높이가 5규빗, 곧 2,25m나 되어 사람들은 밖에서 안을 들여다볼 수 없고, 역으로 안에서 밖을 내다볼 수도 없었다. 그런데 한 가지 특이한 것은 성막으로 들어가는 입구였다. 그 입구는 동쪽에 있는데, 그쪽은 해가 뜨는 방향이며, 유대인들에게 동쪽은 말할 수 없이 중요하다. 그들은 후에 성전들을 건설할 때마다 문을 동쪽에 달았다. 그들이 믿는 메시야도 동쪽으로 오신다고 굳게 믿고 있다.

성막의 입구가 위치한 동쪽 장벽은 세 부분으로 나뉘었다. 그 장벽의 중앙에 20규빗이나 되는 문을 만들었는데, 좌우에는 각각 15규빗의 장벽을 만들었다. 기둥은 서쪽과 똑같이 10개인데, 문이 20규빗이므로 기둥이 4개였다. 그리고 '청색, 자색, 홍색 실과 가늘게 꼰 베 실로 수 놓아 짠 휘장'을 달아 문으로 삼았다. 그 문 좌우에는 기둥이 각각 3개씩 있었고, 휘장도 세 개씩 달렸다. 그렇게 장벽을 완성함으로, 성소는 세상과 완전히 구분되었다 (출 27:9-19).

2. (번)제단

동향한 문 안으로 들어가면 제일 먼저 만나는 성소의 기물은 제단이다. 그 제단은 다른 기물처럼 조각목으로 만든 후, 언약궤나 떡

상이나 분향단처럼 금으로 싸지 않고 놋으로 쌌다. 그러니까 여호와의 성소 안에 있는 기물들은 금으로 쌌으나, 밖에 있는 기물들은 놋으로 쌌다. 그런데 놋으로 싼 제단은 모든 기물 중에서 가장 크고 넓다. 그 크기는 5×5×3규빗으로 정사각형이며, 그중 높이는 3규빗이나 된다.

그 제단 네 모퉁이에 뿔을 만들어야 하는데, 그 뿔들을 따로 만들어서 붙이는 것이 아니라, 제단에 뿔들을 붙여서 하나로 만들었다. 그런데 이 제단이 다른 모든 기구와 다른 점이 있는데, 그것은 놋으로 그물을 만들어서 그 제단 안에 넣는 것이다. 그 그물은 제단의 반에 이르도록 만들었다. 그리고 그 그물에 고리를 부착시켜서 두 개의 채로 제단을 어깨에 메어 이동하게 했다. 그러니까 그 제단 안은 비어 있는데, 그물만 있었다.

번제단과 그물

그물 위에서 제물이 불에 타는데, 그 그물로 인해 바람이 통해서 제물도 쉽게 태울 수 있었다. 자연히 동물과 불의 재가 그물 아래로 떨어져서 제단은 깨끗하게 유지되었다. 결국, 불로 태워지는 동물의 피와 찌꺼기가 그물 밑으로 잘 배출되었다. 이스라엘 백성이 성막으로 들어가면서 먼저 죄의 문제를 해결해야 하는데, 그곳이 바로 제단이었다. 여호와 하나님께서는 그처럼 중요한 제단이 잘 유지되도록 지시하셨다 (27:1-8).

3. 물두멍

아론과 그 아들들이 번제단에서 번제물을 다루는 동안 그들의 손과 발은 더러워질 수밖에 없었다. 그들은 손과 발을 씻어 정결하게 되지 않으면, 하나님의 성소로 들어갈 수 없었다. 그런데 여호와 하나님께서는 그 문제도 해결해주셨는데, 곧 물두멍을 만들라고 하셨기 때문이다. 물두멍은 대야와 같이 물을 담아 두는 기구로서, 제단과 성소 사이에 놓았다. 그렇게 함으로써 아론과 그 아들들은 회막으로 들어가기 전에 손과 발을 씻을 수 있었다.

물두멍은 놋으로 만들고 그 받침도 놋으로 만들어서 그 속에 물을 담아두었다. 물두멍을 만들라고 지시하신 하나님께서는 그 물두멍의 용도를 말씀하셨다. 엄중한 경고도 곁들이셨는데, 성소에 들어가기 전에 손과 발을 씻지 않으면 반드시 죽어야 한다는 것이다. 그런데 한 가지 특이한 것은 물두멍의 크기는 전혀 언급되지 않았다는 사실이다. 달리 말하면, 그 물두멍은 만드는 사람에 따라서 클 수도 있고 작을 수도 있다는 것이다 (30:17-21).

그런데 물두멍의 크기에 대해 힌트를 주는 말씀이 있는데, 그 말씀을 인용해보자. "그가 놋으로 물두멍을 만들고 그 받침도 놋으로 하였으니, 곧 회막 문에서 수종드는 여인들의 거울로 만들었더라" (38:8). 이 말씀에 의하면, 물두멍의 재료는 이스라엘 백성이 거제물로 하나님께 드린 예물에는 포함되어 있지 않았다. '회막 문에서 수종드는 여인들의 거울'로 만들었기 때문이다. 그리고 여인들이 드린 거울의 수량에 따라 물두멍의 크기가 결정되었다는 것이다.

'회막 문에서 수종드는 여인들'이 갑자기 등장하는데, 그들은 누구이며 또 무엇을 하는 여인네들인가? 그들은 성막과 연루된 여러 가지 잔일을 처리하는 여인들이었을 것이다. 예를 들면, 기구를 닦고, 성막 뜰을 청소하고, 제사장의 옷을 빨고, 물두멍에 물을 채우는 일을 했을 것이다. 그 후 오랜 세월이 흐른 사무엘의 시대에도 '회막 문에서 수종드는 여인들'이 존재한 것을 보면 (삼상 2:22), 시내산에서 시작된 관습이 계속된 것 같다.

십중팔구 그들이 아끼던 구리거울을 바친 여인들 가운데서 선발하여 '회막에서 수종들게' 했을 것이다. 그들이 평상시에 닦고 손질하던 귀한 거울을 바쳤다는 사실은 그들의 깊은 희생을 미루어서 짐작할 수 있다. 그뿐 아니라, 거울로 사용된 그 구리는 틀림없이 양질의 값비싼 상품이었을 것이다. 그 여인들은 그처럼 귀한 물품을 바쳤고, 그렇게 바쳐진 구리로 물두멍과 그 받침이 만들어졌다. 결국, 그 물두멍의 크기는 그 여인들이 바친 거울의 양에 비례했다.

이상하게도 이 절을 한글로 바꾸면서 중요한 동사를 생략했다. 히브리어 말씀을 직역하면 이렇다: "그가 놋으로 물두멍을 만들고 그 받침도 놋으로 하였으니, 곧 회막 문에 운집한 수종드는 여인들의 거울로 만들었더라." '운집하다'는 히브리어로 *차바*(צָבָא)인데, 군대나 천사들이 모일 때 쓰이는 동사이다. 그러니까 그 '여인들'은 그들의 구리거울을 바치기 위해 천사들처럼 모여들었다. 하나님의 지도를 받는 천사들처럼 그들도 하나님의 지도를 받으며 모여들었다.

여호와의 성막의 기구들을 만드는 과정에서 재료, 크기, 용도, 원천 등 모든 것을 그 성막의 주인이신 여호와 하나님께서 설정하셨다. 단 한 가지 예외가 있었는데, 그것이 바로 물두멍이었다. 물두멍의 재료와 용도와 원천도 하나님께서 분명히 알려주셨다. 그 원천은 회막문에서 수종드는 여인들이 바친 것이고, 크기는 그 여인들이 바치는 거울의 숫자에 비례하였다. 그들이 많이 바치면 물두멍이 커지고 그렇지 않으면 작아졌다.

구속사적 조명 ⑪

출애굽기와 로마서

　출애굽기는 구약의 로마서로, 로마서는 신약의 출애굽기로, 각각 불리기도 한다. 그렇게 불린 이유가 많이 있지만, 가장 대표적인 것은 두 책이 똑같이 구원을 묘사하기 때문이다. 출애굽기는 이스라엘 백성이 애굽의 종 된 신분에서 해방된 구원을 묘사하는 반면, 로마서는 하나님의 백성이 죄의 종 된 신분에서 해방되는 구원을 묘사한다. 구태여 다른 점을 지적하자면, 이스라엘의 구원은 육체적인 데 반하여, 죄인의 구원은 영적이다.

　놀랍게도 육체적인 구원이든 영적 구원이든 그 구원의 방편도 아주 유사하다. 이스라엘 백성은 유월절 양의 피와 홍해를 건넘으로 구원을 받았다. 반면, 세상의 죄인들은 예수 그리스도의 피와 부활의 역사를 통해 구원을 받는다. 그런데 바울 사도의 해석에 의하면, 유월절 양은 예수님을 가리키고 (고전 5:7), 홍해를 건넌 사건은 부활을 가리킨다 (고전 10:1-2). 이스라엘 백성이 홍해 속으로 들어갔다가 올라온 것은 죽음과 부활을 상징하는 세례라는 해석이다.

　이처럼 죽음과 부활을 통해서 구원받는 과정을 묘사하는 방법은 서로 다르다. 출애굽기에서는 이스라엘 백성이 유월절 양의 피를 문에 뿌리고, 그 양의 고기를 불에 구워 먹어야 했다 (출 12장). 그 후, 홍해를 건넘으로써 애굽과 영원히 결별하는 구원을 경험했다

(출 14장). 그 구원은 역사적인 사건을 통해서 일어났지만, 세상 사람들의 구원은 복음 전도를 통해서 일어난다. 그들을 위해 죽으시고 다시 사신 예수 그리스도를 믿어야 구원받는다 (롬 4:25).

출애굽기에 묘사된 구원은 실제의 사건을 통해 일어났지만, 동시에 앞으로 있을 구원에 대한 모형^{type}이기도 했다. 이미 언급한 대로, 유월절 어린 양의 죽음은 '세상 죄를 짊어지고 가는 어린 양'이신 예수 그리스도의 모형이었다 (요 1:29). 그뿐만 아니라, 이스라엘 백성이 홍해를 건넌 사건도 역시 죽음과 부활에 대한 모형이었다. 그들이 물속으로 들어간 것은 죽음에 대한 모형이고, 그들이 물속에서 나와 건너편으로 간 것은 부활에 대한 모형이었다.

출애굽기와 로마서가 똑같이 죽음과 부활을 통해 구원의 역사를 묘사한 것처럼, 구원받은 이스라엘 백성의 여정과 영적으로 구원받은 하나님 백성의 여정도 사뭇 유사하다. 이스라엘 백성은 구원받은 사람답게 도덕적으로 변화된 삶을 살아야 하는데, 그 목적을 위하여 출애굽기에는 십계명을 비롯한 율법이 주어졌다 (출 20-23장). 구원받은 사람들도 삶이 변화되었다는 확증이 있어야 하는데, 그 증거는 하나님의 말씀에 따라서 살 때 나타난다 (롬 5:20-21).

이처럼 도덕적으로 변화된 삶을 살도록 하나님께서 또 다른 은혜를 부어주셨는데, 그것은 그분의 임재이다. 그분이 직접 약속하신 대로 임하신 사실을 말씀을 통해 알아보자. "…셋째 날에 나 여호와가 온 백성의 목전에서 시내산에 강림할 것임이니…셋째 날 아침에 우레와 번개와 빽빽한 구름이 산 위에 있고 나팔 소리가 매우 크게 들리니 진중에 있는 모든 백성이 다 떨더라" (출 19:11, 16). 이 말씀대로, 하나님께서는 연기와 불과 나팔 소리로 임하셨다.

오순절 날 성령도 바람 소리와 불로 임하셨고, 그 결과 120명의 성도가 성령으로 충만함을 받고 소리 내어 방언하기 시작했다 (행 2:1-4). 그렇게 강림하신 성령은 세상 사람들이 회개하고 믿을 때, 그들의 마음 안에 들어가서 내주하신다. 바울 사도는 "만일 너희 속에 하나님의 영이 거하시면 너희가 육신에 있지 아니하고 영에 있나니…"라고 하면서 (롬 8:9a), 그렇게 임하신 성령 때문에 변화된 삶을 산다고 가르쳤다.

출애굽을 경험한 사람이든 죄의 용서를 받은 사람이든 그들을 구원해주신 하나님께 예배를 드려야 한다. 그 예배를 위해 이스라엘 백성에게 다음 단계에 주어진 명령이 성막을 만들라는 것이다 (출 25-27장). 성막의 목적은 하나님께서 그 가운데 좌정하시겠다는 것이다. 왜 하나님께서 이스라엘 백성 가운데 계시는가? 그 이유는 이스라엘 백성이 그들 가운데 계시는 하나님께 예배를 드리게 하기 위함이다.

세상 사람들도 구원을 경험하면 하나님께 예배를 드려야 한다. 바울 사도는 그들의 몸과 지체를 하나님께 드리라고 권면했다. "…오직 너희 자신을 죽은 자 가운데서 다시 살아난 자 같이 하나님께 *드리며 너희 지체를 의의 무기로 하나님께 드리라*" (롬 6:13b). 이 말씀에서 두 번씩 사용한 '드리라'는 명령은 영적 예배를 포함한다. "…너희 몸을 하나님께서 기뻐하시는 거룩한 산 제물로 *드리라*; 이는 너희가 드릴 영적 *예배니라*" (롬 12:1b).

그런데 문제가 생겼다! 이스라엘 백성이 그처럼 엄청난 하나님의 은혜와 인도를 경험하고서도 금송아지 우상을 만들고, 영적 지도자인 모세를 원망했다 (출 32장). 그 원망은 하나님의 임재로 그들의 죄성이 드러난 것이었다. 바울 사도도 하나님께 가까이 갈수록 죄성이 드러났다고 하면서, 자신에게 선한 것이 없으며 원하지 않는 죄를 범한다고 고백했다 (롬 7:18, 20). 구원받은 이스라엘 백성이나 성령이 내주하는 사람들이나 똑같이 죄성을 가지고 있었다.

그러나 하나님께서는 은혜로 이스라엘 백성과 언약을 다시 세우시고 그들로 성막을 완성하게 하신 후 (34:10), 그 성막 가운데 충만하게 임하셨다 (40:34). 하나님께서는 구원받은 세상 사람들에게도 똑같은 은혜를 부어주시는데, 곧 성령의 충만이다. 바울 사도는 그런 충만을 이렇게 표현했다; "그러나 이 모든 일에 우리를 사랑하시는 이로 말미암아 우리가 넉넉히 이기느니라" (롬 8:37). 그때부터 이스라엘 백성과 믿는 사람들은 세상에 선한 영향을 끼친다.

이스라엘 백성이 애굽에서 종노릇하는 동안에는 많은 부족 중 하나에 지나지 않았다. 그러나 그들이 출애굽한 후부터는 애굽의 일부가 아니라 독립된 국가가 되었다. 반면, 하나님의 백성은 예수 그리스도를 통한 구원으로 민족을 초월한 교회를 이루었다. 시공을 초월해서 구원받은 사람은 모두 교회인 몸을 일구는 지체들이 된 것이다. 그 교회는 '우주적 교회'라고도 하고 '비가시적 교회'라고도 한다. 국가보다도 훨씬 크고 영원한 교회가 된 것이다 (롬 12:5).

Exploring Exodus

17장

제사장의 위임식

Exploring Exodus

성막이 완성되자 여호와 하나님께서는 언약의 백성인 이스라엘 자손과 만나고 또 지시하셔야 할 터인데 (출 25:22), 그렇게 많은 백성이 한꺼번에 성막에 들어가는 것은 절대로 가능하지 않았다. 결국, 여호와 하나님의 말씀을 듣고 그것을 백성에게 전할 대리자가 필요했는데, 그 역할을 하도록 하나님께서는 제사장을 위임하게 하셨다. 그분은 모세에게 이렇게 지시하셨다; "네[모세]가 그들[아론과 아들들]에게 나를 섬길 제사장 직분을 *위임하라*" (29:1).

여호와 하나님께서는 위임식을 위하여 모세에게 다음의 네 가지를 준비하라고 하셨다. 첫째는 어린 수소 한 마리이고, 둘째는 흠 없는 숫양 두 마리이고, 셋째는 고운 밀가루로 만든 무교병과 기름 섞인 무교 과자와 기름 바른 무교 전병이고, 넷째는 아론과 그의 아들들이었다. 그 모두를 회막 문으로 가지고 오라는 것이었다 (29:2-3). 유대인 학자들은 그 수소는 2년생이어야 하며, 숫양은 적어도 1년이 넘어야 하며, 과자들은 각기 10개씩이라고 했다.

이스라엘의 나라와 백성에게 지극히 어마어마한 영향을 끼칠 제사장 위임식의 준비는 그렇게 간단했다. 그러나 위임식은 그렇게 간단하지 않았는데, 그 절차가 다음과 같이 7가지나 되었기 때문이다: 첫째 정결 의식을 행한 후, 둘째 예복을 입히고, 셋째 그들에게 기름을 부어야 하고, 넷째 속죄제를 드리고, 다섯째 번제를 드리고, 여섯째 위임제를 드려야 하며, 일곱째 7일 동안 매일 아침저녁으로 번제를 드려야 했다. 그와 같은 절차를 차례로 살펴보자.

1. 정결 의식

여호와 하나님께서는 정결 의식을 다음과 같이 간단하게 명령하셨다: "너는 아론과 그의 아들들을 회막 문으로 데려다가 물로 *씻기고*" (29:4). 인간적으로는 아론이 모세의 형이었다. 그러나 모세는 동생으로서 의식을 거행하는 것이 아니라, 하나님의 명령을 받들어서 위임식을 거행하는 하나님의 대리자이며 따라서 하나님의 제사장이었다. 아론과 그의 아들들은 모세에 의하여 제사장으로 위임을 받아야 비로소 제사장이 될 수 있었다.

이스라엘의 제사장들은 사람이 제물의 피를 가져오면 그 피를 받아서 제단에 뿌렸다. 그렇게 하는 동안 제사장들도 손이나 발에 피를 묻힐 수 있었다. 그런 까닭에 그들은 피를 제단에 뿌린 후 성소로 들어가기 전에 물두멍에서 손과 발을 씻었다. 그러나 아론과 그의 아들들이 제사장으로 위임받을 때는 제사를 드리기도 전에 몸을 씻었다. 따라서 그것은 죄를 씻어내는 의식이 결코 아니었다.

그렇게 몸을 씻는 의식은 두 가지 뜻을 내포하고 있는데, 하나는 그들의 완전 순종을 뜻했다. 완전 순종을 강조라도 하듯, 아론과 그의 아들들은 몸 전체를 물속에 담갔다. '씻다'는 동사는 히브리어로 *라하츠*(רחץ)로서, 몸을 물에 잠수시키는 행위를 뜻한다. 둘은 그렇게 씻김으로 영적으로 깨끗해졌다는 것을 뜻한다. 하나님 앞에서 그렇게 깨끗해지지 않으면, 여호와 하나님께서 마련하신 '영화롭고 아름다운' 제사장의 예복을 어떻게 입겠는가? (28:2).

그렇게 정결 의식을 거친 후에야 비로소 아론과 그의 아들들은 제사장의 예복을 입을 수 있었다. 그들이 예복을 입는 시점부터 그들이 제사장의 역할을 감당하게 된다는 뜻이다. "의복을 가져다가 아론에게 속옷과 에봇 받침 겉옷과 에봇을 입히고 흉패를 달고, 에봇에 정교하게 짠 띠를 띠게 하고, 그의 머리에 관을 씌우고 그 위에 거룩한 패를 더하고"(29:5-6). 제사장의 예복에 대해서는 다음 장에서 자세히 다룬다.

2. 기름 부음

제사장으로 위임되기 위해서 아론은 반드시 기름 부음을 받아야 했다. 그 기름 부음이 행해진 상황을 하나님의 말씀은 이렇게 묘사했다: "그의 머리에 관을 씌우고 그 위에 거룩한 패를 더하고, *관유를 가져다가 그의 머리에 부어 바르고*"(29:6-7). 이 묘사는 순서대로 된 것이 아니라, 머리에 부은 관유를 강조한 것이다. 그 이유는 간단한데, 관 위에 기름을 부을 리가 없기 때문이다. 하나님께서는 그 관유를 '머리에 부어 바르라'고 모세에게 명령하셨다.

그런데 아론의 아들들에게는 관유를 붓지 않았다. 말씀으로 확인하자. "그의 아들들을 데려다가 그들에게 속옷을 입히고, 아론과 그의 아들들에게 띠를 띠우며, 관을 씌워 그들에게 제사장의 직분을 맡겨 영원한 규례가 되게 하라. 너는 이같이 아론과 그의 아들들에게 위임하여 거룩하게 할지니라"(29:8-9). 물론 위임식을 통해 아론과 그의 아들들이 제사장의 반열에 들어갔지만, 그래도 현재로는 아론만이 제사장이 되기 위해 기름 부음을 받았다.

관유(冠油)는 직역하면 머리에 바르는 기름이다. 히브리어성경은 단순히 *셔먼*(שֶׁמֶן), 곧 기름으로만 표현한 것을 보면, 관유는 상황에 맞춘 의역이다. 관유를 머리에만 붓지 않고, 회막과 증거궤, 떡 상, 등잔대, 분향단, 번제단, 물두멍에도 바른 것을 보면 의역임이 분명하다. 그것들을 거룩하게 구별하기 위해서 기름을 발랐다 (30:25-29). 관유를 바른 기구에 접촉하는 것도 거룩하게 되었다. 그 관유를 제사장에게 바른 것도 역시 거룩하게 구별하기 위해서였다.

관유가 이처럼 중요하기에 아무렇게나 만들거나, 개인적 용도로 사용할 수 없었다. 그러므로 관유를 만드는 재료와 방법도 하나님께서는 상세히 알려주셨다. 그 재료는 "액체 몰약 오백 세겔과 그 반수의 향기로운 육계 이백오십 세겔과 향기로운 창포 이백오십 세겔과 계피 오백 세겔을 성소의 세겔로 하고, 감람 기름 한 힌을 가지고" 관유를 만들어야 했다 (30:23-24). 그렇게 만들어진 관유는 제사장뿐 아니라 왕이 임명될 때도 사용될 만큼 중요했다.

3. 제물

제사장의 위임식에서 여러 가지 제물을 드리는 것은 빼놓을 수 없는 중요한 예식이었다. 그 제물에는 속죄제와 번제와 위임제가 있는데, 하나씩 살펴보자. *속죄제*를 위하여 어린 수소를 회막 앞으로 끌어온 후 아론과 그의 아들들은 그 송아지 머리에 안수했다. 그리고 그 송아지를 잡은 후, 그 피를 제단 뿔들에 바르고 남은 피를 모두 제단 밑에 쏟았다. 내장 등 내부의 것은 거기에서 불사르고, 가죽 등 외부의 것은 진 밖에서 태웠다 (29:10-14).

그다음, *번제*를 위하여 숫양 한 마리를 회막 앞으로 끌어와서 역시 아론과 그의 아들들이 그 머리 위에 손을 얹고 안수했다. 그런 후 그 양을 죽이고, 그 피를 제단 위의 주위에 뿌렸다. 죽은 양을 여러 토막을 내고, 내장과 다리는 물로 씻었다. 그렇게 한 후 그 숫양을 몽땅 제단 위에서 불살라 여호와께 드렸다. 그 숫양이 불에 타면서 연기가 위로 올라가는 화제火祭인데, 그 화제는 여호와께 향기로운 냄새가 되었다 (29:15-18).

그다음, *위임제*를 위하여 다른 숫양의 머리에 먼저처럼 아론과 그의 아들들이 안수했다. 특이한 것은 그 양의 피를 아론과 그의 아들들의 오른쪽 귓부리와 오른손 엄지와 오른발 엄지에 바르고, 남은 피는 제단 주위에 뿌리는 것이다. 속죄제의 송아지와 번제의 숫양의 피는 제단 뿔에 바르고 제단 주위에 뿌렸으나, *위임제*의 숫양의 피는 사람에게 발랐다. 그뿐 아니라, 그 피와 관유를 섞어서 아론과 그 아들들의 옷에 뿌려서 옷을 거룩하게 했다 (29:19-21).

그다음, 아론과 그의 아들들은 그 숫양의 기름진 꼬리, 내장에 덮인 기름, 간 위의 꺼풀, 두 콩팥과 기름, 오른쪽 넓적다리 및 광주리에 있는 떡과 과자와 전병 한 개씩 모두를 요제로 하나님 앞에서 흔들어 드린 후, 제단 위에서 불로 태웠다. 이 위임제 숫양은 그렇게 하나도 남김없이 불로 태워졌다. 그리고 여호와 하나님께서는 그 화제에서 오르는 연기를 '향기로운 냄새'로 받으셨다 (29:22-25).

여호와께서는 제사장으로 위임받은 아론과 그의 아들들에게 주실 양식도 빼놓지 않으셨다. 모세를 통해서 말씀하신 대로, 제사장으로 위임받는 아론과 아들들을 위해 양식을 주셨다. 그들의 분깃은 *위임제* 숫양의 가슴과 넓적다리였는데, 가슴은 요제로 드리고 넓적다리는 거제로 드린 후, 그들의 양식이 되었다. 그 양식에 대해서 여호와 하나님께서는 이렇게 말씀하시며 확정하셨다: "이는 이스라엘 자손이 아론과 그의 자손에게 돌릴 영원한 분깃이요" (29:27-29).

제사장 위임식이 얼마나 중요한지 여호와는 *7일 동안 위임식*을 거행하라고 명하셨다. 매일 수송아지를 속죄제로 드려서 죄의 문제를 해결해야 했다. 그뿐 아니라 모든 제물을 태워서 올림으로 제단을 거룩하게 해야 했다. 그 '제단을 위하여 속죄하여 깨끗하게 하고, 그것에 기름을 부어 거룩하게 하라'고 명하셨다. 그것도 하루 이틀만 아니라 일주일 동안 제단을 위해 속죄하여 거룩하게 해야 했다. 그렇게 할 때, 그 제단에 접촉하는 모든 것이 거룩해졌다.

제사장의 위임식은 그렇게 끝났지만, 여호와 하나님께서는 또 다른 엄청나게 중요한 번제를 명하셨는데, 그것은 매일 그것도 하루에 두 번씩 드려야 하는 번제였다. 1년 된 어린 양을 아침에 한 마리 그리고 저녁에 한 마리를 화제로 드려야 했다. 그런데 그 양과 함께 밀가루 십분의 일 에바 (약 2리터), 찧은 기름 사분의 일 힌 (약 4분의 1리터), 포도주 사분의 일 힌 (약 4분의 1리터)을 더하여 화제로 불살라 드려야 했다 (29:38-41).

4. 피

제사장의 위임식에서 속죄제나 번제나 위임제에서 동물이 제물로 드려졌으며, 그 동물은 죽으면서 피를 쏟았다. 피는 생명의 상징이기에 피를 쏟으면 그 동물은 죽을 수밖에 없었다. 그러므로 피는 생명이자 동시에 죽음을 가리켰다. 피를 쏟기 전에는 그 동물이 살아있었으나, 그 생명의 피를 쏟으면 당연히 죽을 수밖에 없었다. 그런데 제사장의 위임식에서 동물들이 피를 흘리며 죽지 않는다면, 위임식은 이루어질 수 없었다.

먼저 속죄제를 위하여 피를 쏟고 죽은 수송아지에 대해 알아보자. 그 수송아지를 회막 앞에서 잡기 전에 제사장이 될 아론과 그의 아들들은 그 '송아지 머리'에 안수했다 (29:10). 그런데 그들은 이와 같은 안수를 속죄제의 수송아지 머리에만 하지 않고, 번제로 드려진 두 마리의 숫양 머리에도 똑같이 안수했다 (29:15, 19). 안수를 통해 아론과 그의 아들들의 죄가 그들을 떠나서 그 동물들에게로 옮겨간다는 의식이었다.

여호와 하나님의 제사장이 된다는 것은 말할 수 없는 축복이지만, 동시에 말할 수 없는 도전이었다. 그 역할이 얼마나 중요한지 그들은 제사장이 되는 순간부터 자신을 위한 삶이 아니라, 그들을 불러주신 여호와 하나님만을 위해 살아야 했다. 그 하나님께서는 거룩하신 분이기에 그분을 위해 산다는 것은 그들도 거룩해야 한다는 뜻이었다. 거룩하기 위해서 아론과 그의 아들들은 죄에서 죽어야 하는데, 그 죽음의 예식이 안수였다.

아론과 그의 아들들이 속죄제인 수송아지에 안수하면, 그들의 죄가 수송아지에 옮겨지므로 송아지가 죽을 때, 그들도 죽는다는 예식이었다. 그들이 번제인 숫양의 머리에 안수하는 순간 그 양들이 하나도 남김없이 안팎이 불로 태워져서 죽는 것처럼, 그들도 온전히 하나님께 드려졌다는 예식이었다. 그때부터 그들은 위로는 그들을 제사장으로 위임해주신 하나님만을 위해 살고, 아래로는 그분이 맡겨주신 이스라엘 백성만을 위해 살아야 했다.

그런데 모세는 속죄제인 수송아지의 피를 그의 손가락으로 제단 뿔들에 바른 후 '그 피 전부를 제단에 쏟았다' (29:12). 실제로 위임식을 거행할 때, 묘사된 말씀이다; "모세가 잡고 그 피를 가져다가 손가락으로 그 피를 제단의 네 귀퉁이 뿔에 발라 제단을 깨끗하게 하고, 그 피는 제단 밑에 쏟아 제단을 속하여 거룩하게 하고" (레 8:15). 모세가 그의 손가락으로 그 피를 네 뿔에 바름으로, 제단이 깨끗해졌다. 그러니까 피는 첫째 정결하게 하는 역할을 했다.

피의 둘째 역할은 아론과 그의 아들들을 거룩하게 하므로 성별시켰다. 모세는 위임제 숫양의 피를 아론과 그의 아들들의 '오른쪽 귓부리와 오른손 엄지와 오른발 엄지'에 발랐다 (29:20). 귓부리는 몸의 윗부분에 있고, 손의 엄지는 몸의 중간에 있고, 발의 엄지는 몸의 아래에 있다. 그러므로 그 세 곳에 피를 바른다는 것은 몸 전체를 피에 적신다는 뜻을 함축한다. 그렇게 몸에 피를 바르므로, 아론과 그의 아들들은 하나님께 온전히 성별되었다.

결국, 제단 뿔에 피를 바르고 제사장의 귀와 손과 발에 피를 바른 것은 피로 맺어진 언약의 하나님과 이스라엘 백성 사이의 역할을 위해서였다. 제사장은 한편 깨끗하고 또 한편 거룩한 삶을 영위해야 한다는 표시로 피를 몸에 발랐다. 하나님과 이스라엘 백성 사이에 맺어진 언약을 유지하기 위해 제사장은 매일, 그것도 하루에 두 번씩 어린 양을 번제로 드려야 했다. 한 마리는 아침에, 한 마리는 저녁에 드림으로써 (29:38-39), 하나님께서 "거기서 너희와 만나고 네게 말하리라"고 하셨다 (29:42). 언약의 관계를 그렇게 유지하라는 명령이었다.

구속사적 조명 12

제사장

아론과 그의 아들들이 제사장으로 위임을 받은 후, 그들은 제사장의 가문이 되었다. 어떤 다른 사람도 아론의 가문에서 태어나지 않으면 제사장이 될 수 없었다. 그런데 아론의 자손들은 모두 인간이기에 하나님 앞에 떳떳이 나올 수 없었다. 그런 이유로 아론의 후손은 하나님과 다른 사람들 사이를 연결하기에 앞서서 자신들의 죄 문제를 해결하지 않으면 안 되었다. 그 해결 방법이 수송아지의 피로 그들의 죄를 씻는 속죄제였다.

아론의 후손은 끊임없이 속죄제의 피를 하나님께 올려야 했다. 그런데 아론의 가문에 속하지 않은 제사장이 나타나셨는데, 곧 예수 그리스도였다. 그분은 부모도 없고 가문도 없는 멜기세덱이 하나님의 제사장으로 나타나서 아브라함을 위해 복을 빌어준 것처럼 (창 14:18-19), 아론과 전혀 관계없는 유다 지파 출신으로 만백성에게 복을 전해주셨다 (마 5:3-10). 그분은 죄가 없는 분이기에 속죄제의 피를 쏟으실 필요가 없었다.

그렇다고 예수 그리스도가 피를 흘리지 않으신 것도 아니었다. 그분은 번제와 위임제의 숫양처럼 피를 흘리면서 십자가에서 죽으셨다. 아론의 후손이 반복해서 속죄제의 피를 바친 것과 달리, 그분은 반복해서 피를 흘리실 이유가 없었다. 그분이 십자가에서 피를 흘

리며 죽으신 것은 '영원한 속죄'였기 때문이다 (히 9:12). '영원하다'
라는 표현은 과거와 현재와 미래를 다 아우른다. 그분의 피가 과거
와 현재와 미래의 모든 죄를 씻을 수 있다는 말이다.

 그렇지 않다면, 그분은 십자가에서 피를 흘리며 죽으실 때, '다
이루었다'고 선언하지 못하셨을 것이다. 그러나 그분이 그렇게 선
언하실 수 있었던 것은 그분이 십자가에서 흘린 피가 과거와 현재와
미래의 죄 모두를 용서하기 때문이다. 그렇게 선포한 것만으로 끝
내신 것이 아니라, 죽은 지 삼일 만에 다시 살아나셨다. 아론의 제
사장들과 얼마나 다른가? 그들은 죄 가운데 살다가 죄 가운데 죽었
으나 살아나지 못했다.

 히브리서 저자는 그분이 대제사장이심을 이렇게 설파했다. "그리
스도께서는 장래 좋은 일의 *대제사장으로 오사*…더 크고 온전한 장
막으로 말미암아 염소와 송아지의 피로 하지 아니하고, 오직 자기
의 피로 영원한 속죄를 이루사 단번에 성소에 들어가셨느니라…하
물며 영원하신 성령으로 말미암아 흠 없는 자기를 하나님께 드린 그
리스도의 피가 어찌 너희 양심을 죽은 행실에서 깨끗하게 하고 살아
계신 하나님을 섬기게 하지 못하겠느냐?" (히 9:11-14).

 이 말씀에 의하면, 죄로 죽었었지만 그분의 피로 깨끗해진 모든
그리스도인이 하나님을 섬길 수 있게 되었다는 말이다. 하나님을
섬겼던 사람들은 아론과 그의 후손들이었다. 그러나 이제부터는 그
들이 하나님을 섬기는 제사장들이 아니라, 예수님의 피에 의하여
죄를 용서받은 사람들, 곧 그리스도인들이 하나님을 섬기게 되었다
는 것이다. 다시 말하면, 그리스도인들이 제사장의 역할을 하게 되
었다는 것이다.

실제로 사도 요한은 예수 그리스도가 모든 그리스도인을 제사장으로 삼으셨다고 힘주어 말했다. "그의 아버지 하나님을 위하여 우리를 나라와 *제사장*으로 삼으신 그에게 영광과 능력이 세세토록 있기를 원하노라. 아멘"(계 1:6). 이 말씀에서 '우리'는 모든 그리스도인을 가리키며, '우리'를 제사장으로 삼으신 이는 다름 아닌 예수 그리스도이셨다. 그분은 대제사장이시고, 우리는 그분이 위임하신 제사장들이다.

사도 요한은 아무도 오해하지 못하도록 이 사실을 알리기 위해 그런 표현을 몇 번씩 반복했다. "그들로 우리 하나님 앞에서 나라와 *제사장들*을 삼으셨으니 그들이 땅에서 왕 노릇 하리로다 하더라"(계 5:10). '그들'은 '각 족속과 방언과 백성과 나라 가운데에서' 그분의 피로 씻김을 받은 그리스도인들이었다(계 5:9). 그들이 제사장이 되어 하나님을 섬길 것인데, 이 세상에서뿐 아니라 천년왕국에서도 계속된다고 사도 요한은 언급했다(계 20:6).

베드로 사도도 역시 그리스도인들이 '왕 같은 제사장들'이라고 선포했다(벧전 2:9). 그 제사장들의 역할은 무엇인가? 그것은 아직 예수 그리스도를 구주로 알지 못하는 사람들을 그분 앞으로 인도하여 그분과 피로 맺어진 언약의 백성이 되게 하는 것이다. 아론과 그 후손들이 이스라엘 백성으로 언약의 백성답게 살도록 하루에 두 번씩 어린 양을 제물로 드려야 하는 것처럼(민 28:3), 그리스도인들도 그렇게 해야만 했다. 그것이 어떻게 가능하단 말인가?

솔로몬의 성전이 무너진 후, 아론의 후손들은 아침저녁으로 상번제를 드릴 곳이 없었다. 아론의 후손들은 아침저녁으로 드리는 상번제를 기도로 대체했다. 그 기도 시간이 아침 9시, 정오 12시, 그리고 오후 3시였다. 그런데 이스라엘 백성이 그렇게 기도하고 있을 때, 바로 그 시간에 예수 그리스도는 어린 양이 되어 번제로 죽으셨다. 금요일 오전 9시에 십자가에 못 박히셨고, 12시에 세상이 깜깜해졌고, 오후 3시에 '다 이루었다'고 외치신 후 숨을 거두셨다.

예수 그리스도가 그렇게 십자가에서 피를 쏟으며 돌아가셨기에 세상 각처에 있는 죄인들이 그 피를 힘입어 용서받아 깨끗하게 되었다. 그들도 언약의 백성, 곧 피 언약의 백성이 된 것이다. 아론과 그의 아들들이 속죄제와 번제와 위임제를 드려서 제사장이 된 것처럼, 그리스도인들도 그분이 속죄제와 번제와 위임제가 되어 십자가에서 죽으심으로 제사장들이 되었다. 예수 그리스도와 피로 맺은 언약의 백성을 위한 제사장들이다.

제사장으로 위임된 그리스도인들은 아론과 그의 아들들이 속죄제를 드렸듯, 죄를 멀리해야 한다. 아론과 그의 아들들이 번제를 드렸듯, 그리스도인들도 온전히 헌신해야 한다. 그들의 속과 겉 모두가 그리스도 예수의 것으로 인정하고 모든 것을 바쳐야 한다. 한발 더 나아가서, 아론과 그의 아들들이 위임제를 드렸듯, 그리스도인들도 주님으로부터 위임을 받아 세상으로 나아가서 그분을 전하므로, 많은 사람이 언약의 백성이 되게 해야 한다.

Exploring Exodus

18장

제사장의 예복

Exploring Exodus

　여호와 하나님께서는 아론과 그의 아들들에게 회막에 있는 등불을 '감람으로 짠 순수한 기름'으로 켜서 끊이지 않게 하라고 명령하셨다 (출 27:20-21). 등불을 켤 뿐 아니라, 저녁부터 아침까지 그 불이 꺼지지 않도록 주의 깊게 살펴야 한다고 하셨다. 아론과 그의 아들들이 그렇게 하기 위해서는 아침저녁으로 성소에 들어가지 않으면 안 되었다. 하나님께서는 그 의중에 그들로 자유롭게 성소에 출입할 수 있는 특권을 부여하시겠다는 의도가 있었음이 틀림없다.

　그런 하나님의 의중을 드러낸 말씀이 출애굽기 28장 1절이다. "너는 이스라엘 자손 중 네 형 아론과 그의 아들들, 곧 나답과 아비후와 엘르아살과 이다말을 그와 함께 네게로 나아오게 하여 나를 섬기는 *제사장* 직분을 행하게 하라." 하나님과 그들 사이에서 중간 역할을 감당한 사람은 두말할 필요도 없이 모세였다. 모세를 통해서 아론과 그의 아들들이 제사장이 되었고, 따라서 그 직분을 수행하게 되었다.

　아론과 그의 아들들이 제사장으로 위임된 후, 그 직분에 어울리는 예복이 필요했다. 그들이 하나님의 대리자로서 이스라엘 백성 앞에 나아올 때 하나님의 거룩과 영광을 드러내는 그런 예복이었다. 모세는 예복을 지을 '지혜로운 영으로 채운 자들에게' 하나님께서 말씀하신 제작 방법을 알려주었는데 (28:3), 그 예복에 대한 그분의 말씀이다; "거룩한 옷을 지어 영화롭고 아름답게 할지니…아론의 옷을 지어 그를 거룩하게 하여 내게 *제사장* 직분을 행하게 하라" (28:2-3).

여호와 하나님께서는 그 예복에 대하여 다음과 같이 여러 가지를 만들라고 명령하셨는데, 그분이 말씀하신 옷들에 대한 묘사이다. "그들이 지을 옷은 이러하니; 곧 흉패와 에봇과 겉옷과 반포 속옷과 관과 띠라. 그들이 네 형 아론과 그 아들들을 위하여 거룩한 옷을 지어 아론이 내게 제사장 직분을 행하게 하라" (28:4). 그 옷의 재료도 알려주셨다, "그들이 쓸 것은 금 실과 청색 자색 홍색 실과 가늘게 꼰 베 실이니라" (28:5).

1. 에봇과 흉패

여호와 하나님께서 제사장의 예복 중 가장 먼저 언급하신 것은 에봇이었다. 에봇은 '금 실과 청색 자색 홍색 실과 가늘게 꼰 베 실로 정교하게 짜서' 지었다 (28:6). 에봇은 위로는 가슴 위에 이르고 아래로는 허리 밑 허벅지까지 내려왔다. 그 에봇을 고정하기 위해 같은 재료로 짠 띠로 허리를 묶었다. 그 에봇 어깨에 '어깨받이 둘을 달았는데', 두 끝을 연결해서 목에 걸게 했다. 그리고 그 어깨받이 위에 호마노 보석을 양쪽 어깨에 하나씩 붙였다.

그 호마노 보석에는 이스라엘의 열두 아들의 이름이 새겨졌는데, 하나에 6명씩 나이 순서대로 새겼다. 그리고 그 호마노 보석은 금테로 고정했는데, 그 테에 금으로 땋은 사슬을 붙여서 흉패에 부착된 금 고리에 연결했다. 흉패에는 금 고리가 네 개 달렸는데, 위의 두 고리는 어깨받이에 있는 호마노 금 테에 금 사슬로 연결했고, 아래의 두 금 고리는 청색 끈으로 에봇 허리띠에 있는 고리에 연결하므로, 흉패가 에봇에 단단히 붙어있게 했다.

흉패도 역시 에봇을 짜는 방법으로 정교하게 짜서 만들었다. 흉패는 넓이와 길이가 한 뼘씩 똑같이 만들었는데, 두 겹으로 만들었다. 그 두 겹을 접으면 주머니가 되는데, 그 안에 우림과 둠밈을 넣었다. 우림과 둠밈을 사용하여 하나님의 뜻을 분별했기에, 그 흉패를 '판결 흉패'라고도 불렀다. 그뿐 아니라, 그 흉패에는 열두 보석이 물렸는데, 보석마다 이스라엘의 아들들의 이름이 새겨져 있었다 (28:6-30).

제사장은 숫양의 가슴과 넓적다리를 거룩하게 하므로 그의 분깃으로 삼았다 (29:27-28). 그런데 그것들이 양식이 되기 위해서는 숫양의 가슴을 요제로 바쳐야 하고, 넓적다리는 거제로 드려야 했다. '넓적다리'는 숫양의 힘을 상징하기에 흠정역성경 King James Version 은 어깨 shoulder 로 번역하였다. 이렇듯 숫양의 가슴과 어깨로 번역하면, 이스라엘 아들들의 이름을 가슴과 어깨에 새겨 붙인 사실을 이해하고 적용하기가 그만큼 쉬워진다.

제사장은 위로 여호와 하나님을 섬기라고 하나님께서 부르셨으며, 그렇게 위임된 이후부터는 그분이 맡겨주신 이스라엘 백성을 섬겨야 했다. 그런데 하나님께서는 어깨에 물린 호마노 보석과 가슴에 붙인 열두 진주를 통해 제사장의 임무를 간접적으로 알려주셨다. 제사장의 어깨, 곧 힘은 이스라엘 백성을 위해 사용되어야 하고, 제사장의 심장, 곧 마음은 그에게 위임된 이스라엘의 열두 지파를 품어야 했다.

이스라엘 백성에게는 하나님의 뜻을 분별하는 방법이 크게 세 가지가 있었다. 첫째는 그들에게 언약의 말씀을 주셨는데, 그것은 분명한 하나님의 뜻이었다. 그들은 그 언약의 말씀에 조건 없이 순종해야만 했다. 둘째는 하나님께서는 시시때때로 당신의 종들을 통해 말씀하셨는데, 그 말씀은 두말할 필요도 없이 하나님의 뜻이었다. 그 말씀이 제사장을 통해서 왔든, 아니면 모세와 같은 선지자를 통해서 왔든, 그들은 그 말씀에도 역시 순종해야 했다.

셋째 방법은 우림과 둠밈을 통한 방법이었다. 제사장이 하나님의 뜻을 분별하기 위해 그의 흉패 속에 넣어둔 우림과 둠밈을 사용할 때는 기도를 열심히 하면서 사용해야 했다. 그런데 우림과 둠밈은 개개인을 위해서 사용할 수 없고, 왕이나 신앙 공동체를 위해 사용해야 했다. 그런 목적을 위해 하나님께서는 제사장 엘르아살에게 '우림'의 판결로 물으라고 말씀하신 적이 있었다 (민 27:21). 사울도 '우림'으로 하나님께 물은 적이 있었다 (삼상 28:6).

우림의 뜻은 "빛" 혹은 "계시"이며, 둠밈의 뜻은 "완전함" 혹은 "진리"이다. 우림과 둠밈의 사용법이 여러 가지로 제시되었으나, 복음적인 신학자 버나드 램$^{Bernard\ Ramm}$은 그 사용법을 이렇게 설명했다. 우림과 둠밈에는 "예"와 "아니오"가 기록된 면이 있는데, 그것들을 주사위처럼 던져서 둘이 다 "예"가 나오면 하나님의 뜻이지만, "예"와 "아니오"가 나오든지, "아니오"와 "아니오"가 나오든지, "아니오"와 "예"가 나오면 하나님의 뜻이 아니라는 것이다.

성소의 모든 기물과 예복은 하나님의 지시에 따라 만들어졌으나, 하나님의 지시도 없었고 또 만들었다는 기록도 없는 유일한 기물이 바로 우림과 둠밈이다. 하나님의 뜻을 분별하는데 성령의 인도와 말씀의 지시는 절대적이다. 그러므로 "빛" 혹은 "계시"를 뜻하는 우림은 다분히 성령의 인도하심을 시사하는 것 같고, "완전함" 혹은 "진리"를 뜻하는 둠밈은 말씀의 지시를 시사하는 것 같다. 하나님의 진리는 언제나 동일하니까 말이다.

2. 겉옷, 속옷 및 속바지

에봇과 흉패는 여러 가지 색깔의 실로 짰기에 아름다웠다. 반면 겉옷과 속옷과 속바지는 단색으로 만들어졌는데, 겉옷은 청색이었고 속옷과 속바지는 흰색이었다. 하나님께서는 자상하게 속바지의 제조와 용도도 다음과 같이 알려주셨다. "또 그들을 위하여 베로 속바지를 만들어 허리에서부터 두 넓적다리까지 이르게 하여 하체를 가리게 하라" (28:42). 제사장이 '회막에 들어갈 때나 제단에서' 섬길 때, 속바지를 입지 않으면 죽는다는 경고도 덧붙였다 (28:43).

가는 베 실로 짠 속옷은 속바지 위에 입는 옷인데, '반포 속옷을 짜야' 했다 (28:39). '반포'에서 '반'은 '가늘고 정교하다'는 뜻이고, '포'는 '베로 짠 천'을 뜻한다. 그러니까 속옷은 통기성이 좋고, 부드러우며, 땀 흡수가 잘 된 베 실로 만들어졌다. 그 속옷은 제사장의 예복 중에서 가장 긴 옷이었는데, 어깨부터 발목까지 내려왔다. 그 속옷은 양팔이 달려있었는데, 띠는 '가는 베 실과 청색 자색 홍색 실로 수 놓아 만들었다' (39:29).

제사장의 속옷은 위에서 아래까지 완전히 흰색이었는데, 제사장의 거룩함과 순결을 나타냈다. 그런데 허리에는 4가지 색깔로 짠 아름다운 띠를 맸다. 그 속옷이 흔들거리지 않게 하기 위함이었지만, 위로 하나님을 섬기고 아래로는 사람을 섬기겠다는 자세를 뜻했다. 예수님이 겉옷을 벗고 수건을 허리에 두르신 것은 제사장의 모습을 재현한 것인지도 모른다 (요 13:4). 그 띠의 색깔을 아름답게 한 것은 하나님의 영광을 드러내기 위함이었을 것이다.

제사장은 그 속옷 위에 겉옷을 입었는데, 이미 언급한 것처럼 옷 전체가 단일 색인 청색이었다. 그 겉옷은 팔이 없기에 그 옷을 입기 위해서는 세 개의 구멍이 필요했는데, 하나는 머리가 들어갈 구멍이고, 둘은 팔이 들어갈 구멍이었다. 겉옷은 목에서부터 무릎까지 내려왔다. 속옷과 속바지와는 달리 겉옷은 청색 천 한 조각으로 만들어졌다. 그리고 목이 들어가는 구멍은 '그 주위에 갑옷 깃 같이 깃을 짜서 찢어지지 않게 했다' (28:32).

제사장이 입는 겉옷은 말할 수 없이 중요한데, 그 이유는 그 옷 끝에 석류와 금 방울을 돌아가며 달았기 때문이다. 풍요와 생명을 상징하는 석류는 '청색 자색 홍색 실로 수 놓았다' (28:33). 그러니까 석류 하나, 그다음 금 방울 하나, 그다음 다시 석류 하나와 금 방울, 이런 식으로 번갈아 가면서 달았다. 제사장이 그 옷을 입고 "여호와를 섬기러 성소에 들어갈 때와 성소에서 나올 때에 그 소리가 들릴 것이라. 그리하면 그가 죽지 아니하리라" (28:35).

만일 그 소리가 들리지 않으면 제사장은 죽임을 당하게 될 것이라는 강력한 경고가 포함되어 있었다. 그 경고를 역으로 해석하면, 금 방울 소리가 들리는 한 여호와 하나님께서 그 제사장의 섬김을 받고 계시다는 적극적인 증거였다. 그 증거로 인해 이스라엘 백성은 하나님께서 그들을 받아주고 계심에 감사할 수 있었다. 결국, 그 방울 소리는 언약의 하나님께서 언약의 백성인 이스라엘 자손을 받아주신다는 언약의 소리였다.

3. 관과 금 패

여호와 하나님께서는 '가는 베 실로 관을 만들라'고 하셨다 (28:39). 그런데 실제로 그 관을 만들 때는 하나님께서는 추가해서 두건도 만들라고 명하셨다. "세마포로 두건을 짓고, 세마포로 빛난 관을 만들고…" (39:28). 그렇게 만든 관을 제사장은 머리에 써야 했다. 관을 만들라고 하신 것은 두말할 필요도 없이 제사장이 그 관을 머리에 쓰기 위해서였다. "그의 머리에 관을 씌우고, 그 관 전면에 금 패를 붙이니 곧 거룩한 관이라" (레 8:9).

그런데 느닷없이 관을 만들라고 지시할 때는 없었던 '두건'도 만들었는데, 그것도 역시 여호와 하나님께서 명령하신 대로였다. 그러니까 하나님께서는 처음에는 관을 만들라고 하셨는데, 실제로 그 관을 만들 때는 두건도 만들라고 덧붙여서 명령하셨음이 틀림없다. 그 이유는 분명하다! 대제사장이 쓸 관과 제사장이 쓸 두건은 다르게 만들어야 했기 때문이다. 그것들을 만들 때는 아론과 그의 아들들로, 아론은 관을 쓰고 그의 아들들은 두건을 썼다.

물론 관도 중요하지만, 그보다 더 중요한 것은 금 패였다. 그렇지 않다면 관의 제조는 간단히 언급하고 ('가는 베 실로 관을 만들고'), 금 패의 제조는 자세히 설명했겠는가? "너는 또 순금으로 패를 만들어 도장을 새기는 법으로 그 위에 새기되, '여호와께 성결'이라 하고, 그 패를 청색 끈으로 관 위에 매되, 곧 관 전면에 있게 하라"(28:36-37). 흉패와 에봇을 청색 끈으로 연결한 것처럼 (28:28), 그 패도 역시 청색 끈으로 관에 연결하라고 명하셨다.

바다와 하늘의 색깔인 청색은 제사장의 예복에서 중요했음이 틀림없다. 그렇지 않다면 제사장의 겉옷도 청색으로 만들었을 이유가 없었을 것이다. 그 청색은 결국 하나님의 신성과 거룩함을 상징하기에, 하나님을 대리해서 백성에게 나아가는 제사장의 복장에는 청색으로 된 겉옷은 물론, 청색 끈으로 머리에 있는 관과 금 패를 연결했고, 또 가슴에 있는 판결 흉패와 에봇을 연결했다. 과연 제사장은 하나님의 거룩함을 나타내는 예복을 입었다.

그런데 금 패의 중요한 기능을 하나님께서는 이렇게 말씀하셨다. "이 패를 아론의 이마에 두어, 그가 이스라엘 자손이 거룩하게 드리는 성물과 관련된 죄책을 담당하게 하라. 그 패가 아론의 이마에 늘 있으므로, 그 성물을 여호와께서 받으시게 되리라"(28:38). '성물'은 이스라엘 백성이 그들의 죄를 덮기 위하여 그들 대신에 드리는 제물이었다. 비록 제물을 드렸지만, 그렇다고 그들의 죄가 없어진 것은 아니었다.

결국, 아론이 하나님께 올리는 성물은 죄로 찌든 이스라엘 백성을 대신하는 제물이었다. 그 성물로 그들의 죄가 옮겨갔기에, 그 성물도 완전하다고 할 수 없다. 그 패에 새겨진 '여호와께 성결'은 더군다나 죄 문제를 절대로 간과하실 수 없는 거룩하신 하나님을 가리키는 표현이었다. 그러나 완전하지는 않지만, 그 구속의 제물을 통해 그들의 죄책, 곧 죄에 대한 책망을 덮어주시겠다는 하나님을 믿고 제물을 드린 백성을 용서하고 받아주신 하나님이시었다.

아론의 가슴에는 이스라엘의 열두 아들의 이름이 있었고, 그의 어깨에도 역시 그들의 이름이 있었다. 그러나 아론의 가슴과 어깨 위쪽에 자리한 금 패에 새겨진 거룩하신 하나님께서는 이스라엘 자손을 애굽에서 건져내실 때, 그들을 이미 구별하셨다. 그리고 그들을 대신해서 거룩하신 여호와의 이름을 이마에 붙인 아론이 그들을 위하여 제물을 하나님께 드릴 때, 그 하나님께서는 그들의 믿음의 행위를 받아주시고 아론으로 '죄책'을 담당하게 하셨다.

제사장의 복장은 '영화롭고 아름다웠는데' 그 목적은 영화롭고 아름다우신 하나님을 이스라엘 백성에게 나타내게 하기 위함이었다. 그러나 아론이 하나님을 만나려고 일 년에 한 번, 곧 속죄일에 지성소로 들어갈 때의 복장은 달랐다. 그는 그처럼 '영화롭고 아름다운' 예복을 벗고 하나님 앞으로 들어가야 했는데, 그 이유는 그도 하나님 앞에서 죄인이며 그가 대표하는 이스라엘 백성도 죄인이기 때문이었다.

지성소로 들어가는 아론의 복장은 다음과 같았다: "거룩한 세마포 속옷을 입으며, 세마포 속바지를 몸에 입고, 세마포 띠를 띠며, 세마포 관을 쓸지니. 이것들은 거룩한 옷이라" (레 16:4). 그가 지성소에서 나와 백성에게로 갈 때는 그 세마포 옷을 벗고, 다시 '영화롭고 아름다운' 제사장의 예복을 입고 나왔다 (레 16:23-24). 그 순간부터 아론은 이스라엘 백성에게 하나님을 대리한 제사장이기에, 하나님의 영광과 아름다움을 드러내야 하기 때문이었다.

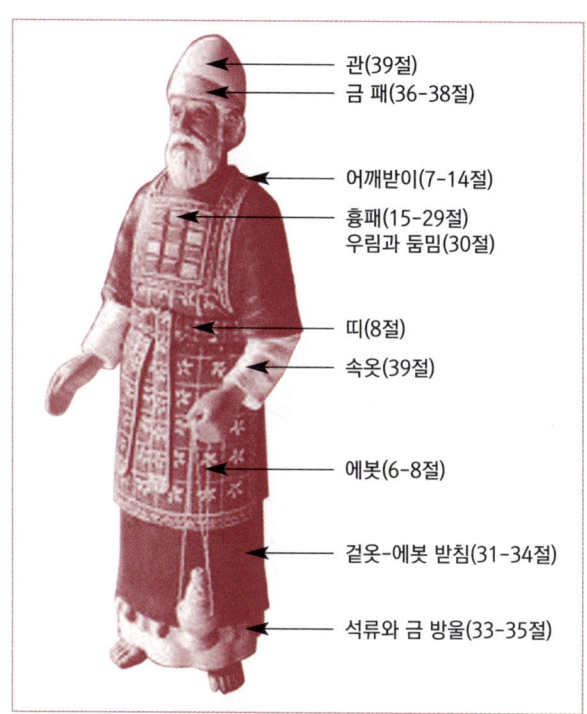

제사장의 예복 (출애굽기 28장)

Exploring Exodus

19장

모세의 중보기도

Exploring Exodus

구약시대에 위대한 중보기도를 올린 사람은 여럿이다. 그 가운데 대표적인 중보기도의 용사 몇 명을 열거해보자: 소돔과 고모라를 위해 기도한 아브라함 (창 18:22-33), 이스라엘의 구원을 위해 기도한 사무엘 (삼상 7:5-9), 이스라엘의 미래를 위해 기도한 솔로몬 (왕상 8:22 이하), 이스라엘을 바알로부터 구원해 달라고 기도한 엘리야 (왕상 18:36), 나라의 존망을 위해 울부짖은 예레미야 (렘 14:7-9), 이스라엘의 죄를 대신 회개한 다니엘 (단 9:3-19) 등.

그러나 그 모든 중보기도자 가운데 단연코 뛰어난 사람은 모세였다. 그는 이스라엘 백성과 국가의 초석이 될 십계명을 하나님께 받을 때, 40일이나 금식기도를 했다. 그의 간증을 직접 들어보자. "그 때에 내가 돌판들 곧 여호와께서 너희와 세우신 언약의 돌판들을 받으려고 산에 올라가서, 사십 주 사십 야를 산에 머물며 떡도 먹지 아니하고 물도 마시지 아니하였더니" (신 9:9). 모세는 3월 7일에 부르심을 받고 산 위로 가서 40일을 보냈다 (출 24:15-18).

모세는 그렇게 한 번만 40일 동안 중보기도를 한 것이 아니었다. 그는 이스라엘 백성이 금송아지를 만들고 미친 듯이 날뛸 때도 역시 40일간 금식기도를 하면서 범죄한 이스라엘 백성을 위해 중보기도를 했다. 그는 그 기도를 이렇게 회고했다; "그리고 내가 전과 같이 사십 주 사십 야를 여호와 앞에 엎드려서 떡도 먹지 아니하고 물도 마시지 아니하였으니, 이는 너희가 여호와의 목전에 악을 행하여 그를 격노하게 하여 크게 죄를 지었음이라" (신 9:18).

그 후 모세는 깨어진 두 돌판 대신에 그가 만든 돌판에 새롭게 십계명을 다시 받을 때도 역시 40일 동안 중보기도를 했다. "여호와께서 모세에게 이르시되 너는 이 말들을 기록하라; 내가 이 말들의 뜻대로 너와 이스라엘과 언약을 세웠음이니라 하시니라. 모세가 여호와와 함께 사십 일 사십 야를 거기 있으면서 떡도 먹지 아니하였고 물도 마시지 아니하였으며, 여호와께서는 언약의 말씀 곧 십계명을 그 판들에 기록하셨더라"(34:27-28).

위에서 제시한 중보기도의 용사들 가운데 모세처럼 40일씩 먹지도 않고 마시지도 않으면서 세 번씩 기도한 사람이 있었던가? 물론 없다! 결국, 모세는 120일이나 그렇게 중보기도를 한 용사 중의 용사였다. 그와 같이 생명을 건 기도로 모세는 나라를 세웠고, 그 나라의 기반을 튼튼하게 닦았다. 그렇게 기도 위에 세워진 나라이기에 역사의 수많은 부침浮沈 가운데서도 꿋꿋하게 유지한 것 같다. 과연 모세는 건국의 아버지이자 동시에 중보기도의 거장이었다.

1. 중보기도 – 금송아지

모세는 하나님의 부르심을 받고 시내산 위의 구름 속으로 들어가서 40일을 보냈다 (24:17-18). 그가 3월 7일 등반해서 40일이 지났으니, 그때는 4월 17일이었다. 그런데 *미드라쉬* Midrash의 해석에 의하면, 4월 16일에 사탄이 크게 역사했다. 갑자기 세상이 깜깜해지더니, 하늘에서 들것 같은 것이 이동하는 게 보였다. 사탄은 산에서 내려오지 않는 모세가 죽었기 때문에 이런 현상들이 일어나고 있다고 이스라엘 백성이 믿게 했다.

　모세가 죽었다고 여긴 이스라엘 백성은 그를 대신해서 그들을 인도할 신을 구하기 시작했다. "백성이 모세가 산에서 내려옴이 더딤을 보고 모여 백성이 아론에게 이르러 말하되, '일어나라! 우리를 위하여 우리를 인도할 신을 만들라; 이 모세 곧 우리를 애굽 땅에서 인도하여 낸 사람은 어찌 되었는지 알지 못함이니라'" (32:1). 아론은, "모든 백성이 그 귀에서 금 고리를 빼어 아론에게로 가져가매" (32:3), 그것들로 금송아지를 만들었다.

　아론과 이스라엘 백성은 그들이 만든 송아지를 신이라 부르면서 제단을 쌓고, "이튿날에 그들이 일찍이 일어나 번제를 드리며 화목제를 드리고, 백성이 앉아서 먹고 마시며 일어나서 뛰놀았다" (32:6). 그런 광경을 내려다보신 여호와 하나님의 마음은 어떠하셨겠는가? 그분과 피로 언약을 맺은 백성이 그렇게 쉽게 언약을 깨다니? 그 언약의 핵심은 "나 외에 다른 신을 두지 말고, 너희를 위하여 우상을 만들지 말라"는 것이었는데도 말이다 (20:3-4).

　그들과 언약을 체결하시면서 하나님께서는 언약의 법규도 상세히 알려주셨는데, 그 가운데는 우상 숭배를 금하는 명령이 포함되었다. "너는 그들의 신을 경배하지 말며 섬기지 말며 그들의 행위를 본받지 말고 그것들을 다 깨뜨리며 그들의 주상을 부수고, 네 하나님 여호와를 섬기라; 그리하면 여호와가 너희의 양식과 물에 복을 내리고 너희 중에서 병을 제하리니…" (23:24-25). 그러니까 언약의 핵심은 창조주요 구속자이신 하나님만을 섬기라는 것이었다.

　이스라엘 백성이 언약을 맺은 후, 최초로 범한 죄악이 우상을 만든 것이었다. 여호와 하나님께서는 모세에게 그 백성이 부패하고 목이 뻣뻣하다고 하시면서, 이렇게 선언하셨다; "그들을 진멸하고 너를 큰 나라가 되게 하리라"(32:10). 그 선언을 들은 모세는 이스라엘 백성을 위해 중보기도를 시작했는데, 그것은 첫 번째 중보기도였다. 그 기도는 두 가지 근거로 했는데, 하나는 애굽 사람의 반응을 근거로, 또 하나는 그들의 조상과 맺은 언약을 근거로, 기도했다.

이스라엘 백성을 철천지원수처럼 여기는 애굽 사람들이 여호와 하나님께서 그 백성을 진멸하기 위해 애굽에서 건져내셨다고 조롱할 것이 분명하다고 항변했다. 그뿐 아니라, 여호와 하나님께서 아브라함과 이삭과 이스라엘과 맺은 언약이 무용지물이 된다는 강변이었다. 그 언약에 의하면, 이스라엘 백성이 별처럼 많은 민족이 되고, 또 그들이 거주할 땅을 주시어서 '영원한 기업'으로 삼으시겠다는 약속이 깨어질 수 없다는 것이다 (32:12-13).

그렇게 두 가지 근거로 여호와 하나님께 모세가 중보기도를 하자, 언약의 하나님께서는 언약을 깨뜨린 이스라엘 백성을 진멸하지 않겠다고 이렇게 말씀하셨다. "여호와께서 뜻을 돌이키사 말씀하신 화를 그 백성에게 내리지 아니하시니라"(32:14). 그 이유는 분명하다! 비록 이스라엘 백성은 언약을 깨뜨릴지 몰라도, '어제와 오늘과 영원토록 동일하신' 하나님께서는 그 언약을 깨뜨리지 않으신다는 마음의 표현이었다 (히 13:8).

2. 중보기도 - 범죄의 용서

모세는 4월 17일에 하산하여서 하나님께서 산 위에서 말씀하신 것을 그의 두 눈으로 똑똑히 보게 되었다. 모세는 금송아지를 신이라고 하면서 춤추는 이스라엘 백성을 보고, 다음의 세 가지를 행했다. 첫째는 그날 십계명이 기록된 두 돌판을 던져서 깨뜨렸다 (32:19). 그 돌판은 하나님께서 직접 만드신 것이며, 그 돌판의 글도 하나님께서 손수 쓰신 것이었다 (32:16). 그 돌판을 깨뜨렸다는 것은 이스라엘 백성이 언약을 깨뜨린 사실을 확인한 행동이었다.

모세가 둘째로 한 것은 그 금송아지를 가루로 만들어서 물에 뿌려 이스라엘 백성에게 마시게 한 것이었는데 (32:20), 그 이튿날 18일이었다. 에스라 R. Abraham ibn Ezra라는 유대인 학자는 그렇게 마시게 하므로, 금송아지를 신이라고 하면서 예배드린 자들을 골라내기 위해서였다고 해석했다. 그는 민수기 5장에 기록된 대로, 간통하는 아내를 심판하는 방법과 유사하다고 설명했다. 그렇게 찾아낸 사람들이 3,000명이 되었고 모두 죽임을 당했다는 것이다.

모세가 셋째로 한 것은 '백성 중에 삼 천명 가량이 죽임을 당하게' 한 것이었다 (32:28). 그날 레위 자손이 "허리에 칼을 차고, 진 이 문에서 저 문까지 왕래하며 각 사람이 그 형제를, 각 사람이 자기의 친구를, 각 사람이 자기의 이웃을 죽이라"는 하나님의 명령에 따라 죽였다 (32:27). 그 많은 백성 중에서 3,000명만 콕 집어서 죽일 수 있었던 것은 그들이 마신 금가루로 인하여 흔적이 나타났기 때문이라고 그 유대인 학자는 해석했다.

모세는 4월 18일에 그렇게 세 가지를 한 후, 19일에 다시 하나님께서 계신 산 위로 올라가면서 이스라엘 백성에게 이렇게 말했다. "너희가 큰 죄를 범하였도다. 내가 이제 여호와께로 올라가노니, 혹 너희를 위하여 속죄가 될까 하노라" (32:30). 이번에는 그가 목격한 이스라엘 백성의 무시무시한 범죄를 용서받기 위하여 다시 산으로 올라가겠다는 것이다. 그렇게 올라간 모세는 이번에도 그곳에서 40일을 기도하면서 보냈다.

모세가 두 번째로 올린 중보기도이다: "모세가 여호와께로 다시 나아가 여짜오되, '슬프도소이다! 이 백성이 자기들을 위하여 금 신을 만들었사오니 큰 죄를 범하였나이다. 그러나 이제 그들의 죄를 사하시옵소서! 그렇지 아니하시오면 원하건대 주께서 기록하신 책에서 내 이름을 지워 버려 주옵소서'" (32:31-32). 이 기도는 중보기도의 핵심인데, 그 이유는 모세가 자신을 범죄한 백성과 같은 선상에 놓으면서 마치 자신이 범죄한 것처럼 기도했기 때문이다.

여호와 하나님께서는 모세에게 심판의 원리를 가르쳐주셨는데, 그 원리는 "누구든지 내게 범죄하면, 내가 내 책에서 그를 지워 버리'는 것이었다!" (32:33). 그러면서 하나님께서는 모세에게 '내 사자가' 인도할 터이니 백성을 약속한 곳으로 데려가라고 하셨다. 그분의 사자, 곧 천사가 이 백성을 안내할 것이라고 하셨지만, '그 송아지를 만든' 백성은 책임을 피하지 못하고 심판을 받았다 (32:34-35). 이처럼 공의의 심판을 하나님께서는 모세에게 보여주셨다.

3. 중보기도 – 동행

하나님께서 모세에게 말씀하셨다. "*네가* 애굽 땅에서 인도하여 낸 백성과 함께 여기를 떠나서…*네* 자손에게 주기로 한 그 땅으로 올라가라." 언약을 깨뜨린 이 백성은 '*나의* 백성'이 아니라 '*너의* 백성이라'는 것이다. "내가 사자를 너보다 앞서 보내어" 그 땅을 차지한 족속들을 쫓아내고 "너희를 젖과 꿀이 흐르는 땅에 이르게 하려니와, 나는 너희와 함께 올라가지 아니하리니, 너희는 목이 곧은 백성인즉 내가 길에서 너희를 진멸할까 염려함이니라" (33:1-3).

그러니까 두 가지 이유로 인해 하나님께서 동행하지 않으시겠다는 것인데, 두 가지 다 적극적인 이유였다. 하나는 '그분의 사자를 앞서 보내시겠다'는 것이다. 하나님께서 동행하시지 않아도 그 약속의 땅을 차지할 수 있다는 말씀이다. 또 하나는 만일 하나님께서 동행하시면, 그 백성의 꺾이지 않는 성품을 방관하실 수 없다는 것이다. 그런 못된 성품 때문에 그들이 진멸되어야 하는데, 하나님께서 동행하지 않으시면 그들이 진멸될 필요가 없다는 말씀이다.

이처럼 엄한 말씀을 들은 모세와 이스라엘 백성은 몇 가지로 반응했다. 첫째 반응은 백성이 슬퍼하면서 장신구를 떼어내었는데, 그때부터 그들은 장신구를 착용하지 않았다 (33:6). 하나님께서 동행하지 않으시겠다는 선언은 그들을 더는 언약의 백성으로 여기지 않겠다는 뜻이며, 따라서 그때부터 구름/불 기둥도 없고, 성막도 없으며, 그분의 *쉐키나*도 없다는 청천벽력과 같은 말씀이었다. 그들은 그때부터 하나님 아버지를 모시지 못하는 고아가 된다는 것이다.

둘째 반응은 모세가 백성의 진에서 2,000규빗 (약 900m) 떨어진 곳에 장막을 치고 지냈다. 하나님의 *쉐키나* 영광이 범죄한 백성 가운데 임하지 않으리라는 염려 때문이었다. 모세가 그의 "회막에 들어갈 때에 구름 기둥이 내려 회막 문에 서며 여호와께서 모세와 말씀하셨고" (33:9), 하나님께서는 "사람이 자기의 친구와 이야기함 같이 모세와 대면하며 말씀하셨다" (33:11). 그렇게 하나님과 대면하지 않았다면 모세는 중보기도를 몇 번씩 하지 못했을 것이다.

셋째 반응은 모세의 기도인데, 세 번째 중보기도였다. "보시옵소서! 주께서 내게 이 백성을 인도하여 올라가라 하시면서 나와 함께 보낼 자를 내게 지시하지 아니하시나이다. 주께서 전에 말씀하시기를 나는 이름으로도 너를 알고 너도 내 앞에 은총을 입었다 하셨사온즉, 내가 참으로 주의 목전에 은총을 입었사오면 원하건대, 주의 길을 내게 보이사 내게 주를 알리시고, 나로 주의 목전에 은총을 입게 하시며, 이 족속을 주의 백성으로 여기소서"(33:12-13).

하나님께서는 일찍이 모세를 이름으로 부르셨고, 지금까지 많은 기적과 영광으로 함께 하셨는데, 대신 천사를 보내면서 하나님께서 동행하지 않으신다면, 그건 안 된다는 간청이었다. 더군다나 그 백성을 '나의 백성으로 삼지 말아 달라'는 간구였다. 이스라엘 백성이 모세의 백성이 되는 순간 그들은 하나님과 언약을 맺은 언약의 백성이 아니기에, 모세는 덧붙였다; "이 족속을 주의 백성으로 여기소서!" 언약의 백성으로 여기면서 끝까지 책임져 달라는 기도였다.

하나님께서는 이번에도 모세의 기도를 들어주셨다. 그분의 대답을 보자, "여호와께서 이르시되, '내가 친히 가리라. 내가 너를 쉬게 하리라'"(33:14). 모세는 하나님의 대답을 확인하고 싶었다. "주께서 친히 가지 아니하시려거든, 우리를 이곳에서 올려보내지 마옵소서. 나와 주의 백성이 주의 목전에 은총 입은 줄을 무엇으로 알리이까? 주께서 우리와 함께 행하심으로 나와 주의 백성을 천하 만민 중에 구별하심이 아니니이까?"(33:15-16).

하나님과 모세의 대화는 계속되었다. "여호와께서 모세에게 이르시되, '네가 말하는 이 일도 내가 하리니, 너는 내 목전에 은총을 입

없고, 내가 이름으로도 너를 앎이니라'" (33:17). 그와 같이 하나님께서 모세를 이름으로 안다고 하시자, 모세는 이런 어려운 요구를 했다; "원하건대, 주의 영광을 내게 보이소서!" (33:18). 모세를 아끼시는 여호와 하나님께서는 그런 모세의 요청도 들어주셨지만, 당신의 영광을 전부 보여주실 수가 없어서 등만 살짝 보여주셨다 (33:23).

4. 중보기도 – 언약의 갱신

아빕월 29일 저녁에 하나님께서 말씀하셨는데, 그 내용은 너무나 중요하다. "여호와께서 모세에게 이르시되, '너는 돌판 둘을 처음 것과 같이 다듬어 만들라. 네가 깨뜨린 처음 판에 있던 말을 내가 그 판에 쓰리니, 아침까지 준비하고 아침에 시내산에 올라와 산꼭대기에서 내게 보이라'" (34:1-2). 이 말씀이 의미심장한 이유가 둘인데, 하나는 이스라엘 백성의 죄를 용서하셨으며, 둘은 그 백성과 언약을 갱신하시겠다는 하나님의 뜻이 들어있기 때문이다.

이 하나님의 말씀에서 언약의 갱신을 시사하는 내용이 두 가지 들어있는데, 하나씩 보자. 첫째는 깨어진 돌판과 같은 돌판 둘을 처음 것과 똑같이 만들라는 말씀인데, 이미 깨어진 처음 두 돌판에는 언약의 말씀이 기록되어 있었다. 돌판을 만들라는 명령은 그 언약의 말씀을 염두에 두신 것이다. 둘째는 '내가 그 판에 쓰리니'라고 약속하셨다. 첫 번째 깨어진 돌판에 언약의 말씀을 하나님께서 직접 쓰셨는데, 이번에도 다시 쓰시겠다는 것이다 (31:18).

모세는 하나님께서 말씀하신 대로 "돌판 둘을 처음 것과 같이 깎아 만들고, 아침에 일찍이 일어나 그 두 돌판을 손에 들고 여호와의 명령대로 시내산에 올라갔다"(34:4). 하나님께서 "구름 가운데에 강림하셔서" 모세와 다시 대면하셨다(34:5). 첫 돌판을 받을 때처럼, 모세는 이번에도 40일을 기도하면서 두 돌판에 말씀을 받았다. "모세가 여호와와 함께 사십 일 사십 야를 거기 있으면서…여호와께서는 언약의 말씀 곧 십계명을 그 판들에 기록하셨다"(34:28).

'십계명을 그 판들에 기록하셨다'는 사실은 다시 언약 관계가 회복되었다는 뜻이다. 그러나 언약 관계가 회복되기 위해서는 언약의 당사자들이 합의해야만 했다. 그 당사자들은 여호와 하나님과 이스라엘 백성이었다. 처음 언약을 맺을 때처럼, 먼저 언약의 주체이신 하나님께서 임하셔서 말씀하셨다: "여호와께서 그의 앞으로 지나시며 선포하시되…." 그렇게 선포하신 말씀의 내용은 너무나 중요한데, 인용해보자.

"*여호와라, 여호와라*! 자비롭고 은혜롭고 노하기를 더디하고 인자와 진실이 많은 *하나님*이라; 인자를 천대까지 베풀며 악과 과실과 죄를 용서하리라. 그러나 벌을 면제하지는 아니하고 아버지의 악행을 자손 삼사 대까지 보응하리라"(34:6-7). 히브리어성경 원문에서는 여호와와 하나님이 다음과 같이 나란히 나온다: "여호와, 여호와, 하나님!" 그 이유는 이제 이스라엘 백성과 언약을 다시 맺으실 하나님을 충분히 소개하기 위함이었다.

이미 앞서 2장에서 살펴본 것처럼, '여호와'는 사랑의 속성을 강조하는 하나님이시고, '하나님'은 능력과 공의를 강조하는 하나님이시다. 그런데 위의 말씀에서 '여호와'를 연속해서 두 번씩이나 부르신 것은 사랑의 속성을 반복해서 강조하기 위함이었다. 그 속성을 열거해보면 다음과 같다: "자비롭고, 은혜롭고, 노하기를 더디 하고, 인자와 진실이 많으시며, 인자를 천대까지 베풀며, 악과 과실과 죄를 용서하리라." '여호와'는 적어도 7가지 속성을 가진 분이시다.

'악과 과실과 죄를 용서하시는' 여호와이지만, 그렇다고 모든 죄를 눈감아주시는 그런 하나님이 아니라는 말씀이다. 여호와의 계속된 말씀에 의하면, 비록 '악과 과실과 죄를 용서하시지만', '벌을 면제하지는 아니하시는' 하나님이시라는 것이다. 그 하나님께서는 '아버지의 악행을 자손 삼사 때까지 보응하리라'고 경고하셨다. '악행'은 의도적으로 범한 죄이기에, 그런 악한 성품이 삼사 대까지 유전된다는 말씀이기도 했다.

언약의 갱신을 위해 이번에는 이스라엘 백성이 반응해야 했는데, 그 반응으로 이스라엘 백성을 대표해서 하나님을 대면하고 있는 모세가 기도했다. 그런데 그 기도는 모세의 네 번째 중보기도였다. "모세가 급히 땅에 엎드려 경배하며 이르되, '주여, 내가 주께 은총을 입었거든, 원하건대 주는 우리와 동행하옵소서; 이는 목이 뻣뻣한 백성이니이다. 우리의 악과 죄를 사하시고, 우리를 주의 기업으로 삼으소서'" (34:8-9).

모세의 기도를 자세히 들여다보면, '여호와'를 의지한 기도도 들어있고, '하나님'을 두려워하면서 올린 기도도 들어있었다. '목이 뻣뻣한 백성이니, 우리의 악과 죄를 사하소서'는 공의의 '하나님'을 의식하면서 올린 기도이다. 그러나 '우리와 동행하소서…우리를 주의 기업으로 삼으소서'는 사랑의 '여호와'를 의지하면서 올린 기도이다.

그런데 이 기도가 이스라엘 백성의 합의로 받아들일 수 있는 것은 '우리'와 '백성'이란 표현에 들어있다.

'백성'은 이스라엘 백성을 뜻하며, 모세는 '목이 뻣뻣한' 이스라엘 백성을 용서해달라고 기도했다. 이 기도에서 세 번씩이나 언급한 '우리'는 이스라엘 백성은 물론 모세 자신을 포함한 대명사였다. '우리와 동행해달라'는 기도는 지금까지 함께하신 것처럼 함께 해달라는 기도였다. '우리의 악과 죄를 사하시고'는 그렇게 용서받지 못하면 언약이 이루어질 수 없기 때문이고, '우리를 주의 기업으로 삼으소서'는 언약의 백성으로 삼아달라는 기도였다.

모세의 적극적인 반응에 따라 "여호와께서 이르시되, 보라! 내가 언약을 세우나니!" (34:10). 그렇게 언약이 다시 체결되자, 하나님께서는 다른 신을 섬기지 말라시면서 절기를 일 년에 세 번씩 드리라고 하셨다. 아론의 금 신과 절기를 상기시키는 명령이었다 (32:4-5). 모세는 그렇게 사십 일 사십 야를 하나님과 함께 있다가 하나님께서 언약의 말씀을 쓰신 두 돌판을 가지고 하산하였다. 하나님과 언약이 다시 체결되었다고 보고하는 모세의 얼굴은 광채가 났다.

구속사적 조명 ⑬

"아버지"

모세는 육신적으로 두 아들 게르솜과 엘리에셀의 아버지였다. 그런데 한 번은 고기를 달라면서 원망하는 이스라엘 백성을 하나님께 고발하면서, 자신이 어떻게 그 많은 사람의 아버지 역할을 감당할 수 있겠냐며 그의 사명에 대해 불평한 적이 있다. "이 모든 백성을 내가 배었나이까? 내가 그들을 낳았나이까? 어찌 주께서 내게 양육하는 *아버지*가 젖 먹는 아이를 품듯 그들을 품에 품고 주께서 그들의 열조에게 맹세하신 땅으로 가라 하시나이까?" (민 11:12).

모세는 이스라엘 백성을 낳지는 않았지만, 그들을 가나안으로 인도하며 양육하는 "아버지"가 이미 되어있었다. 만일 그가 이스라엘 백성을 친아버지처럼 품에 품고 양육하지 않았다면, 그들은 광야를 통과하지 못했을 것이다. 더군다나 그들은 하나님께서 선조들에게 약속하신 가나안 땅에 들어가지도 못했을 것이다. 모세가 "아버지"처럼 품에 품었던 사례들을 반추해보면, 그가 참으로 이스라엘 백성의 "아버지"로서 역할을 다했다는 것을 알 수 있다.

첫째는 출애굽 후, 얼마 안 되어 이스라엘 백성을 아말렉이 침공했을 때였다. 그 백성은 전쟁에 참여해 본 적이 없는 단순 노동자들이며 목동들이었다. 이스라엘 백성이 간신히 애굽을 탈출했지만 어쩌면 그것으로 끝날 수 있는 위기에 빠진 순간이었다. 무기력한 이스라엘 백성을 위하여 모세는 하나님께 매달려서 기도하기 시작했다. 그는 전세戰勢를 내려다보면서 두 손을 들고 그들을 위하여 기도했는데, 그는 죽음을 목전에 둔 자녀들을 위해 "아버지"의 심정으로 중보기도하였다 (출 17장).

둘째 사례는 모세가 백성들의 불만과 탄원의 소리를 듣고 옳고 그름을 판결해줄 때였다. 그 말씀을 직접 인용해보자. "이튿날 모세가 백성을 재판하느라고 앉아 있고 백성은 아침부터 저녁까지 모세 곁에 서 있는지라" (출 18:13). 모세는 큰 지도자였으나, 도움을 요청하는 백성의 호소를 외면하지 않고 온종일 들어주고 판결해주었다. 이렇듯 자상한 모세의 섬김은 단순한 지도자상을 뛰어넘는 것으로, "아버지"와 같은 마음이 없었다면 불가능한 것이었다.

셋째 사례는 이스라엘 백성이 금으로 송아지를 만들고, 그것이 그들을 애굽에서 인도해냈다고 할 때였다. 하나님께서는 심히 노하셔서, 그 백성을 모두 죽이고 모세로 '큰 나라'로 만들겠다고 하셨다. 모세는 그 제안을 받고 기뻐하기는커녕 오히려 하나님께 간구하면서 그 백성을 버리지 말라고 간청했다. 이스라엘 백성의 "아버지" 된 마음이 없었다면, 그런 중보는 불가능했을 것이다. 하나님께서는 "아버지"의 심정으로 올린 모세의 기도를 들어주셨다 (출 32장).

모세는 이스라엘을 사랑하는 "아버지"로 출애굽을 이끌었지만, 그의 "아버지" 역할은 그것으로 멈추지 않았다. 그는 "건국의 아버지"가 되었다! 왜 그가 "건국의 아버지"인가? 그 이유는 너무나도 분명하지 않은가? 모세가 없었다면 이스라엘이란 국가는 존재할 수 없었을 것이다. 애굽의 노예로 많은 부족 가운데 하나로 전락했을 이스라엘이 모세로 인해 민족국가를 이룰 수 있게 된 것이다. 그것도 보잘것없는 미미한 국가가 아니라 강력한 국가였다.

한 부족에 불과했던 이스라엘 백성이 모세의 영도로 애굽을 떠났다. 지도자 한 사람의 영도로 400여 년이나 통치하던 지배 국가를 굴복시키며 당당한 국가로 독립한 역사는 지금까지 없었다. 모세가 아니었다면, 출애굽한 후에도 이스라엘 백성이 가나안까지 들어갈 수 있었겠는가? 들어가기는커녕 광야 가운데서 사라졌을 것이다. 2~3백만 명의 사람과 많은 동물이 대오를 갖추고 광야를 통과한 것은 "건국의 아버지"로 인해 가능했다.

모세는 "백성의 아버지"이며 동시에 "건국의 아버지"였다. 그 두 가지 사실만으로도 모세는 엄청난 인물이었다. 그런데 그를 따라다니는 "아버지"의 칭호가 또 하나 있는데, 그것은 "신앙의 아버지"였다. 후에 이스라엘이란 국가가 그 주변의 나라에 큰소리치면서 조공까지 받을 수 있는 강국으로 발돋움한 것은 그 나라와 백성을 좌지우지하는 신앙 때문이었다. 이스라엘 나라의 신앙적 토대는 두말할 필요도 없이 모세를 통해 주어진 '십계명'과 '율법'이다.

모세를 부르셨을 뿐만 아니라, 그를 통해 이스라엘 백성을 애굽에서 불러내신 하나님께서는 그들을 국가로 만드시기 위해 여러 가지를 준비하셨다. 백성을 별처럼 번성시키셨고, 그들이 거주할 땅도 점찍어 놓으셨다. 또 그 백성을 하나로 묶도록 하셨는데, 그것이 바로 그들의 신앙심이었다. 하나님께서는 그 신앙심을 위해서 모세를 시내산 정상으로 부르시고, 신앙의 "아버지"인 모세에게 그 나라의 헌법과도 같은 율법을 주셨다.

그 율법은 이스라엘이란 나라의 척추가 되었다. 척추 때문에 몸이 지탱하고 활동하는 것처럼, 이스라엘 나라는 그 율법으로 인해

지탱하고 활동했다. 신앙의 "아버지"인 모세를 통해 이루어진 그 나라의 역사歷史는 구약성경을 탄생시켰고, 그 성경은 세상의 방향과 흐름을 바꾸어놓았다. 그처럼 엄청난 역사를 일굴 수 있도록 하나님께서 사용하신 사람은 이스라엘이란 국가의 신앙의 "아버지"인 모세였다.

결론적으로 말하면, 모세가 없는 이스라엘은 없다. 모세는 하나님께서 원하시는 사람다운 삶과 사역에 몰두하면서, 마침내 백성의 "아버지"가 되었고, 건국의 "아버지"가 되었고, 그리고 신앙의 "아버지"가 되었다. 물론 모세가 그렇게 된 것은 하나님께서 함께하셨기에 가능했다. "하나님께서 이르시되 *내가 반드시 너와 함께 있으리라*; 네가 그 백성을 애굽에서 인도하여 낸 후에 너희가 이 산에서 하나님을 섬기리니, 이것이 내가 너를 보낸 증거니라" (3:12).

"내가 반드시 너화 함께 있으리라"는 약속은 기름 부으심의 약속이다. 그 기름 부으심으로 인해 모세는 백성의 "아버지", 곧 백성을 위해 중보하는 제사장의 역할을 했다. 모세는 신앙의 "아버지", 곧 선지자의 역할도 감당했다 (신 18:15, 34:10). 그뿐만 아니라, 그 기름 부으심으로 그는 건국의 "아버지", 곧 왕의 역할을 했다. 모세는 신약성경에서 선지자와 제사장과 왕이란 삼중적 역할을 감당하신 예수 그리스도의 모형이기도 했다.

Exploring Exodus

20장

성막의 역사를 마치다!

Exploring Exodus

여호와의 성막은 하나님께는 너무나 중요한가 보다. 그렇지 않다면 하나님께서는 모세를 통해 성막에 대한 지침을 6장씩이나 할애해서 기록하게 하셨고 (출 25-30장), 그 후 그 성막을 세우는데 또다시 6장을 할애하셨을 이유가 없었을 것이다 (출 35-40장), 그러니까 성막을 위하여 12장이나 할애하셨다는 말이다. 성경 어디에서도 한 가지 제목을 위해 이처럼 많은 장을 할애한 적은 없다. 한마디로 말해서, 성막이 하나님께는 그만큼 중요하고 또 의미가 크다는 말이다.

마침내 모세의 지도 아래서 성막이 완성되자, 하나님의 말씀은 이렇게 선언한다; "모세가 이같이 역사를 *마치니*" (출 40:33). 그런데 하나님께서는 '마치니'란 의미심장한 히브리 동사, 칼라(כָּלָה)를 사용하셨다. 이 동사는 하나님의 거룩한 계획과 약속이 완성될 때 쓰이는 동사다. 하나님께서 천지창조를 마치셨을 때도 이 동사를 사용하셨다. "천지와 만물이 다 이루어지니라" (창 2:1). '이루어지니라'로 번역된 동사의 원어는 칼라이다.

다음 절에서도 같은 동사가 사용되었다: "하나님께서 그가 하시던 일을 일곱째 날에 *마치시니*, 그가 하시던 모든 일을 그치고 일곱째 날에 안식하시니라." 하나님께서 천지창조를 마치신 것처럼, 성막의 역사를 마치셨다는 것이다. 그런데 출애굽기에서 사용된 칼라는 이중적인 뜻을 함축하는데, 하나님의 계획대로 완성되었다는 뜻과 하나님의 심판이 끝났다는 뜻이다. 하나님께서 불순종한 이스라엘 백성을 완전히 용서하시고 성막 건축을 마치셨다는 뜻이다.

히브리어 칼라에 해당하는 헬라어는 텔레오(τελέω)인데, 물론 두 동사의 뜻은 똑같이 '마치다'이다. 그런데 신약성경 전체에서 가장 중요한 의미로 이 동사가 사용된 적이 있는데, 예수 그리스도가 십자가에서 죽으면서 하신 말씀, 곧 '다 이루었다!'이다 (요 19:30). '이루었다'는 말씀은 헬라어로 텔레오인데, 그것을 칼라의 뜻으로 해석하면, 예수님이 십자가에서 모든 심판을 다 받으셨을 뿐 아니라 하나님의 구원 계획을 완수하셨다는 뜻이다.

1. 마치기 전에

여호와 하나님께서는 처음에 성막에 대한 지침을 주셨을 때, 안식일에 대한 설명을 상세히 하셨다. 그런데 "언약의 진수"와 "언약의 법규"에서 이미 안식일의 가르침을 제법 소상하게 주셨기에 (20:8-11, 23:12-13), 이 시점에서 다시 반복할 이유가 없었다. 그런데도 반복해서 엄중하게 경고하신 이유는 이스라엘 백성이 여호와의 지침과 명령에 따라 성막을 짓기에, 안식일에도 힘써 일해야 성막을 쉽게 마칠 수 있다는 생각을 막기 위함이었다.

처음에 지침을 주실 때는 안식일에 대한 상세한 가르침이 지침의 마지막 단계에서 주어졌다 (31:12-17). 그런데 막상 성막을 짓기 시작할 때는 안식일에 대한 규례가 제일 먼저 주어졌다 (35:1-3). 처음에는 성막 자체를 강조하기 때문이었고, 그다음에는 그 성막 건축에 몰두하면서 안식일을 잊어버리고 범할 것을 금하기 위함이었다.

또 다른 점은 처음에는 안식일에 대한 설명을 자세하게 했으나, 나중에는 간단히 안식일을 범하면 죽이라고만 하셨다.

또 한 가지 흥미로운 것은 처음 지침에서는 성막을 만들 일꾼들을 마지막에야 등장시키는데 (31:1-11), 나중에는 거의 처음부터 등장시켰다 (35:30-36:1). 그 이유도 분명한데, 처음의 지침에서는 성막 자체가 중요하나, 그 성막을 만들 때는 일꾼이 중요하기 때문이다. 처음에는 일꾼들을 등장시킨 다음에 안식일을 가르치는데, 그 일꾼들에 대한 경고였다. 그러나 성막을 건축할 때는 모든 성막의 재료가 드려진 후에 일꾼들을 등장시키니, 얼마나 순서가 놀라운가!

이번에는 속전에 대해 알아보자. 앞의 지침에서는 속전의 목적을 두 가지로 언급했는데, 하나는 백성을 계수할 때 질병이 생기지 않기 위함이었고 (30:12), 다른 하나는 그 속전으로 '회막 봉사에 쓰기' 위함이었다 (30:16). 반면, 성막을 만들 때는 그 속전이 구체적으로 얼마인지를 알렸는데, 그렇게 바쳐진 속전이 기구들의 재료가 되었기 때문이다. 그 기구들은 성소와 기둥의 받침과 갈고리와 가름대 및 놋 제단과 뜰의 기둥 받침과 말뚝 등이었다 (38:24-31).

2. 마치면서

'마음에 자원하는 자들이 바친' 모든 재료로 (35:5, 21, 22, 29) 브살렐과 오홀리압을 비롯해서 '마음이 지혜로운 사람들'이 성막을 짓기 시작했다 (35:35, 36:2, 8). 많은 사람이 성막 건축에 이바지했으나, 그들 중 특히 브살렐과 오홀리압의 역할은 절대적이었다 (38:22-

23). 그들은 처음에 하나님께서 모세에게 주신 지침대로 성막, 언약궤, 떡 상, 등잔대, 분향단, 번제단, 물두멍, 울타리를 차례로 만들었고 (36:8-38:20), 제사장의 예복도 만들었다 (39:1-31).

"이스라엘 자손이 이와 같이 성막 곧 회막의 모든 역사를 마치되, 여호와께서 모세에게 명령하신 대로 다 행했다"(39:1). 그렇게 성막의 모든 기구 만들기를 마친 후, 그들은 그 모든 것을 모세에게로 가져왔는데, 그가 마지막으로 점검하게 하기 위함이었다 (39:33). 그런데 놀랍게도 모세는 그 기구들을 일괄적으로 점검하지 않고 하나씩 하나씩 자세하게 했다. 그렇지 않다면 그 기구들의 이름이 일일이 기록될 이유가 없었다 (39:33-41).

성막은 여호와 하나님께서 거하실 거룩한 곳이기에 그분이 일일이 보여주고, 지시하고, 명령하신 대로 만들어져야만 했다. 틀림없이 모세는 성심성의껏 하나하나를 살펴보았을 것이다. 그 결과, "여호와께서 모세에게 명령하신 대로 이스라엘 자손이 모든 역사를 마친 것"을 확인했다 (39:42). 모세도 지극히 만족하여 그들을 축복했다: "모세가 그 마친 모든 것을 본즉 여호와께서 명령하신 대로 되었으므로, 모세가 그들에게 축복하였더라"(39:43).

세심한 하나님께서는 다시 개입하셔서 모세에게 그 성막 세우는 순서도 알려 주셨다 (40:2-15). 만에 하나 마지막 순간에 조금이라도 실수하면, 지금까지의 모든 수고가 허무하게 끝날 수 있기 때문이었다. 그렇게 성막을 세우고 나면, 성막은 물론 그 안에 있는 모든 기구에 관유를 발라 거룩하게 해야 했다. 물론 제사장의 역할을 감당할 아론과 그의 아들들에게도 관유, 곧 기름을 발라 제사장의 직분을 하게 하라고 명령하셨다 (40:9-16).

그때까지 아론과 그의 아들들은 제사장으로 위임받지 못했는데, 위임식을 거행하지 못했기 때문이다. 이미 하나님께서는 모세에게 아론과 그의 아들들의 제사장 위임에 대해 자세히 가르쳐주셨다 (29:1-37). 그런데 마침내 그들이 기름 부음을 받고 제사장이 될 때가 되었다. "너는 아론과 그 아들들을 회막 문으로 데려다가 물로 씻기고, 아론에게 거룩한 옷을 입히고, 그에게 기름을 부어 거룩하게 하여 그가 내게 제사장의 직분을 행하게 하라" (40:12-13).

제사장의 위임식은 이레 동안 계속되었으며 (29:35-36), "여덟째 날에 모세는 아론과 그의 아들들을 불러다가" (레 9:1), "기름을 부어 거룩하게 하여 제사장의 임무를 시작하게" 했다 (40:12-13). 그러니까 "둘째 해 첫째 달, 곧 그달 초하루에 성막을 세웠고" (40:17), 또 그날에 아론은 제사장의 임무를 시작했다 (레 9:2-21). 그날 아론이 '속죄제와 번제와 화목제를 마치고' 백성을 향하여 손을 들어 축복하자, 여호와의 영광이 백성에게 임했다 (레 9:22-23).

이제 모세와 이스라엘 백성은 제사장도 위임하는 등 성막을 세울 만반의 준비가 끝났다. 여호와 하나님께서 말씀하신 순서대로 모세는 성막을 세우기 시작했다. 제일 먼저 성막을 세웠는데, 받침을 놓고, 널판들을 그 위에 세웠다. 그다음 성막의 덮개로 위를 덮었다. 그리고 증거판을 넣은 언약궤와 속죄소를 넣었다. 그다음 네 기둥에 휘장을 늘어뜨려 지성소와 성소를 구분했다. 그다음 성소에 떡상과 등잔대와 분향단을 넣었다.

다음으로 성소의 다섯 기둥에다 휘장을 달아서 뜰과 분리했다. 뜰로 나가서 번제단과 물두멍을 차례로 설정한 다음, 그 뜰 사방에 포장을 치고 문에는 휘장을 달았다. 여호와 하나님께서 보여주시고 명령하신 대로 마침내 성막을 세웠다 (40:17-33). 그런데 모세는 그렇게 성막과 기구들을 차례로 설정하면서, 모든 것이 하나님의 명령하신 대로 되었다고 강조했다. "여호와께서 모세에게 명령하신 대로 되니라"를 일곱 번 반복했다 (40:19, 21, 23, 25, 27, 29, 32).

3. 마치고 나서

모세가 그 "모든 역사를 마치니, 구름이 회막에 덮이고 여호와의 영광이 성막에 충만하더라" (40:33-34). 이 구름은 지금까지 이스라엘 백성을 인도해 온 그 구름이었다. "보이지 않는 하나님"이 "보이는 하나님"으로 임하신 것이다. 두말할 필요도 없이 이 구름은 비를 뿌리는 자연의 구름이 아니라, 하나님께서 이스라엘 백성을 위하여 일으키신 은혜의 구름이었다. 그 구름이 시내산에서 성막 위로 옮겨온 것이었다.

모세는 성막을 세운 당사자임에도 그 성막에 들어갈 수 없었는데 (40:35), 그 이유는 분명했다! 이제부터는 여호와 하나님께서 주인이 되셨기 때문이다. 그 성막의 주인이 입장하면서부터는 아무도 그 안으로 들어갈 수 없는데, 들어가려면 그 주인의 허락이 있어야만 했다. 물론 그분은 몇 가지 조건부로 들어오도록 허락하셨는데, 첫째 조건은 제사장이어야 했다. 둘째 조건은 일 년에 한 번만 들어오게 했는데, 그날은 속죄일인 7월 10일이었다 (레 16:29).

구름만 성막을 덮은 것이 아니라, '여호와의 영광'도 성막에 충만했다. 그 사실은 이스라엘 백성에게 너무나 중요한데, 그들의 과거와 현재와 미래를 포괄하는 하나님의 *쉐키나* 영광이었기 때문이다. 비록 이스라엘 백성이 *과거*에 하나님과의 언약을 깨뜨리는 중한 죄를 범했지만, 하나님께서 그렇게 악한 죄도 말끔하게 씻어주셨다는 것을 의미했다. 그분이 선포하신 대로였다: "자비롭고 은혜롭고⋯ 악과 과실과 죄를 용서하리라" (34:6-7).

이스라엘 백성의 죄과를 용서하는 것으로 끝이 아니라, 현재에는 그들과 언약의 관계를 회복했다는 뜻이다. 그 언약 관계가 얼마나 깊은지 이스라엘 백성은 그분이 구체적으로 인도하심을 받는 백성이 되었다. 그들은 "보이지 않는 하나님"이 "보이는 하나님"이 되어 구름의 인도에 따라 나아가기도 하고 머물기도 했다. 그들의 죄과를 용서받기 전보다 더 친밀한 언약의 백성이 되어, 그들 가운데 있는 성막에서 그들과 동행하시는 "언약의 하나님"이 되신 것이다.

이스라엘 백성이 은혜에서 떨어졌다가 회복된 출애굽기의 사건은 *미래*에도 적용되는 가르침이 들어있다. 물론 이스라엘 백성은 앞으로 하나님과 맺은 언약을 깨뜨리면 안 된다. 그러나 그들이 언약을 다시 깨뜨린다 해도, '인자를 천대까지 베푸실' 언약의 하나님께서 그들의 악과 과실과 죄를 용서하시고 인자를 거듭거듭 베푸실 것이다 (34:7). 비록 그들이 언약을 깨뜨릴 때 삼사 대까지 내리시는 벌을 피할 수는 없겠지만, 그래도 하나님께서는 그들과의 언약을 거듭거듭 갱신해 주실 것이다.

구속사적 조명 14

쉐키나 Shekhinah

쉐키나(שכינה)는 하나님의 임재를 나타내는 중요한 단어로, 그 뜻은 '거주하다', '머무르다', '임재하다' 등이다. 그러나 히브리어성경에 나오지 않는다. 비록 그 단어가 히브리어성경인 구약성경에는 나오지 않으나, 그 뜻을 가진 현상은 제법 많다. 한 예를 들면, 이스라엘 백성이 성막을 완성했을 때, 하나님의 영광이 그 위에 충만하게 임했다. 그렇게 하나님께서 임하신 현상을 유대인은 *쉐키나*라고 명명하고 있다.

유대인은 하나님의 임재와 영광을 뜻하는 *쉐키나*라는 단어를 자주 사용했는데, 구두로만이 아니라 문서에서도 많이 사용했다. 이미 말한 것처럼, 성경에선 사용되지 않았지만, 유대인의 율법과 전통을 기록한 탈무드 Talmud와 유대교의 구전 口傳을 문서화한 *미쉬나* Mishnah, 성경의 숨은 뜻을 해석한 *미드라쉬* Midrash 등에서는 *쉐키나*가 광범위하게 사용되었다. 그 이유는 초월의 하나님께서 인간 속으로 임하신 특별한 은혜를 강조하기 위함이었다.

그러나 하나님께서는 직접 인간에게 임하지 않으신다. 그 이유는 간단하다! 그 하나님을 보면 누구나 죽기 때문이다. 인간 중에서 하나님과 가장 가깝게 교제했던 모세조차도 하나님을 직접 볼 수는 없었다. 하나님께서 모세에게 하신 말씀을 인용해보자. "또 이르시되

네가 내 얼굴을 보지 못하리니 나를 보고 살 자가 없음이니라" (출 33:20). 그렇다! 하나님 자신을 보여줄 수 없기에 하나님께서는 다른 방편, 곧 구름, 불, 빛 등으로 임하신다.

두말할 필요도 없이 하나님께서 임하시면 그분의 영광이 드러난다. 그런 이유로 쉐키나의 원뜻은 임재이지만, 점차로 발전되어 영광을 뜻하기도 한다. 성막이 완성되자 하나님께서 그 성막에 임하셨는데, 그 광경의 묘사를 직접 인용해보자. "구름이 회막에 덮이고 여호와의 영광이 성막에 충만하매" (40:34). 하나님께서는 구름 가운데 임하셨지, 결단코 당신이 직접 임하신 것이 아니었다. 그러니까 인간은 하나님을 간접적으로 본 것이다.

하나님께서는 영광 자체이신데, 그 영광을 본질적 영광essential glory이라고 한다. 그러나 하나님께서는 인간에게 그 영광을 직접 보이실 수 없기에 다른 방편으로 임하시며, 그런 간접적인 임재를 방사된 영광radiative glory이라고 한다. 출애굽기에는 하나님께서 이스라엘 백성에게 임하신 장면이 여러 번 나오는데, 한 번도 직접 나타나신 적이 없었다. 모두 간접적으로 나타난 방사된 영광 가운데 임재하셨다.

출애굽기에 묘사된 하나님의 임재는 크게 세 곳에서 발견된다. 첫 번째 장소는 시내산인데, 모세를 부르실 때와 이스라엘 백성과 언약을 맺으실 때였다. 모세를 부르실 때 하나님께서는 '떨기나무의 불꽃' 가운데 임하셨다 (3:4). 절대로 인간 속에 들어오실 수 없는 초월의 하나님, 곧 엘(אל) 하나님께서 모세를 찾아오신 것이다. 두말할 필요도 없이 하나님의 쉐키나였다. 그런데 모세는 그 하나님을 야훼(יהוה) 하나님이라고 불렀다 (3:2).

모세가 *야훼* 하나님이라고 부른 이유도 분명한데, 초월의 하나님께서는 엘 하나님이시고 내재의 하나님께서는 *야훼* 하나님이시기 때문이다. 초월의 하나님께서 인간 안에 들어오신 것은 말할 수 없는 은혜이요 축복이었다. 유대인들은 그런 하나님의 임재를 *쉐키나*라고 했다. 그 하나님께서는 이스라엘 백성과 시내산에서 언약을 맺으실 때, 구름, 불, 천둥소리로 임하셨는데 (출 19장), 그것은 두말할 필요도 없이 하나님의 *쉐키나*였다.

출애굽기에서 하나님께서 두 번째 임하신 장소는 광야에서이다. 이스라엘 백성이 출애굽하여 광야를 지날 때, 하나님께서는 그들에게 두 번씩이나 임하셨는데, 그런 임재는 두말할 필요도 없이 하나님의 임재요 영광으로, 하나님의 *쉐키나*였다. 첫 번째 *쉐키나*는 이스라엘 백성이 출애굽하자 즉시 임하셨는데, 곧 구름 기둥과 불 기둥이었다 (13:21). 그런 하나님의 *쉐키나*는 그날에만 임한 것이 아니라, 그들이 광야를 지나는 40년 동안 줄곧 그들을 떠나지 않았다.

광야에서 나타난 두 번째의 *쉐키나*는 그들이 너무 배가 고파서 모세와 아론을 원망할 때였다. 그때 하나님께서 영광 가운데 임하셔서 그들에게 양식을 주셨는데, 그 양식은 저 유명한 만나였다. 모세와 아론의 환호성을 들어보자; "아침에는 너희가 여호와의 영광을 보리니" (16:7). 이스라엘 백성은 광야를 지나면서 40년 동안 굶지 않았는데, 하나님께서 아침마다 만나를 내려주셨기 때문이었다. 그리고 그 만나는 다름 아닌 하나님의 *쉐키나* 때문에 가능했다.

하나님께서 출애굽기에서 세 번째 임하신 장소는 성막이었다. 성막이 완성되자 하나님께서는 영광 가운데 그 성막에 임하셨다. "…구름이 회막 위에 덮이고 여호와의 영광이 성막에 충만하였으며"

(40:35). 그 영광은 이스라엘 백성 가운데 임하신 하나님의 *쉐키나*였다. 그런데 훗날 하나님께서는 성막에만 아니라 사람들 가운데 *쉐키나*로 오셨는데, '말씀이 육신이 되신' 예수 그리스도였다. 사도 요한은 이렇게 외쳤다: "우리가 그 영광을 보니!" (요 1:14).

사람들 가운데 들어오신 *쉐키나* 하나님께서는 그 인간을 한편 보호하시며 또 한편 인도하신다. 구름 기둥과 불 기둥을 생각해보자. 이스라엘 백성이 뜨거운 사막을 지날 때, 구름 기둥이 그들을 덮어주었고, 추운 밤에는 불 기둥으로 그들을 포근히 감싸주었다. 그뿐 아니라, 나침반도 없는 광야에서 그들이 길을 잃지 않도록 그들보다 앞서서 그들을 한 걸음씩 인도하셨다. 이스라엘 백성이 하나님의 *쉐키나*를 그처럼 광범위하게 언급한 이유가 분명해졌다.

하나님께서 임재하시면, 그곳은 거룩한 장소가 된다. 하나님께서 모세에게 임하셨을 때, 이렇게 말씀하셨다. "이리로 가까이 오지 말라; 네가 선 곳은 거룩한 땅이니 네 발에서 신을 벗으라" (3:5). 하나님께서 시내산에 임하실 때도 이렇게 이스라엘 백성을 준비시키셨다. "…너는 백성에게로 가서 오늘과 내일 그들을 성결하게 하며 그들에게 옷을 빨게 하고, 준비하게 하여…" (19:10-11). 하나님의 *쉐키나*는 그 장소와 백성은 물론 성막도 거룩하게 변화시킨다.

참고 도서

Blashki, A & L. Joseph, eds. *Exodus*. New York: Hebrew Publishing Company, n.d.

Carasik, Michael, 편집, 번역 및 주석 첨부. *The Commentators' Bible. Exodus*. Philadelphia, PA: The Jewish Publication Society, 2005.
Commentators: R. Solomon b. Isaac
R. Samuel b. Meir
R. Abraham ibn Ezra
R. Moses b. Nahman
et al.

Coleman Robert E. *Written in Blood*. Old Tappan, NJ: Fleming H. Revell Co., 1972.

Elwell, Walter A, 편집. *Evangelical Dictionary of Theology*. Grand Rapids, MI: Baker Book House, 1984. G. L. Archer, Jr.의 "Covenant."

_____. Peter C. Craigie의 "The Ten Commandments."

_____. J. B. Payne의 "Shekinah."

_____. D. A. Rausch의 "Sabbath."

Gore, Norman. *A Jewish Commentary on the Book of Exodus*. New York: Vantage Press, 1965.

Harper, Albert F. 편집. *The Wesley Bible: A Personal Study Bible for Holy Living*. Nashville, TN: Thomas Nelson Publishers, 1990.

Jamieson, Robert, Andrew Robert Fausset, and David Brown. *A Commentary, Critical and Explanatory on the Whole Bible*. England: S. S. Scanton & Co, 1877.

Keil, C. F. & F. Delitzsch. *Keil & Delitzsch Biblical Commentary on the Old Testament*. S. Taylor 번역. Grand Rapids, MI: Wm. B. Eerdmans Co., 2022.

Meyer, F. B. *Moses: The Servant of God*. Fort Washington, PA: CLC Publications, 2012.

Morris, Leon. *The Apostolic Preaching of the Cross*. the 2nd Pr. Grand Rapids, MI: Eerdmans Publishing Co., 1980.

_____. *The Atonement: Its Meaning & Significance*. Downers Grove, IL: Inter-Varsity Press, 1983.

Pink, Arthur W. *Gleanings in Exodus*. Chicago: Moody Press, 1981.

Poole, Matthew. *Poole's English Annotations on the Holy Bible*. London: Parkhurst, Robinson et al., 1700.

Ramm, Bernard. *His Way Out: A Fresh Look at Exodus*. Glendal, CA: A Division of G/L Publiscations, 1974.

Ryrie, Charles Caldwell, 편집. *The Ryrie Study Bible*. Chicago: Moody Press, 1978.

Stern, David H. *The Complete Jewish Bible*. Clarksville, MD: Messianic Jewish Publishers & Resources, 2019.

Stuart, Douglas K. *Exodus. The New American Commentary*, 제2권. Nashville, TN: B&H Publishing Group, 2006.

홍성철, 『골로새서와 함께』. 서울: 도서출판 세복, 2024.

_____. 『로마서에서 제시된 구원과 성화』. 서울: 도서출판 세복, 2019.

_____. "숫자와 용어 해석" 『신앙난제에 답하다 110』. 서울: 도서출판 세복, 2022.

_____. 『어린 양과 신부』. 서울: 도서출판 세복, 2021.

_____. 『유대인의 절기와 예수 그리스도』. 제3쇄. 서울: 도서출판 세복, 2019.

_____. "예수와 임마누엘" 『화목제물』. 13-25. 서울: 도서출판 세복, 2020.

_____. "하나님의 영광" 『화목제물』. 223-236.